Der 18. November 1918 ist nicht nur der letzte Tag eines Krieges, mit dessen Ende die alte Weltordnung zerstört war. Er steht auch für die aufkeimenden Hoffnungen auf ein besseres Leben, für Visionen und Träume.

Fesselnd schildert Daniel Schönpflug diesen Moment aus der Perspektive von Menschen, die ihn erlebt haben: Die Kosakin Marina Yurlova schlägt sich von Sibirien nach Amerika durch, im Gepäck die Hoffnung auf Freiheit. Der Bauhäusler Walter Gropius will die Architektur revolutionieren. Die Französin Louise Weiss wird zur ersten Chefredakteurin eines politischen Journals. Und der junge Rudolf Höß schließt sich dem Freikorps an.

Die einzelnen Geschichten verweben sich zum glänzend geschriebenen Panorama einer Zeit zwischen Zukunftstrunkenheit und Zerstörung.

Daniel Schönpflug, geboren 1969, ist Professor für Geschichte an der Freien Universität Berlin und Wissenschaftlicher Koordinator des Wissenschaftskollegs zu Berlin. Sein Arbeitsgebiet ist Europa im 18. bis 20. Jahrhundert, insbesondere die global verflochtene Geschichte der Revolutionen. Darüber hinaus ist er Autor von Drehbüchern historischer Dokumentationen und war Fachberater der TV-Serie »Krieg der Träume«. Seine hoch gelobte Biographie »Luise von Preußen – Königin der Herzen« stand mehrere Wochen auf den Bestsellerlisten.

Weitere Informationen finden Sie auf www.fischerverlage.de

Daniel Schönpflug

Kometenjahre

1918: Die Welt im Aufbruch

FISCHER Taschenbuch

Erschienen bei FISCHER Taschenbuch
Frankfurt am Main, Oktober 2019

© 2017 S. Fischer Verlag GmbH,
Hedderichstr. 114, D-60596 Frankfurt am Main

Karten bearbeitet von Peter Palm, Berlin
Gesamtherstellung: CPI books GmbH, Leck
Printed in Germany
ISBN 978-3-596-03407-9

Inhalt

Paul Klee, *Der Komet von Paris*, 1918

»Ein Meteor beschreibt seine Bahn, wird in Erdnähe geführt und durch die Anziehungskraft der Erde von seiner Bahn abgelenkt, schneidet auf kurze, kritische Augenblicke die Atmosphäre, wird durch die Reibung mit der Luft glühende Sternschnuppe; entgeht gerade noch der Gefahr, an der Erde für immer haften zu bleiben, und zieht, im leeren Raum erkaltend und wieder erlöschend, weiter dahin.«

Paul Klee,
Vorlesungsmanuskripte, 30. Januar 1922

Prolog

Der Kern des Kometen

Am frühen Morgen des 11. November 1918 wird der deutsche Kaiser zwischen zwei Wolkenkratzern in New York aufgehängt. Leblos baumelt der Monarch an einem langen Seil, um ihn schwebt flirrend Konfetti im Sonnenlicht. Freilich ist es nicht Wilhelm II. persönlich, sondern sein Ebenbild, eine überlebensgroße Stoffpuppe, dekoriert mit mächtigem Schnurrbart und Pickelhaube. An deren Spitze bleiben lange, weiße Papierstreifen hängen, die aus den oberen Stockwerken geworfen werden und in majestätischer Langsamkeit in die Straßenschlucht hinabschweben.

Um 5 Uhr morgens amerikanischer Ostküstenzeit ist der Waffenstillstand zwischen den alliierten Mächten und dem Deutschen Reich in Kraft getreten. Die »Hunnen«, wie die Deutschen in Amerika seit Beginn des Krieges genannt werden, sind nach vier Jahren unerbittlichen Kampfes in die Knie gezwungen. Der Erste Weltkrieg, der sechzehn Millionen Menschen auf der ganzen Welt das Leben gekostet hat, ist gewonnen. Die New Yorker haben es in den Morgenzeitungen gelesen und sind zu Tausenden in die Straßen geströmt. Zwischen den Wolkenkratzern wogt ein Meer von Menschen, festlich herausgeputzt, in Anzügen und Melonen, in Sonntagskleidern, in Uniformen und Schwesterntrachten, Schulter an Schulter, Arm in Arm, salutierend, sich um den Hals fallend. Glocken, Salutschüsse,

Marschmusik und Fanfaren verbinden sich mit Millionen lachenden, singenden und Sprechchöre skandierenden Stimmen zu einem Donnern wie von gewaltiger Brandung. Automobile, über deren Dächern enthusiastisch Fahnen geschwenkt werden, rollen hupend im Schritttempo durch die Menge. Die Stadt feiert ein improvisiertes Straßenfest mit handgemalten Plakaten, selbsternannten Volkstribunen, Kapellen, ausgelassenen Tänzen auf dem Pflaster. Die Arbeit steht still an diesem Tag des Sieges in New York, der, davon sind die Menschen überzeugt, bald zu Frieden in der Welt führen wird.

Moina Michael ist kurz zuvor von ihrem Dienst als Hausmutter und Lehrerin eines Mädchencolleges in Georgia beurlaubt worden. Seit einigen Wochen arbeitet die stämmige, fast fünfzigjährige Dame in einem Ausbildungscamp des »Christlichen Vereins Junger Frauen« – des weiblichen Pendants der YMCA. In den Gebäuden der Columbia University in Manhattan hilft Michael, junge Frauen und Männer auf ihren Einsatz in Europa vorzubereiten. Wenig später werden die Fähigsten unter ihnen als zivile Helfer über den Atlantik reisen, um dort Versorgungsstationen für Soldaten hinter der Front aufzubauen. Zwei Tage vor dem Waffenstillstand ist Moina Michael eine Ausgabe des *Ladies Home Journal* in die Hände gefallen, in dem das Kriegsgedicht *In Flanders Fields* des kanadischen Leutnants John McCrae abgedruckt ist: »Auf Flanderns Feldern wogt der Mohn / Zwischen den Kreuzen ...« Die Seite ist reich verziert mit heroischen Soldatenfiguren, die den Blick zum Himmel richten. Sie liest gebannt bis zur letzten Zeile, in der McCrae das Bild von einem sterbenden Soldaten beschwört, dessen schwächer werdende Hände den Überlebenden die Fackel des Kampfes weiterreichen. Während die Worte und Bilder in ihrem Inneren nachklingen, ist ihr, als wäre das Gedicht für sie geschrieben, als sprächen die Stimmen der Toten durch die Zeilen direkt zu ihr. *Sie* ist gemeint! *Sie* muss ihre Hand ausstrecken und die sinkende Fackel von Frieden und Freiheit ergreifen! *Sie* muss das Werkzeug von »Treue und Glauben« werden, und *sie* muss dafür Sorge tragen, dass die Erinnerung an Millionen Opfer nicht verblasst, dass sie nicht umsonst gekämpft haben und dass ihr Tod nicht sinnlos war!

So tief berührt ist Moina von dem Gedicht und ihrer Mission, dass sie einen Bleistift zur Hand nimmt und auf einem gelben Briefumschlag ihre eigenen Zeilen an den Mohn, »an die Blume, die über den Toten blüht«, niederschreibt. Wie in einem gereimten Schwur gelobt sie, die »Lektion aus den Feldern von Flandern« an die Überlebenden weiterzugeben: »Jetzt tragen wir die Fackel und die rote Mohnblüte / zu Ehren unserer Toten. / Fürchtet nicht, dass Ihr umsonst gestorben seid; / wir werden die Lektion weitergeben, die ihr geschmiedet habt / in Flanderns Feldern.«

Während sie diese Worte zu Papier bringt, tritt eine Abordnung von jungen Männern an ihren Schreibtisch. Zehn Dollar haben sie als Dank für Moinas Unterstützung bei der Ausstattung ihres YMCA-Quartiers gesammelt. Als sie den Scheck entgegennimmt, fügt sich plötzlich alles in ihrem Kopf zusammen: Sie will es nicht bei Worten belassen, und seien sie noch so schön gereimt. Das Gedicht soll Wirklichkeit werden! »Ich werde rote Mohnblüten kaufen. (…) Ich werde von jetzt an immer rote Mohnblüten tragen«, verkündet sie den verblüfften Männern. Dann zeigt sie ihnen McCraes Gedicht, und nach kurzem Zögern liest sie ihnen auch ihr eigenes vor. Die Männer sind begeistert. Sie wollen sich auch Mohnblüten an die Kleider stecken, und Moina verspricht, ihnen welche zu besorgen. So verbringt sie die verbleibenden Stunden bis zum Waffenstillstand damit, in den New Yorker Geschäften nach künstlichen Mohnblüten zu suchen. Es stellt sich heraus, dass es im reichen Angebot der Weltmetropole zwar künstliche Blumen in allen Farben und Formen gibt, doch die Auswahl an der in den Gedichten besungenen klatschroten Spezies *Papaver rhoeas* ist begrenzt. Bei Wanamaker's, einem der turmhohen New Yorker Warenhäuser, wo es von Kurzwaren bis hin zu Automobilen einfach alles und sogar eine kristallene Teestube gibt, wird sie schließlich fündig. Sie ersteht eine große Kunstmohnblume für ihren Schreibtisch und zwei Dutzend kleine vierblättrige Seidenblüten. Zurück bei der YMCA, heftet sie die Blüten an die Revers der jungen Männer, die bald zu ihrem Dienst nach Frankreich aufbrechen werden. Es ist der bescheidene Anfang des Siegeszugs eines Symbols. Wenige Jahre später schon sollen die *Remembrance Poppies* in der gesamten englischsprachigen Welt zum Inbegriff der Erinnerung an die Toten des Weltkriegs werden.

Der Mohnblütenkult ist aus einem außergewöhnlichen historischen Augenblick geboren, in dessen weltumspannender Gegenwart Millionen Menschen feierten, innehielten, trauerten oder Rache schworen. Doch aus dem Moment heraus verweisen die Mohnblüten in die Vergangenheit, und ebenso in die Zukunft. Sie mahnen einerseits, sich einer gerade erst vergangenen Wirklichkeit zu stellen, sie nicht zu vergessen. In diesem Sinne sind sie Teil einer weltweiten Gedenkkultur, in deren Rahmen Zeremonien abgehalten, Denkmäler errichtet und in Schulen, Behörden und Kasernen die Namen der Gefallenen in Steintafeln gemeißelt werden. Andererseits weist Moina Michaels Idee auch nach vorn, denn für sie bedeuten das vergossene Blut und die massenhaften Opfer eine Verpflichtung für das Kommende:

Auf den Gräbern sollen Blumen blühen, so ihre zunächst naive, aus einer spontanen Eingebung und ihrer tiefen Religiosität geborene Zukunftshoffnung. Nicht nur für sie, sondern für viele Zeitgenossen wirft das Kriegsende die drängende Frage nach der Zukunft auf. Es setzt Visionen eines besseren Lebens frei, aber auch Ängste; es gebiert umstürzlerische Ideen, Träume und Sehnsüchte, aber auch Alpdrücke.

Paul Klee hat 1918 in seinem gleichermaßen ironischen wie emblematischen Bild *Der Komet von Paris* genau jene Zwischenstellung zwischen Vergangenheit und Zukunft, zwischen Realität und Projektionen aufs Korn genommen. Die aquarellierte Federzeichnung des Soldaten der Königlich Bayerischen Fliegerschule zeigt bei näherem Hinsehen nicht einen, sondern zwei Kometen: einen grünen mit einem langen geschwungenen Schweif und einen zweiten in der Form eines Davidsterns. Beide umkreisen den Kopf eines Seiltänzers, der, eine Stange in den Händen haltend, hoch über dem Pariser Eiffelturm auf einem unsichtbaren Seil balanciert. Es ist eines von vielen Blättern Paul Klees aus dieser Zeit, die Gestirne über Städten zeigen, und wie so häufig betätigt sich der Künstler als »Illustrator von Ideen«. In der Zeichnung erscheint das ferne Paris – Hauptstadt des Feindes, aber Heimat der Kunst – als ein modernes Bethlehem. Gleichzeitig gilt der Komet – seit jeher und auch in der fragilen, aufgeladenen Atmosphäre des frühen 20. Jahrhunderts – als Zeichen des Unvorhersehbaren, als ein Vorbote von großen Ereignissen, tiefgreifenden Veränderungen, gar Katastrophen. Er steht für das Aufleuchten ungeahnter Möglichkeiten am Horizont, für unbekannte Zukünfte. Die kleine Schwester des Kometen, die Sternschnuppe, lädt zum Wünschen ein. Eine verwandte Himmelserscheinung jedoch, der Meteorit, der auf die Erde stürzt, erschreckt durch seine Zerstörungskraft. Die Welt hatte zuletzt im Jahr 1910 innerhalb weniger Monate den Durchgang des Johannesburger und des Halleyschen Kometen erlebt, und die Ängstlichen unter den Erdenbürgern aller Kontinente hatten sich auf den Weltuntergang vorbereitet. Dies und die Berichte über den Einschlag des Himmelskörpers »Richardton« in North Dakota vom 30. Juni 1918 mögen Klee zu diesem Blatt inspiriert haben.

Klees Seiltänzer balanciert auf halbem Weg zwischen dem irdischen Wunderwerk, dem Eiffelturm, und den gleichermaßen verheißenden wie bedrohlichen Himmelskörpern. Er hält sich in der Schwebe, gehört keiner der Sphären ganz an, hat den Kopf in den Wolken und ist doch immer in Gefahr, das Gleichgewicht zu verlieren und abzustürzen. Mit den um seinen Kopf tanzenden Sternen sieht er mehr wie ein Betrunkener als wie ein Beseelter aus. Fast scheinen seine verdrehten Augen anzudeuten, dass ihn die Leuchtkörper, die seine Stirn umkreisen, schwindlig und so den Absturz wahrscheinlicher machen.

So gelingt Paul Klee mit dem Blatt *Der Komet von Paris* ein ironisierendes Sinnbild für das Leben im Jahr 1918, das zwischen Enthusiasmus und Defätismus vibriert, zwischen Hoffnungen und Befürchtungen, zwischen hochfliegenden Visionen und harten Realitäten. Wer an die Zeichenhaftigkeit von Kometen glaubte, der konnte den 11. November 1918, den Tag des Waffenstillstands, an dem das alte Europa gleichzeitig in Trümmern lag und feierte, in dessen unmittelbarem Umfeld Revolutionen stattfanden, große Reiche stürzten und die Weltordnung ins Wanken geriet, als das Eintreffen stellarer Prophezeiungen deuten. Gleichzeitig fiel in diesem Moment des Umbruchs ein Sternschnuppenregen von Zukunftsentwürfen. Selten erschien die Geschichte so offen, so kontingent, so in Menschenhand gelegt. Selten schien es so nötig, die Schlüsse aus den Fehlern der Vergangenheit rasch in Konzepte für die Zukunft umzumünzen. Selten schien es, angesichts einer Welt im Umbruch, so unvermeidlich, sich einzubringen und für seine Visionen zu kämpfen. Neue politische Ideen, eine neue Gesellschaft, eine neue Kunst und Kultur, ein neues Denken wurden entworfen. Ein neuer Mensch, der Mensch des 20. Jahrhunderts, geboren in den Feuern des Krieges und befreit von den Fesseln der alten Welt, wurde proklamiert. Wie Phönix sollte sich Europa, ja die ganze Welt aus der Asche erheben. So schnell drehte sich das Karussell der Möglichkeiten, dass viele Zeitgenossen von einem Schwindelgefühl erfasst wurden.

Die Menschen, von denen auf den folgenden Seiten die Rede ist, sind allesamt Seiltänzer. Ihre ganz subjektive Sicht auf das Geschehen ist ihren Selbstdarstellungen in Autobiographien, Memoiren, Tagebüchern und Briefen entnommen. Die Wahrheit dieses Buches ist die Wahrheit dieser Dokumente. Sie kann mit derjenigen der Geschichtsbücher kollidieren, und manchmal lügen unsere Augenzeugen sogar. Sie erleben staunend das Aufleuchten von Träumen am Firmament, aber auch deren rasches Verglühen und den Aufprall ausgekühlten kosmischen Gesteins in der Wirklichkeit. Tastend schreiten sie voran auf jenem schmalen Grat, der über den Abgrund führt. Manchen gelingt es, so wie Moina Michael, in der Höhe die Balance zu halten, andere stürzen ab wie Kaiser Wilhelm II., für den das dünne Seil – zumindest *in effigie* – zum Galgenstrick wird.

Gleichzeitig zeigen die dokumentierten Erlebnisse und Erinnerungen der Zeitgenossen auch die fast unerträgliche Spannung, mit der die Nachkriegszeit aufgeladen ist. Denn Visionen, Träume und Sehnsüchte beflügeln die Menschen im Umbruch zwischen dem 19. und dem 20. Jahrhundert

nicht nur, sondern entzweien sie zugleich. Manche Zukunftsentwürfe stehen diametral gegeneinander, schließen
einander – so behaupten es zumindest viele der neuen Heils-
verkünder – gar aus und können nur in der Zerstörung des
jeweils anderen realisiert werden. So erzeugt das erbitterte
Ringen um die bessere Zukunft statt des sehnsüchtig er-
warteten Friedens neue Gewalt, und es fordert neue Opfer.

I Der Anfang vom Ende

»Ob rechts, ob links,
vorwärts oder rückwärts,
bergauf oder bergab –
man hat weiterzugehen,
ohne zu fragen,
was vor oder hinter einem liegt.
Es soll verborgen sein:
ihr durftet, musstet es vergessen,
um die Aufgabe zu erfüllen.«

Arnold Schönberg,
Die Jakobsleiter, 1917

Paul Nash, *We are Making a New World*, 1918

Die Dämmerung ist bereits über die belgische Landschaft gesunken, als sich am Nachmittag des 7. November 1918 eine Kolonne aus fünf schwarzen Staatskarossen im deutschen Hauptquartier in Spa in Bewegung setzt. In der letzten Karosse sitzt Matthias Erzberger, dreiundvierzig Jahre alt, korpulent, Nickelbrille über akkurat gestutztem Schnauzer, das Haar penibel in der Mitte gescheitelt. Die Regierung des Deutschen Reichs hat den Staatssekretär mit einer dreiköpfigen Delegation auf Mission ins Feindesland geschickt. Mit einer Unterschrift soll er einen Krieg beenden, der mehr als vier Jahre gedauert und fast den ganzen Erdball erfasst hat.

Um 9 Uhr 20 abends, inzwischen hat ein feiner Regen eingesetzt, passiert die Kolonne nahe beim nordfranzösischen Örtchen Trelon die deutsche Frontlinie. Hinter der letzten Reihe der deutschen Schützengräben, von denen aus bis eben noch die französischen Truppen unter tödliches Feuer genommen wurden, beginnt das Niemandsland. Im Schritttempo schleicht die Kolonne, sich in der Dunkelheit vorantastend, auf die feindlichen Linien zu. Auf das erste Auto ist eine weiße Fahne gepflanzt. Ein Trompeter bläst regelmäßig kurze Signale. Die vereinbarte Waffenruhe hält; kein Schuss fällt während der Fahrt der Abgesandten durch das umkämpfte Terrain bis zu den vordersten französischen

Schützengräben, die nur einhundertfünfzig Meter von den deutschen entfernt sind. Den Empfang auf der anderen Seite erlebt Erzberger als kühl, aber respektvoll; auf die bei solchen Gelegenheiten übliche Augenbinde für die Unterhändler wird verzichtet. Zwei Offiziere geleiten die Wagen in das Örtchen La Chapelle, wo bei der Ankunft Soldaten und Zivilisten zusammenströmen und die Abgesandten des Feindes mit Händeklatschen und einer laut gerufenen Frage empfangen: »Finie la guerre?«

Mit französischen Karossen geht Erzbergers Fahrt weiter. Wo der Mond zwischen den Wolken hindurchscheint, fällt sein fahles Licht auf ein apokalyptisches Panorama. Die Picardie, vier Jahre lang Schauplatz des Weltkriegs, hat sich in ein Totenreich verwandelt. An den Straßenrändern rosten zerstörte Geschütze und Wracks von Militärfahrzeugen. Daneben verwesen Tierkadaver. Auf den Feldern wuchert Stacheldraht. Der Boden ist von tausendfachen Explosionen aufgerissen, verseucht von Tonnen scharfer Munition, verpestet vom Geruch der unzähligen Leichen, vom Gas. Regen sammelt sich in Schützengräben und Granattrichtern. Von den Wäldern sind nur verkohlte Baumstümpfe geblieben, deren Silhouetten sich gegen den Nachthimmel abzeichnen. Die Kolonne durchquert Dörfer und Städte, die von deutschen Truppen auf ihrem Rückzug dem Erdboden gleichgemacht wurden. Über das Örtchen Chauny berichtet Erzberger erschüttert: »Kein einziges Haus stand mehr; eine Ruine reihte sich an die andere. Bei Mondschein ragten die Überreste gespensterhaft in die Luft; kein Lebewesen zeigte sich.«

Die von der französischen Armeeführung bestimmte Route des deutschen Emissärs führt durch jene Gebiete im Norden Frankreichs, die unter dem Krieg am meisten gelitten haben und die so aussehen, als hätte ein Meteor

eingeschlagen. Der grausige Anblick der später auf Landkarten als »rote Zone« ausgewiesenen Landstriche soll Erzberger auf die bevorstehenden Waffenstillstandsverhandlungen einstimmen. Jene Areale, in denen nach Ansicht der
damaligen Fachleute nie wieder Landwirtschaft möglich
sein würde, sollen ihn daran gemahnen, was die Deutschen
den Franzosen angetan haben. Der Zivilist Erzberger wird
die Kriegswüsten Nordfrankreichs, die ein zentrales Argument der Kriegspropaganda sind, vermutlich vorher schon
auf Fotografien, in Zeitungen, auf Postkarten und in den
Wochenschauen gesehen haben. Als gebildeter und interes-
sierter Mann hat er gewiss den Weltkriegsroman *Das Feuer*
von Henri Barbusse gelesen, in dem die »Felder der Steri-
lität« in eindringlichen Worten beschrieben werden. Vielleicht kennt er auch einige der zahlreichen Gemälde seiner
Zeit, die sich einer ganz neuen Form der Landschaftsma-
lerei zugewandt haben: So hat der Brite Paul Nash seine
Kriegserlebnisse zu einem ikonischen Werk verarbeitet, in
dem er über einem gänzlich zerschossenen Wald eine fahle
Sonne aufgehen lässt. *We are Making a New World* ist der
Titel des Gemäldes, das zwischen Sarkasmus und Hoffnung changiert. Doch die trostlosen Wüsten, das verheerende Erbe des Weltkriegs, mit eigenen Augen zu sehen ist
etwas anderes: »Diese Fahrt«, schreibt Erzberger in seinen
Erinnerungen, »war für mich noch erschütternder als die
drei Wochen zuvor ausgeführte an das Sterbebett meines
einzigen Sohnes.«

Der amerikanische Offizier Harry S. Truman hat sich schon
länger an den Anblick der Kriegslandschaften gewöhnt.
Er beschreibt sie seiner Freundin Bess Wallace in einem
Brief: »Bäume, die einst ein schöner Wald waren, sind jetzt
Stümpfe mit nackten Zweigen, die sie ausstrecken und die

sie wie Geister aussehen lassen. Der Boden besteht nur aus Granattrichtern. (...) Dieses verwüstete Land muss einst so kultiviert und schön wie der Rest Frankreichs gewesen sein, jetzt würden die Sahara oder Arizona wie der Garten Eden daneben aussehen. Wenn der Mond hinter diesen Bäumen aufgeht, von denen ich erzählt habe, dann kann man sich vorstellen, wie die Geister der halben Million Franzosen, die hier geschlachtet wurden, eine traurige Parade zwischen den Ruinen abhalten.«

Truman, ein Farmer aus Missouri, im Weltkrieg Offizier einer Artillerieeinheit, befindet sich einhundertfünfzig Kilometer östlich von der Ruinenstadt Chauny, die Matthias Erzberger in jener Nacht des 7. November 1918 durchfährt. In den hügeligen Wäldern der Argonnen, wo Truman seit Ende September 1918 im Einsatz gestanden hat, wüten die letzten Schlachten des Krieges zwischen dem Deutschen Reich und den Alliierten. Der französische Oberbefehlshaber Marschall Foch hat die bewaldeten Hügel im Dreieck zwischen Frankreich, Deutschland und Belgien zum Schauplatz der entscheidenden Offensive bestimmt. Die »Siegfriedstellung«, von den Alliierten auch »Hindenburglinie« genannt, die letzte ausgebaute Verteidigungsposition der deutschen Armee, ist schon in den ersten Tagen der Offensive Ende September 1918 gefallen. Doch die französische Armee und die American Expeditionary Forces, die größte Streitmacht, welche die USA bis dahin in einen Krieg außerhalb des Landes geschickt haben, rücken unerbittlich weiter nach Osten vor, in Richtung Rhein. In seinem Unterstand nahe Verdun schreibt Truman: »Die Aussicht ist trostlos. Franzosen sind in meinem Vorgarten begraben und Hunnen hinter meinem Haus, und beide sind über die Landschaft verstreut, so weit das Auge reicht. Immer wenn eine deutsche Granate in ein Feld westlich von hier einschlägt, dann gräbt sie ein Stück von jemandem aus. Gut, dass ich nicht an Gespenster glaube.«

Wilhelm von Preußen, Thronfolger des Deutschen Reichs, trug, anders als der Kaiser, keinen Bart. Wie um sich von der übergroßen Vaterfigur abzugrenzen, zeigte er unter der Nase, wo beim Kaiser eine stolze Gesichtsbehaarung in Form eines im Sturzflug befindlichen Reichsadlers prangte, nur glattrasierte Haut. Im Vergleich zur imposanten Erscheinung Wilhelms II. sah der Kronprinz damit, selbst im höheren Alter, immer ein wenig jungenhaft, ein wenig nackt aus. Aber so musste der im Potsdamer Marmorpalais geborene älteste Sohn der preußischen Hohenzollern nicht wie Tausende deutscher Soldaten – unter anderem auch Adolf Hitler – seine Gesichtszierde stutzen, als diese sich mit der Einführung des Gaskriegs und der Gasmaske als Quelle tödlicher Gefahr entpuppte. Im Jahr 1918, mit sechsunddreißig Jahren, leitete Wilhelm von Preußen die Heeresgruppe Deutscher Kronprinz, die zu diesem Zeitpunkt noch aus vier Armeen bestand. Dass er sie leitete, hieß allerdings nicht, dass er sie tatsächlich kommandierte. Streng hatte ihm der Vater, der ihn seit Kindesbeinen nur von der Ferne am Regierungsgeschäft teilhaben ließ, eingeschärft, sämtliche Entscheidungen dem Generalstabschef Graf Friedrich von der Schulenburg zu überlassen. Von ihm sprach der Kronprinz daher doppeldeutig als »mein Chef«. Seit dem Sommer 1918, in dem die letzte deutsche Offensive ins Stocken geriet, befand sich indes die Heeresgruppe Deutscher Kronprinz in kontinuierlicher Rückwärtsbewegung.

Im September 1918 kommen dem Kronprinzen angesichts der unverminderten Wucht der alliierten Angriffe zum ersten Mal Zweifel am deutschen Sieg: »Wir hatten das

Empfinden, im Hochpunkt der konzentrischen feindlichen Offensive zu stehen und (...) im großen und ganzen bei Hingabe aller Kräfte doch noch standzuhalten. (...) Wie lange noch?« Wenig später, bei einem Besuch der von seinem Bruder Eitel Friedrich kommandierten ersten Garde-Division, muss er sich endgültig eingestehen, dass der deutsche Kampf gegen die alliierten Verbände inzwischen hoffnungslos ist. Der sonst so optimistische Fritz empfängt ihn grau und gramgebeugt. Seine ganze Division besteht aus nur noch fünfhundert Mann. Die Verpflegung der Soldaten ist miserabel. Die Geschütze sind »ausgeschossen«, Ersatz wird nicht mehr geliefert. Zwar sind die Angriffe der amerikanischen Infanterie, die »ganz unkriegsmäßig« in Kolonnen erfolgen, mit flächendeckendem Maschinengewehrfeuer in den Griff zu bekommen. Aber mit der neuesten Waffentechnologie der Alliierten, den Panzern, haben die deutschen Truppen große Schwierigkeiten. Amerikanische Panzerbrigaden überrollen die deutschen Schützengräben, die nur noch alle zwanzig Meter von einem Mann besetzt sind, und nehmen sie dann von hinten unter Beschuss. Auch scheinen die Amerikaner, im Gegensatz zu den Deutschen, über unerschöpfliche Reserven an schwerer Artillerie und an Männern zu verfügen. Jeder ihrer Angriffe wird von so heftigem Feuer vorbereitet, wie es dies selbst in Verdun und an der Somme nicht gegeben hat. Die Prinzenbrüder waren aufgewachsen mit Geschichten von soldatischem Heldentum, von Feldern der Ehre, auf denen sich Aufstieg und Fall ganzer Reiche entschieden, von Feldherren, die ihren Truppen mit gezogenem Säbel und wehendem Federbusch voranritten, und finden sich nun inmitten von grauer Logistik und blutrotem Fleisch.

Angesichts der Übermacht des Gegners beschleicht Wilhelm ein Gefühl der Ohnmacht. Ermüdet, schlecht ausgestattet, mit abgenutzten Waffen und knapper werdender Munition stemmen sich die ihm verbliebenen Soldaten – diejenigen, die nicht die Kriegsgefangenschaft dem Tod vorgezogen haben – gegen die anstürmenden Feinde. Jeder feindliche Angriff verstärkt das Gefühl der Machtlosigkeit. »Die Lüfte bebten im Feuer, ein dumpfes Schlagen, Brüllen, Rollen, das nicht wieder schwieg.« Ende September ist dem Kronprinzen klar, dass es nicht mehr lange so weitergehen kann: »Wo lag in den von Hunger, Qualen und Entbehrungen verwirrten Köpfen dieser Männer, die tausendmal ihr Leben tapfer für das Vaterland eingesetzt hatten, jetzt die Grenze zwischen Können und Wollen?«

Alvin C. York war nach langem Zweifeln zur amerikanischen Infanterie gekommen. Der Naturbursche, hochgewachsen, rothaarig, breitschultrig, stammte aus dem Dorf Pall Mall in den Bergen Tennessees und war gläubiger Methodist. Die Bibel galt für ihn Wort für Wort, und das fünfte Gebot – »Du sollst nicht töten« – war ihm heiliges Argument gegen den Dienst an der Waffe. Als York der Einberufungsbefehl zugestellt wurde, stürzte ihn dies in tiefe Zerrissenheit zwischen seinen Pflichten als Christ und seinen Pflichten als Amerikaner. Immer wieder las er in der Heiligen Schrift, auf der Suche nach Passagen, die ihm Orientierung bieten konnten. Er betete, sprach mit seinem Pastor und kam schließlich zu dem Schluss, die Entbindung von der Kriegspflicht zu beantragen. Seine schriftliche Begründung war schlicht: »Ich möchte nicht kämpfen.« Doch seine Gesuche wurden abgelehnt, und schließlich fügte sich York in das Unvermeidliche, hoffend, dass er nicht bei der kämpfenden Truppe eingesetzt würde. Seine Ausbildung erhielt er im Camp Gordon in Georgia, dann reiste er über New York nach Boston, wo er sich am 1. Mai 1918 um 4 Uhr morgens einschiffte. York, der bis dahin seine heimatlichen Berge nie verlassen hatte, kreuzte nun den großen Ozean auf dem Weg in einen Krieg im fernen Europa. Heimweh, Seekrankheit und die Angst, vom Torpedo eines deutschen U-Boots getroffen zu werden, machten die Überfahrt zu einer qualvollen Erfahrung: »Es war zu viel Wasser für mich.«

Nach einer Zwischenlandung in England erreichte York am 21. Mai 1918 die französische Hafenstadt Le Havre an der Kanalküste. Dort wurden Waffen und Gasmasken ausgegeben: »Das brachte den Krieg eine ganze Ecke näher«, erinnerte er sich später. Ab Juli 1918 diente seine Einheit unter französischem Oberkommando, zunächst in ruhigen Abschnitten der Front, um Erfahrung zu sammeln. Die erste Schlacht erlebte York in den Tagen nach dem 12. September, beim Vorstoß auf St. Mihiel. Die verlustreiche Auseinandersetzung endete mit einem amerikanischen Sieg, und sie war von weltpolitischer Bedeutung: Es war das erste Mal, dass das US-Expeditionsheer unter dem Kommando des amerikanischen Generals John Pershing selbständig agierte. Seit dem Kriegseintritt der USA hatten die amerikanischen Truppen stets dem französischen Kommando unterstanden. So steht St. Mihiel für ein neues amerikanisches Selbstverständnis, und zugespitzt könnte man sagen, dass Amerika in diesem nordfranzösischen Örtchen begonnen hat, eine Rolle auf der Weltbühne zu spielen.

Anfang Oktober wird Yorks Einheit in die Argonnen verlegt, zehn Tage nachdem dort die entscheidende Schlussoffensive begonnen hat. Nun sieht auch er die zerklüfteten Kriegslandschaften, die ihm scheinen, »als hätte ein fürchterlicher Wirbelsturm durch sie hindurchgefegt«. Schon auf dem Vormarsch zur Front hängt Yorks Leben am seidenen Faden. Die Deutschen bombardieren die Heerstraßen, und deutsche Flugzeuge richten ihre Maschinengewehre aus der Luft auf die marschierenden Truppen. Den 7. Oktober verbringt York in der Deckung eines Granattrichters am Straßenrand nahe dem Dörfchen Chatel-Chéhéry. In unmittelbarer Nähe fällt Geschossregen, der seine Kameraden zerfrisst. Schreiende Verwundete werden von Sanitätern auf Bahren vorbeigetragen. Tote mit offenen Mündern und starren Augen bleiben unbeachtet am Straßenrand liegen. Dazu der andauernde Regen, der das schützende Erdloch zu füllen beginnt.

Am 8. Oktober, um 3 Uhr morgens, kommt der Befehl zu Yorks gefährlichstem Kriegseinsatz. Um 6 Uhr soll von der nahe gelegenen »Höhe 223« aus eine von den Deutschen zum Nachschub genutzte Eisenbahnlinie eingenommen werden. York setzt sich inmitten seiner Truppe in Bewegung, die – mit den Gasmasken vor dem Gesicht – durch Regen und Schlamm vorwärtsstapft. Um 6 Uhr 10 beginnt mit leichter Verspätung der Angriff. Ein Grabenmörser soll die Deutschen in Schach halten. Doch das Tal, in das die Amerikaner im Laufschritt vorrücken, wird zur Todesfalle. Von einer versteckten Stellung aus wird die Senke mit Maschinengewehrfeuer bedeckt. Die erste Welle der Angreifer fällt wie »Gras unter der Mähmaschine«. Die Überlebenden ducken sich so tief wie möglich hinter jedes Hindernis, jede Bodenwelle, gar hinter ihre Kameraden, um Deckung zu finden. Unmöglich, im Kugelhagel auch nur den Kopf zu heben. Als offensichtlich wird, dass angesichts solchen Feuers der Frontalangriff chancenlos ist, fasst der Offizier, unter dessen Kommando Alvin York steht, einen neuen Plan. Er befiehlt den Überlebenden aus drei Gruppen, sich rückwärts zu bewegen. Siebzehn Männer, darunter auch York, kriechen mit den Füßen voran und arbeiten sich dann seitlich durch dichtes Unterholz direkt in Richtung auf die knatternden Mündungen vor.

Bis auf wenige Steinwürfe an ihr Ziel herangekrochen, stoßen die amerikanischen Soldaten unvermittelt auf eine Lichtung, in der gut ein Dutzend deutsche Soldaten gerade ihr Frühstück einnehmen. Die Deutschen haben Waffen und Helme abgelegt. Beide Seiten sind von dieser unerwarteten Begegnung gänzlich überrascht und erstarren für einen Moment wie vom Donner gerührt. Doch die Amerikaner halten ihre Waffen im Anschlag, während die Deutschen in Hemdsärmeln dasitzen und kauen. Außerdem glauben die Soldaten des Deutschen Reichs es mit dem Vortrupp eines größeren amerikanischen Verbands zu tun zu haben. Sie strecken die Hände in die Luft, um sich zu ergeben.

Rasch jedoch haben die deutschen MG-Schützen die Lage erkannt und drehen die tödlichen Mündungen ihrer Gewehre in Richtung der Szene. York sieht sechs seiner Kameraden im Kugelhagel sterben. »Corporal Savage (...) muss über hundert Kugeln in seinem Körper gehabt haben. Seine Kleider waren komplett zerfetzt.« Deutsche und Amerikaner werfen sich zu Boden; die Angreifer suchen Schutz zwischen den Körpern der Angegriffenen. York liegt kaum zwanzig Meter vom deutschen Maschinengewehrnest entfernt. Im Kugelhagel verlässt sich der Jäger aus den Bergen von Tennessee auf sein gutes Auge und seine ruhige Hand. Wann immer ein Deutscher den Kopf aus der Deckung steckt, versetzt er ihm eine sauber gezielte Kugel. Wie beim Truthahnschießen bei den heimischen Schützenfesten sei es gewesen, nur dass die Ziele hier größer gewesen seien.

Schließlich springt ein deutscher Offizier mit fünf Soldaten aus dem Schützengraben. Der Stroßtrupp stürmt mit aufgepflanzten Bajonetten auf York zu. Doch auf den wenigen Metern bis zu seiner Position streckt er die Männer einen nach dem anderen mit der Pistole nieder. Er beginnt mit dem hintersten, damit die vorderen ihm weiter in die Schusslinie laufen.

Inzwischen hat York über zwanzig deutsche Soldaten getötet und schreit dem Rest zu, sie sollten sich ergeben. Ein deutscher Major bietet ihm an, seine Kameraden zum Aufgeben zu bewegen. Seine Pfeife schrillt, und die Deutschen kommen, einer nach dem anderen, aus ihrem Graben, werfen ihre Waffen fort und heben die Hände. York lässt Zweierreihen bilden. Seine verbleibenden Männer werden zur Bewachung abgestellt, und nun beginnt der Rückmarsch, bei dem sie doppelter Gefahr ausgesetzt sind: Einerseits gibt es weitere deutsche Stellungen in unmittelbarer Nähe, andererseits besteht die Möglichkeit, dass die lange Reihe marschierender Soldaten für einen deutschen Gegenangriff gehalten und von den Amerikanern beschossen wird. Doch York bringt die Gefangenen – und weitere, die ihm unterwegs in die Hände fallen – ins Quartier zurück. Dort werden die Besiegten gezählt. Es sind 132, die der einstige Pazifist York fast im Alleingang gefangen genommen hat.

Während dieser letzten entscheidenden Offensiven an der Westfront, die noch mehr als einer Million Soldaten Freiheit, Gesundheit oder Leben kosten sollten, haben sich die Räder der internationalen Diplomatie längst in Gang gesetzt, um die Möglichkeit eines Kriegsendes auszuloten. Bereits am 4. Oktober sandte die deutsche Regierung ein Telegramm nach Washington an den Präsidenten der Vereinigten Staaten, Woodrow Wilson, in dem sie ihn um Verhandlungen über einen Waffenstillstand ersuchte. Es war ein taktisches Manöver mit dem Ziel, dem mit versöhnlichen Worten auftretenden amerikanischen Staatsoberhaupt eine prägende Rolle im Friedensprozess zu verschaffen und damit einen Gegenpol zu den europäischen Westmächten zu gewinnen, insbesondere zu Frankreich, das nichts sehnlicher wünschte, als den »Erzfeind« für seine Aggression hart zu bestrafen. Wilson hingegen hatte bereits am 8. Januar 1918 in einer Rede vor dem Kongress der Vereinigten Staaten vierzehn Punkte angeführt, welche die amerikanischen Kriegsziele und die Grundlagen für eine zukünftige Friedensordnung formulierten: Er hatte öffentliche Friedensverhandlungen verlangt, Freiheit der Meere, Handelsfreiheit, Rüstungsbegrenzung, eine abschließende Regelung kolonialer Ansprüche. Die durch den Krieg verflüssigten Grenzen in Europa und dem Nahen Osten sollten, so der amerikanische Präsident, durch den Rückzug der deutschen Truppen und eine neue territoriale Ordnung stabilisiert werden. Ein Bund von Nationen, die gegenseitig für ihre Unabhängigkeit und Unverletzlichkeit bürgten, sollte gegründet werden. Später fügte Wilson noch die Forderung hinzu, dass Deutschland eine Parlamentarisierung seines politischen Systems bewerkstelligen müsse; dazu gehörte für ihn auch die Abdankung des deutschen Kaisers. Diese Initiative, die dem amerikanischen Präsidenten im Jahr 1919 den Friedensnobelpreis einbringen sollte, war nicht mit den europäischen Verbündeten abgesprochen. Die Vereinigten Staaten von Amerika hielten sich nun, da sie ihren Zoll im großen Krieg bezahlten, für berechtigt, dem Kreis der Weltmächte nicht nur anzugehören, sondern ihm voranzuschreiten.

Die Festlegung der militärischen Einzelheiten des Waffenstillstands hatte Wilson den alliierten Militärführern überlassen. So kam es, dass der französische Marschall Ferdinand Foch, Oberbefehlshaber der alliierten Truppen, am 1. November 1918 in Paris den Regierungsvertretern der wichtigsten Gegner Deutschlands seine Vorstellungen von einem Waffenstillstand darlegte. Es müsse, so Foch, ein Waffenstillstand sein, der einer Kapitulation gleichkomme.

Nur so sei der Krieg ohne jene letzte tödliche Entscheidungsschlacht zu gewinnen, auf die er innerlich so lange gebrannt hatte. Vor allem sei es unverzichtbar, in den bevorstehenden Verhandlungen auf der Besetzung des rechten
Rheinufers zu bestehen. Im Schutz des Rheins und einer
Waffenruhe wären die Deutschen sonst in der Lage, ihre
Truppen zu sortieren und so entweder einen neuen Angriff
zu führen oder zumindest die bevorstehenden Friedensverhandlungen unter erheblichen Druck zu setzen. Auch für
Foch spielten Kriegslandschaften eine zentrale Rolle. Doch
hatte er nicht die Geisterwälder im Sinn, die der Krieg hinterlassen hatte«, sondern jene »gerichtete Landschaft«, über
die Kurt Lewin 1918 schrieb. Der Berliner Sozialpsychologe
zeigte, wie die Strategien militärischer Auseinandersetzungen die Natur mit Grenzen und Richtungen, mit Zonen und
Korridoren, mit »vorne« und »hinten« versahen. Dies war
exakt die Vorstellung, die sich Ferdinand Foch von Landschaft machte. In seinem Hauptquartier, das eher der Zentrale einer großen Firma oder einem Ingenieurbüro ähnelte
als einem Feldherrenhügel, verwaltete er den Raum und
wies ihm menschliche und taktische Ressourcen zu. Derart
in Begriffen militärischer Logistik denkend, beharrte Foch
darauf, mit der alliierten Armee den Rhein zu überschreiten. Für ihn war es eine Frage von Massen und Möglichkeiten. Würde man einen strategischen und taktischen, einen
modernen Krieg auch mit einem modernen, einem logisti-
schen Frieden beenden können? Seine Antwort: Täte man
dies nicht, würde man die Zukunft gefährden, die man nach
den so hart errungenen Siegen gestalten könne.

Bis zum 4. November stehen die Bedingungen der Alliierten fest. Sie entsprechen weitgehend Fochs Vorstellungen
und werden umgehend nach Washington gemeldet. Am selben Tag trifft die Anfrage der deutschen Waffenstillstands-

kommission zur Aufnahme von Verhandlungen in Paris ein. Foch gibt die Anweisungen für den Empfang der deutschen Abgesandten. Wenige Tage später, in der Nacht vom 6. zum 7. November, erreicht ihn ein Radiotelegramm, in dem die Namen der deutschen Bevollmächtigten präzisiert werden.

Das 129. Artillerieregiment, das Harry S. Truman kommandiert, hat die Aufgabe, die vorrückenden alliierten Bodentruppen vor deutschem Beschuss zu schützen. Anfang November berichtet er an seine geliebte Bess, er habe in fünf Stunden 1800 Granaten auf die »Hunnen« geschossen. Am Anfang der Offensive musste seine Einheit noch auf der Hut sein. Sobald sie mit dem Einschießen der Geschütze begannen, wurden sie für den Gegner sichtbar und waren ihrerseits den tödlichen Explosionen und dem Gas ausgesetzt. Sie führten einen merkwürdigen Krieg, bestimmt von Technik, Taktik, Strategie, Ballistik und Logistik, bei dem sie den Feind fast nie zu Gesicht bekamen. Seit Ende Oktober aber ist die deutsche Gegenwehr schwächer geworden. Die Deutschen »scheinen keine Kraft mehr zu haben, um zurückzuschießen. (...) Einer ihrer Piloten stürzte gestern direkt hinter meiner Batterie ab und verstauchte sich den Knöchel, seine Maschine war Schrott und wurde dann von den Franzosen und Amerikanern aus der Umgebung vollständig ausgeplündert. Sie wollten ihm sogar seine Jacke wegnehmen. (...) Einer unserer Offiziere, ich schäme mich, es zu schreiben, nahm die Stiefel von dem Piloten mit dem verstauchten Knöchel und behielt sie. (...) ›La guerre finie‹«, habe der Pilot geschrien, um wenigstens sein Leben zu retten.

Die Offensive verlangt den Männern dennoch alles ab. Unentwegt gilt es, der sich rasch verschiebenden Front hinterherzuziehen. Dazu müssen die Geschütze im matschigen Terrain, teils mit Pferde- und Menschenkraft, mühsam vorwärtsbewegt werden. Nachtmärsche zermürben die Truppe. »Jeder von uns war fast schon ein nervöses Wrack und wir alle hatten Gewicht verloren, bis wir wie Vogelscheuchen aussahen.«

Doch je greifbarer die deutsche Niederlage wird, je länger Trumans Regiment gegen den unsichtbaren Feind vorrückt, ohne entscheidende Verluste zu erleiden, desto mehr erscheint ihm der Krieg, in den die Vereinigten Staaten im April 1917 eingetreten sind, als »a terrific experience«. Die wechselnden Unterstände, in denen er als Offizier nächtigt – provisorisch mit Ofen, Telefon und einer mobilen Küche ausgestattet –, werden ihm zur Heimat auf Zeit. Er sei nun so daran gewöhnt, unter der Erde zu schlafen, dass er zu Hause wohl im Keller nächtigen werde, bemerkt er ironisch. In den letzten Wochen des Krieges, als der Sieg unmittelbar bevorzustehen scheint, wird der Ton von Trumans Briefen zusehends heiterer. Immer häufiger erlaubt er sich Gedanken an die Heimat: Wenn er jemals nach Hause zurückkehre, dann werde er froh sein, sein restliches Leben hinter einem Esel durch ein Maisfeld zu laufen. Er findet sogar die Zeit, mit galanten Worten zwei Blumen als Souvenir an seine geliebte Bess zu schicken.

So fühlt man sich bei der Lektüre von Trumans Briefen aus den letzten Tagen des Krieges an Charlie Chaplins Weltkriegsfilm *Shoulder Arms* erinnert, der am 20. Oktober 1918 am Broadway in New York Premiere hatte. In dem Streifen, in Auftrag gegeben, um Kriegsspenden einzuwerben, treibt der kleine Mann mit dem schmalen Schnurrbart seinen Schabernack in ebenjenen Schützengräben Nordfrankreichs, in denen auch Truman die letzten Wochen des Krieges verbringt. Am Ende gelingt es dem Filmhelden, ein schönes Mädchen aus deutscher Gefangenschaft zu befreien. Dabei trifft er auf den deutschen Kaiser höchstpersönlich, erklärt ihn zum Gefangenen und führt ihn mit vorgehaltener Waffe ab. Der Tramp beendet den Weltkrieg, »a terrific experience«.

Am späten Nachmittag des 7. November besteigt der Oberkommandierende Ferdinand Foch in Senlis, nordöstlich von Paris gelegen, einen Sonderzug. Er wird begleitet vom Chef seines Generalstabs, Maxime Weygand, drei Offizieren des Generalstabs sowie Vertretern der britischen Flotte unter Admiral Wemyss. Die Fahrt ist kurz. Hinter dem Örtchen Compiègne, auf einer Waldlichtung nahe der Stadt Rethondes, kommt die Bahn zum Stehen. Es folgt eine lange Nacht des Wartens. Erst am folgenden Morgen um 7 Uhr trifft der Zug ein, den der deutsche Abgesandte Erzberger und seine Mitreisenden nach Mitternacht in den Ruinen des Bahnhofs von Tergnier bestiegen hatten.

Zwei Stunden später, am 8. November 1918 um 9 Uhr, findet ein erstes Treffen in einem als Arbeitszimmer eingerichteten Waggon in Fochs Sonderzug statt. Die Atmosphäre ist eisig. Die deutsche Delegation betritt zuerst den Raum und setzt sich auf bezeichnete Plätze am Verhandlungstisch. Dann tritt die französische Abordnung unter Leitung von Marschall Foch ein, den Matthias Erzberger als »kleinen Mann mit harten, energischen Zügen« beschreibt, »die auf den ersten Blick die Gewohnheit zu befehlen verrieten«. Statt eines Handschlags wird nur ein militärischer Gruß oder von den Zivilisten eine knappe Verbeugung ausgetauscht. Die Delegationen stellen sich gegenseitig vor: Erzberger, Alfred von Oberndorff, Detlof von Winterfeldt und Ernst Vanselow müssen ihre Vollmachten vorlegen.

Dann eröffnet Foch die Verhandlungen mit gespielter Unwissenheit: »Was führt die Herren hierher? Was wün schen Sie von mir?« Matthias Erzberger erwidert, dass die Delegation gekommen sei, um die Vorschläge der Alliierten für einen Waffenstillstand zu erfahren. Foch erklärt trocken, dass er keine Vorschläge zu machen habe. Daraufhin fragt ihn Oberndorff, wie der Marschall wünsche, dass man sich ausdrücke. Der deutschen Seite gehe es nicht um eine bestimmte Strategie, sondern allein darum, die Bedingungen der Alliierten für den Waffenstillstand zu erfragen. Foch erklärt bestimmt, dass er keine Bedingungen zu stellen habe. Daraufhin verliest Erzberger die letzte Note des Präsidenten Wilson, in der es ausdrücklich heißt, dass Marschall Foch autorisiert sei, die Bedingungen des Waffenstillstands bekanntzugeben. Jetzt endlich lässt Foch die Katze aus dem Sack: Er sei zur Mitteilung der Bedingungen nur autorisiert, wenn die deutsche Seite um einen Waffenstillstand nachsuche. Auf keinen Fall will er den Deutschen diesen erniedrigenden Akt ersparen.

Erzberger und Oberndorff erklären also in aller Form, dass sie im Namen der Regierung des Deutschen Reichs um einen Waffenstillstand ersuchen. Erst dann beginnt General Weygand, die wichtigsten Klauseln des Beschlusses der Alliierten vom 4. November zu verlesen. »Marschall Foch saß mit steinerner Ruhe am Tisch.« Der Vertreter Großbritanniens, Admiral Rosslyn Wemyss, versucht, ebenso gleichgültig zu erscheinen, doch das nervöse Spiel mit seinem Monokel und seiner großen Hornbrille verrät seine innere Erregung.

Die deutschen Abgesandten hören, wie sich Weygand später erinnert, das Ablesen der Bedingungen mit blassen, steinernen Mienen an. Dem jungen Kapitän zur See, Ernst Vanselow, sollen Tränen über die Wangen gelaufen sein. Der Vertrag fordert nicht nur den sofortigen Rückzug der deutschen Truppen aus sämtlichen besetzten Gebieten Bel-

giens, Frankreichs und Luxemburgs sowie aus dem Reichsland Elsass-Lothringen, nicht nur – wie Foch beharrlich
gefordert hatte – die Besetzung der linksrheinischen Gebiete und von Neutralitätszonen rund um die Brückenköpfe
Mainz, Koblenz und Köln, er regelt auch die Übergabe von
Waffen, Flugzeugen, der Kriegsflotte, von Eisenbahnen sowie die Annullierung des Friedens, den das Deutsche Reich
im Jahr 1917 mit Russland geschlossen hatte.

»Es ist ein herzzerreißender Moment«, erinnert sich
Weygand. General Winterfeld unternimmt dennoch, nachdem Weygand geendigt hat, einen Versuch, die Bedingungen zu erleichtern: Man möge zumindest die Frist bis zur
Unterschrift verlängern, so dass er sich mit der Regierung
abstimmen könne, und man solle während der Prüfung
der Bedingungen durch die deutsche Seite die Waffen ruhen lassen. Doch Foch lehnt beides ab. Für die Annahme
gelte ein Ultimatum bis zum 11. November 1918, 11 Uhr
französischer Zeit. Eine Waffenruhe trete erst nach Unterzeichnung ein. Zugleich schickt der Marschall am selben
Tag per Telegramm den Befehl an die Kommandeure, in
der Intensität der Angriffe in keiner Weise nachzulassen.
Es gehe darum, noch während der Waffenstillstandsverhandlungen zu »entscheidenden Ergebnissen« zu kommen.
Zu verhandeln, so betont er gegenüber Erzberger, gebe es
nichts. Die Deutschen könnten das Angebot, so wie es sei,
annehmen oder ablehnen. Immerhin gesteht er zu, dass
»private« Gespräche zwischen den rangniedrigeren Mitgliedern der beiden Delegationen stattfinden können. Erzberger hofft, Milderungen zu erreichen, zumindest bei den
Fristen und den zu liefernden Mengen, und argumentiert
mit der Notwendigkeit, eine Hungersnot und den vollständigen Zusammenbruch der Ordnung in Deutschland zu
verhindern.

Nach dem Ende der ersten Sitzung wird Hauptmann von Helldorf mit der Liste der alliierten Konditionen zurück zum deutschen Hauptquartier nach Spa geschickt. Die »Privatgespräche« beginnen am Nachmittag und ziehen sich über zwei Tage hin, während die Stunden des Ultimatums unaufhaltsam ablaufen. Am Abend des 10. November, gegen 21 Uhr, vierzehn Stunden vor dem Ablauf der Frist, erreicht eine chiffrierte telegraphische Anweisung des deutschen Reichskanzlers die Waldlichtung. Darin wird Erzberger autorisiert, die Waffenstillstandsbedingungen in allen Punkten zu akzeptieren. Ungeachtet dieses Schreibens gelingt es der deutschen Delegation, die offenbar in einzelnen Punkten Überzeugungsarbeit geleistet hat, eine Schlussverhandlung zu erwirken. In den frühen Morgenstunden des 11. November, zwischen 2 und 5 Uhr morgens, knapp sechs Stunden vor dem Ablauf des Ultimatums, werden noch Veränderungen in den Schlusstext aufgenommen. Zwar nehmen diese dem Dokument nichts von seiner Härte, doch sind sie mehr als nur Kosmetik: Statt 2000 müssen nur 1700 Flugzeuge und statt 30000 nur 25000 Maschinengewehre abgeliefert werden. Das Argument für letzteren Wunsch empört den französischen Marschall: Man brauche die Waffen, so beteuert Erzberger, um in Deutschland die aufrührerischen Kräfte in Schach zu halten. Die neutrale Zone auf dem rechten Rheinufer solle statt vierzig nur zehn Kilometer betragen. Die Räumung der linksrheinischen Gebiete durch die deutsche Armee könne statt in fünfundzwanzig in einunddreißig Tagen erfolgen. Die Warnung, in Deutschland drohe eine Hungersnot, führt zu der Zusicherung, dass die Alliierten die Deutschen während der Zeit des Waffenstillstands, der zunächst auf sechsunddreißig Tage festgelegt wird, mit Nahrungsmitteln versorgen werden.

Am 11. November 1918, um 5 Uhr 20, noch bevor der fahle Herbstmorgen heraufdämmert, erfolgt die Unterzeichnung auf der letzten Seite der Waffenstillstandsurkunde. Währenddessen wird die Schlussversion des gesamten Vertragstextes mit den zuletzt besprochenen Änderungen ausgefertigt. Nachdem er den Füller zugeschraubt hat, gibt Erzberger eine Erklärung ab, in der er darauf verweist, dass einige der unterzeichneten Regelungen in der Praxis nicht durchführbar seien. Seine Verlautbarung endet mit einer pathetischen Formel: »Ein Volk von siebzig Millionen leidet, aber es stirbt nicht.« Foch kommentiert dies mit einem trockenen »Très bien!«. Dann trennen sich die Delegationen, wieder ohne Händedruck.

So erzählt, erscheint das Ende des Ersten Weltkriegs fast als Kammerspiel, und es mag der Eindruck entstehen, als sei in diesem Herbst des Jahres 1918 die Weltgeschichte auf Taschenformat geschrumpft, als könnte man sie konzentrieren auf eine Handvoll Personen und Schauplätze, die in einem überschaubaren Dreieck zwischen Paris, dem belgischen Kurörtchen Spa und dem in diesem Moment noch deutschen Straßburg gelegen sind. Doch tatsächlich passt der Weltkrieg nicht in einen Eisenbahnwaggon.

Im Verlauf der Jahre 1914 bis 1918 hatte sich der Konflikt von einem europäischen Kräftemessen zwischen den Mächten der Entente – Frankreich, Großbritannien und Russland – auf der einen und dem Dreibund von Deutschem Reich, Österreich-Ungarn und Italien auf der anderen Seite zu einer globalen Konfrontation ausgewachsen. Sie wurde nicht nur in Europa, sondern auch im Nahen Osten, in Afrika, Ostasien sowie auf den Ozeanen ausgetragen, und 70 Millionen Soldaten von fünf Kontinenten kämpften in diesem Krieg. Entsprechend waren unter den 16 Millionen

Soldaten, die der Erste Weltkrieg das Leben kostete, längst nicht nur Europäer: 800 000 Türken, 116 000 US-Amerikaner, 74 000 Inder, 65 000 Kanadier, 62 000 Australier, 26 000 Algerier, 20 000 Afrikaner aus der Kolonie Deutsch-Ostafrika (Tansania), 18 000 Neuseeländer, 12 000 Indochinesen, 10 000 Afrikaner aus Deutsch-Südwestafrika (Namibia), 9000 Südafrikaner und 415 Japaner ließen ihr Leben.

Aus der Perspektive der Akteure, die bis hierher zu Wort gekommen sind, erscheint die Zäsur vom November 1918 darüber hinaus als ein allzu klarer Schnitt zwischen Krieg und Frieden. Tatsächlich ließ sich die heißgelaufene Maschine des Weltkriegs keineswegs mit einem einzigen Federstrich unter einen Vertrag zum Stehen bringen. Die Unterschriften von Compiègne besiegelten nur einen von vier Waffenstillstandsverträgen zwischen verschiedenen Kriegsparteien, die im Jahr 1918 geschlossen wurden. Zu den eigentlichen Friedensverhandlungen waren diese nur ein erster Schritt, und bis durch eine Serie von Verträgen, von denen der letzte erst im Jahr 1923 unterzeichnet wurde, der Krieg endgültig beendet war, setzten sich vielerorts die militärischen Aktionen und Auseinandersetzungen fort: An der Westfront folgten auf den Waffenstillstand das Vorrücken der alliierten Truppen bis zum Rhein und die Besetzung von dessen rechtem Ufer. Auf dem Balkan wütete eine Auseinandersetzung zwischen Ungarn und Rumänien. Im Baltikum kämpfte Lettland für seine Unabhängigkeit von der jungen Sowjetunion. Darüber hinaus setzte sich das massenhafte Sterben durch eine weltweite Epidemiewelle fort, die Spanische Grippe, die mehr Menschen das Leben kostete als alle Schlachten aller Kriegsschauplätze zusammengenommen.

Schon bald sollten aus den Konflikten zwischen Irland und England, zwischen Polen und Litauen, zwischen der

Türkei und der armenischen Republik sowie zwischen der Türkei und Griechenland neue Kriegsbrände entflammen. Gleichzeitig löste die russische Revolution von 1917 im Osten Europas und auf dem asiatischen Kontinent einen blutigen Bürgerkrieg zwischen Anhängern und Feinden der Bolschewiki aus, der bis 1922 andauern sollte.

Marina Yurlowa entstammte einer Kosakenfamilie. Sie war in einem Dorf im Kaukasus aufgewachsen. Um an der Seite ihres Vaters in der Armee des Zaren zu kämpfen, hatte sie sich die Haare abgeschnitten und Männerkleider angezogen. Dass der Zar, für den sie ihr Leben riskiert hatte, seinen Thron verloren hatte, erfuhr sie in einem Krankenhausbett im aserbaidschanischen Baku. Zuvor war sie am Steuer eines Armeelasters unter Granatenbeschuss geraten. Von allem, was danach geschah, hatte ihr Gedächtnis nur ungeordnete Erinnerungen an Detonationen, Splitter und Schreie bewahrt. Viele Monate verbrachte sie im Dämmerzustand in wechselnden Krankenhäusern. Ihre körperlichen Verletzungen waren bald verheilt, doch die psychischen Folgen der Explosion schwächten sich nicht ab. Marina, damals siebzehn Jahre alt, zitterte am ganzen Körper, ihr Kopf wackelte unkontrolliert von einer Seite zur anderen, und wenn sie den Mund öffnete, kam nur ein unverständliches Stottern heraus. Immer wieder tauchten die verstörenden Bilder von dem Moment auf, der der letzte ihres Lebens hätte sein können, von dem Augenblick, in dem sie von einer Kriegerin zu einem Opfer des Krieges geworden war.

Dass mit der Revolution vom Oktober 1917 neue Zeiten angebrochen waren, hatte Marina in den folgenden Monaten mit eigenen Augen gesehen. Aus einem Krankentransport beobachtete sie, wie auf einem Dorfplatz ein Trupp aufständischer Soldaten einen grauhaarigen General der alten russischen Armee niedermetzelte. Ein Uniformierter nach dem anderen rammte dem grauhaarigen Mann sein Bajonett in den Leib, obwohl der schon nach dem ersten Stoß tot zusammengebrochen war. Marina hatte in mehr als drei Jahren Krieg Gewalt und Tod gesehen, doch »nichts (...) ließ sich mit einem solchen Mord vergleichen«. Später, vom Fenster eines Moskauer Krankenhauses aus, beobachtete sie eine Versammlung revolutionärer Soldaten, die wütende Reden gegen den Zaren führten, und es beschlich sie die Ahnung, dass jegliche Ordnung aufgehört hatte zu existieren. »Ich hatte das vage Gefühl, dass das Ende der Welt gekommen war, damals in Baku. Meine alte Kinderfrau hatte mir immer gesagt, dass es eine Prophezeiung gebe, laut der die Welt 2000 Jahre nach Christi Geburt zu einem Ende käme.« Offenbar hatte die alte Frau mit ihrer Voraussage recht gehabt, dachte Marina, und der Gedanke beruhigte sie auf eine merkwürdige Weise.

Als Kriegsversehrte musste Marina Yurlowa sich im Kampf um die Zukunft, der in Russland 1917 begonnen hatte, nicht gleich zu einer Seite bekennen. Doch innerlich gab es für sie, deren Familie seit Generationen den Zaren gedient hatte, keine Zweifel darüber, wo sie stand. Dies zumindest war klar in ihrem Kopf, auch wenn der nicht aufhören wollte, von einer Seite zur anderen zu schwingen. Die Behandlung mit elektrischem Strom, die man ihr in Moskau zuteilwerden ließ, brachte immerhin eine gewisse Verbesserung. Von drei Elektrotherapien täglich abgesehen, gab es allerdings keinerlei Aufmerksamkeit für die Invalidin des Krieges mit dem Deutschen Reich, der mit der Unterzeichnung des Friedensvertrags von Brest-Litowsk am 3. März 1918 zu Ende gegangen war. Stumpf fügte sich Marina in die Tatsache, dass Staub und Zigarettenrauch die Laken ihres Bettes von Tag zu Tag grauer werden ließen. Durch schlierige Fenster sah sie schemenhaft, wie sich in Moskau ein neues Regime formierte. Sie war entsetzt, als sie von der Hinrichtung des Zaren Nikolaus II. und seiner Familie hörte. Wurde ihr auch die Nachricht ans Krankenbett getragen, dass die Bolschewiki im November 1918 ein Denkmal für den französischen Revolutionär Robespierre im Alexanderpark enthüllten – und dass die aus schlechtem Beton gegossene Statue bereits wenige Tage später wieder zusammenbrach?

Zu dieser Zeit hat Thomas E. Lawrence die syrische Stadt Damaskus gerade verlassen. Sein Einmarsch durch das imposante Stadttor am 1. Oktober 1918 glich einem Triumphzug. Er durchritt es gegen 9 Uhr im Licht der gleißenden Morgensonne, gekleidet in die weiße Tracht eines Prinzen von Mekka. Vor seinem Pferd wirbelten Derwische, hinter ihm ritten arabische Stammeskrieger, die schrille Schreie ausstießen und in die Luft schossen. Die ganze Stadt war auf den Beinen, um den Mann zu sehen, der den Sieg der arabischen Revolte gegen das türkische Reich verkörperte: »Lawrence of Arabia«. Die Niederlage der türkischen Truppen und ihrer deutschen Verbündeten im Mittleren Osten war damit besiegelt.

Doch für den britischen Offizier Thomas E. Lawrence hat sich die Einnahme von Damaskus nicht wie ein Tag des Sieges angefühlt. Er ist unendlich erschöpft nach übermenschlichen Anstrengungen, noch in den unmittelbar vorangegangenen Tagen und Wochen hat er grässliche Massaker gesehen. Doch mehr als die blutigen Bilder lastet das Wissen auf seiner Seele, dass die Freiheit, für die er und seine arabischen Freunde gekämpft haben, längst eine Chimäre geworden ist. Denn europäische Staatsmänner,

Militärs und Diplomaten haben die Pläne für den Mittleren Osten nach dem Zusammenbruch des Osmanischen Reichs schon lange unterzeichnet und die Region unter sich aufgeteilt. Die arabischen Völker spielen in diesen Plänen nur eine Nebenrolle.

In den letzten Tagen des Krieges befindet sich auch Rudolf Höß in Damaskus; zumindest behauptet er das in seiner Autobiographie. Der zu dieser Zeit kaum achtzehnjährige deutsche Soldat stammt aus dem badischen Mannheim. Sein streng katholischer Vater hatte ihn für eine Priesterlaufbahn vorgesehen; doch war der Patriarch im zweiten Jahr des Weltkriegs gestorben. Danach verlor der Junge den Halt und in der Schule den Anschluss. Um von zu Hause wegzukommen, meldete er sich freiwillig für den Krieg, der den katholischen Zögling ausgerechnet ins Gelobte Land führte. Inmitten der heiligen Stätten Palästinas, die er aus der Bibel kannte, erlebte er den erbarmungslosen Krieg, den das Deutsche Reich im Bündnis mit der Türkei gegen das britische Empire und seine arabischen Verbündeten führte.

Höß erhielt im Wüstensand seine »Feuertaufe«, als seine Einheit auf feindliche Verbände traf, in denen Engländer, Araber, Inder und Neuseeländer kämpften. Zum ersten Mal erlebte er das Machtgefühl, mit der Waffe in der Hand über Leben und Tod eines Menschen zu entscheiden. »Seinem« ersten Toten wagte er nicht ins Gesicht zu sehen. Doch bald wurde das Töten zur Gewohnheit. In der straff hierarchischen Truppe fühlte er sich aufgehoben, und er genoss die Bande, die der gemeinsame Kampf zwischen den Männern stiftete. »Eigenartig war, daß ich zu meinem Rittmeister, meinem Soldatenvater, großes Zutrauen hatte und ihn sehr verehrte. Es war ein viel innigeres Verhältnis als wie zu meinem Vater.«

Außer an Gewalt und Kameradschaft wird sich Höß später an ein Erlebnis erinnern, das seine religiösen Grundsätze erschütterte. Im Jordantal stoßen die deutschen Soldaten bei einem Patrouillengang auf eine lange Reihe von Bauernkarren, die mit Moos beladen sind. Die Karren werden gründlich durchsucht, um sicherzustellen, dass es sich dabei nicht um versteckte Waffenlieferungen der Engländer handelt. Durch einen Dolmetscher erfragt Höß, was es mit dem Moos auf sich hat. So erfährt er, dass die Flechten nach Jerusalem geliefert werden. Dort verkauft man, wie ihm später anvertraut wird, die grauweißen Pflanzen mit ihren kräftigen roten Punkten als »Moos von Golgatha« an die christlichen Pilger, die glauben, auf den Flechten Tropfen von Jesu Blut als Reliquie mit nach Hause nehmen zu können. Höß ist von dieser Geschäftemacherei angewidert; es ist der Anfang seiner Abwendung von der katholischen Kirche.

Als Marina Yurlowa nach Kazan, der weit östlich von Moskau gelegenen Hauptstadt von Tatarstan, verlegt wurde, war der Weltkrieg auf dem Territorium des einstigen Zarenreichs schon in eine neue fundamentale Auseinandersetzung übergegangen: Der Bürgerkrieg zwischen den russischen Revolutionären und ihren Gegnern hatte begonnen. An einer Bahnstation in Moskau wurden die Invaliden Zeugen eines Feuergefechts zwischen der Roten Armee der Bolschewiki und den »Weißen«, den zarentreuen Truppen. Die Roten Garden, die den Bahnhof gegen einen Angriff von Anhängern des Zaren verteidigten, waren so ausgehungert, ihre Uniformen so zerlumpt, dass sie keinerlei Ähnlichkeit mit einer regulären Armee aufwiesen. Doch in ihrer grimmigen Entschlossenheit, zu siegen oder zu sterben, wurden diese »gelben Gespenster« für Marina zum Inbegriff der Revolution, und sie konnte nicht umhin, ihnen Respekt zu zollen.

Der Zug nach Kazan, in den man Marina im November 1918 setzt, kommt nur langsam voran. Am Ende des Transports wartet wieder ein Krankenhaus, wieder ein Saal mit harten Schlafstätten und fadenscheinigem Bettzeug. Im Nachbarbett liegt ein schöner junger Mann, gerade einmal zwanzig Jahre alt. Sein Gesicht ist rosig, seine Augen strahlend grau unter schwarzen lockigen Haaren. Es dauert einen Moment, bis Marina begreift, was an ihm merkwürdig ist: Der Junge bewegt sich nicht. Er hat weder Arme noch Beine. Nur seinen Kopf kann er noch drehen, und seine Augen folgen Marina mit einer Mischung aus Schmerz und Stolz auf diesen letzten Rest von Fähigkeit.

Auch vor Kazan macht die Revolution nicht halt. Die Bolschewiki sind entschlossen, alle verfügbaren Kräfte in den Krieg gegen die Anhänger des Zaren zu werfen. Marina ist verzweifelt, ihren Namen auf einer Liste von Krankenhausinsassen zu finden, die für die Rote Armee gezogen werden sollen. Wieder in den Krieg, trotz ihres wackelnden Kopfes, trotz ihrer versagenden Nerven? Der ausgehängte Befehl der Roten Armee lautet, sich in der Universität von Kazan einzufinden.

Es ist der Moment, in dem die Revolution Marina ihre Logik aufzwingt. Invalide zu sein und damit außerhalb des Kampfes der großen Ideologien zu stehen widerspricht den Prinzipien der Bolschewiki. Man hat entweder ein glühender Verfechter des neuen Russland zu sein oder sein Feind, der ausgeschaltet werden muss. So sieht es auch der frischgebackene Rotarmist, der die Musterung leitet. Neutralität sei eine »unentschuldbare Haltung«, verkündet er. Auch das Argument, dass sich Soldaten nicht in die Politik einzumischen hätten, lässt er nicht gelten. Er schreit das

Häufchen von Versehrten an: »Wofür steht ihr? An welche Regierung glaubt ihr?« Dann wendet er sich direkt an Marina: »Woran glaubst du?« Doch bevor sie antworten kann, gibt der Mann selbst die Antwort: »Eine Kosakin (...)! Im Namen des Zaren haben die Kosaken Bauern und Arbeiter terrorisiert!« Marina setzt zu einer glühenden Gegenrede an: »Brüder!«, ruft sie aus und streckt den Arm zu einer rhetorischen Geste aus. Doch bevor sie ihr Plädoyer für die Kampfgemeinschaft im Namen des Vaterlands halten kann, versagen ihre Nerven, die sich immer noch nicht von den Detonationen erholt haben. Marina sinkt in Ohnmacht. Als sie erwacht, blickt sie auf graue Mauern.

II Ein Tag, eine Stunde

»Hurray, the war is over!
Hurray, the fight is won!
Back from the life of a rover,
Back from the roar of the gun.
Back to the dear old homeland,
Home with the peaceful dove;
Don't let us sing anymore about war,
Just let us sing of love.«

Peace Song des schottischen Sängers
Harry Lauder, Dezember 1918

Briton Rivière, *St. Georg und der Drache*, 1909

Am 11. November 1918, wenige Minuten nach 11 Uhr, wird die Journalistin Louise Weiss in ihrem engen Büro in der Pariser Rue de Lille von unerwartetem Lärm aufgeschreckt. Erst werden nur Stühle gerückt, Türen und Fenster aufgerissen. Dann ertönen Stimmen, Schreie, Glockenläuten, und die Mitarbeiter der Zeitung *L'Europe nouvelle* strömen über den Hof auf die Straße. Ist es schon so weit?

Zu Anfang des Weltkriegs war Louise Weiss einundzwanzig Jahre alt gewesen. Nach einer mit Bravour bestandenen Examensprüfung reiste sie mit ihren Geschwistern in das friedliche Dorf Saint-Quay in der Bretagne, deren sommerliche Natur Louise damals schöner erschien denn je. Erst als ihr geliebter älterer Bruder mit der Eisenbahn abreiste, um in den Krieg gegen Deutschland zu ziehen, und sie fassungslos im Rauch der Lokomotive auf dem Bahnsteig stehen blieb, wurde Louise bewusst, dass eine neue Ära begonnen hatte. Wäre auch sie zu solchem Opfer bereit? Sie spürte, dass ihre Antwort auf die Frage »nein« lautete. Ihren Bruder hatte man nicht gefragt.

Wenige Monate nach dem Beginn der Kampfhandlungen spülten die französischen Misserfolge in den Grenzschlachten, die den Krieg eröffneten, eine Welle von Flüchtlingen in den noch friedlichen Westen Frankreichs. Für Louise war es eine Selbstverständlichkeit, dass sie helfen musste.

Sie rang ihre Schüchternheit nieder und fragte den Pfarrer nach einem Raum, bekniete ihren Onkel um etwas Geld und bat Mutter Hertel, Chefin des örtlichen Unternehmens »Umzüge aller Art«, ihr einen Transportwagen zur Verfügung zu stellen. Mit diesem machte sie die Runde im Dorf und sammelte Matratzen, Bettbezüge, Stühle, Töpfe, Brennholz und Kohle ein. Kaum war das Nötigste zusammengestellt, trafen schon die ersten Familien ein.

Die Versorgung der Familien wurde jeden Tag schwieriger, doch Louise fand immer weitere edle Spender. Bald kamen noch Bedürftigere, verletzte Soldaten aus der Marneschlacht vom September 1914, für die Louise in der Villa einer alleinstehenden Dame namens Mademoiselle Vallée Unterkunft fand. Die Truppe, zu der auch einige Marokkaner und Senegalesen gehörten, brachte Unruhe in das bretonische Dorf. Doch die Bewohner gaben am Ende mehr, als die Soldaten benötigten, und schließlich reiste die weitgehend wiederhergestellte Einheit nach einer herzlichen Dankesrede wieder ab.

Nach Umwegen führte Louises Weg dann zurück nach Paris, wo sie als Sekretärin im Vorzimmer eines Senators arbeitete. Das war kein glanzvoller Posten für eine brillante junge Frau mit Hochschulabschluss, aber immerhin ein Ort, an dem sie interessanten Menschen begegnete und viele Informationen über die aktuelle Politik aufschnappen konnte. Louise Weiss verfolgte die sich überschlagenden Neuigkeiten mit großer Neugierde und begann in dieser Zeit auch, erste Beiträge für Zeitungen zu verfassen. Es war in ebenjenem Vorzimmer, in dem – auf der Spur wertvoller Neuigkeiten – der Journalist und Herausgeber Hyacinthe Philouze aufkreuzte. Seine politische Wechselhaftigkeit hatte ebenso zu seinem zweifelhaften Ruf beigetragen wie die schwankenden finanziellen Erfolge seiner verschiedenen

Zeitungsprojekte. Eines Tages, der Senator war nicht zu sprechen, entspann sich ein Gespräch zwischen Louise und Philouze. In dessen Verlauf erzählte Philouze der Vorzimmerdame die Geschichte eines Freundes, der in den Besitz eines kleinen Vermögens aus der Hand eines verstorbenen Kriegskameraden gekommen sei und nun nicht wisse, wie es zu investieren sei. Ob sie wirklich den Rest ihres Lebens als Sekretärin eines alternden Senators arbeiten wolle? Ob sie keine Idee habe, was man Intelligentes mit dem Geld anfangen könne? Louise antwortete wie aus der Pistole geschossen: Sie würde eine wöchentliche politische Zeitschrift gründen, in der für die Verbreitung der Demokratie in der Welt und für die Unabhängigkeit der Völker des Habsburgerreichs geworben würde. Der Titel könnte *L'Europe nouvelle*, das neue Europa, lauten.

»Tiens!«, rief Philouze, »das ist eine gute Idee«, und als sie ihm ihre Gedanken genauer geschildert hatte, quittierte er: »Abgemacht!« Er sollte – vor Überraschungen ist man nie sicher – sein Wort halten. So verließ Louise Weiss das Vorzimmer und zog in die Redaktionsräume einer neuen Zeitung ein, zu der sie selbst das Konzept entwickelt hatte. Ihre Berufsbezeichnung lautete »Redaktionssekretärin«, doch in Wirklichkeit versah sie die Aufgaben einer Chefredakteurin, die Verantwortung für sämtliche Inhalte trägt. Im Januar 1918 erschien die erste Ausgabe. Das muss auch in etwa die Zeit gewesen sein, zu der sich Louise Weiss die Haare abschnitt. Kinnlang waren sie nun, und die strohigen Locken umspielten ihr rundes Gesicht mit der trotzigen graden Oberlippe.

An jenem 11. November 1918 brütet Louise Weiss über den Artikeln für die nächste Ausgabe von *L'Europe nouvelle*, die – es liegt in der Luft – das Ende des Krieges zum Thema haben soll. Ob sie ihren offenen Brief an Georges

Clemenceau bereits in Arbeit hat, der in der nächsten Ausgabe erscheinen wird? Darin wird sie dem französischen Präsidenten zu seinen gewaltigen Erfolgen gratulieren, ihn aber auch mahnen, dass nach dem Ende des Krieges nun die Stunde der Völker schlagen müsse. In der gerade vor ihr liegenden Ausgabe berichtet das Blatt eingehend von der Situation der Länder in der Mitte und im Osten Europas, wo die alten Monarchien zusammengebrochen sind. In einem ausführlichen Artikel wird dargelegt, wie die Idee einer »Gemeinschaft der Nationen« zu verwirklichen sei, über die bereits Vertreter der alliierten Mächte in London beraten. Es sei essentiell, auf den Ruinen des alten Europa rasch die Fundamente einer besseren Zukunft zu errichten, fordert der Autor Jules Rais. Zu groß sei die Gefahr, dass nach Jahren des Krieges der Hass bestehen bleibe und immer wieder zu neuen Konflikten führe. Bedrohlich sei auch das Risiko, dass wirtschaftliche Konkurrenz zwischen den europäischen Staaten zu neuem Unfrieden führen könne. Der Ausweg aus dieser Gefahr müsse auf verschiedenen Wegen gesucht werden. Zuerst und vor allem durch Bildung für junge Menschen. Sie müssten die Sprache der anderen Länder lernen und durch Austauschprogramme das Alltagsleben dort entdecken. Weiterhin schlägt Rais ein gemeinsames System für Staatskredite vor, bei dem die großen Staaten es den kleinen ermöglichen, sich Geld zu den gleichen günstigen Konditionen zu leihen. Dies könne in einer Situation, in der viele Länder durch den Krieg hochverschuldet seien, die Basis für eine neue europäische Solidarität sein, für einen Einklang der Interessen und damit für einen dauerhaften Frieden.

Doch während sie, sorgfältig Wort für Wort, Zeile für Zeile prüfend, die eingereichten Artikel durchgeht, entwickelt sich Unruhe im Haus, und Louise weiß, was das bedeutet: Waffenstillstand! Vier Tage zu früh! Die Ausgabe kann doch erst am 15. November in den Druck gehen und ist noch nicht einmal fertig redigiert! Anstatt sich vom Strom ihrer enthusiastischen Kollegen mitreißen zu lassen, schließt Louise Weiss die Fenster ihres Büros, um den Glockenklang und das Stimmengewirr einer gewaltigen Menge auszuschließen.

Noch um 10 Uhr 30 an jenem 11. November 1918 hat sich Artillerieoffizier Harry S. Truman gefragt, wie die Deutschen wohl die Vorschläge der Alliierten für einen Waffenstillstand aufnehmen würden. Er hat zu diesem Zeitpunkt offenbar noch nicht gewusst, dass Marschall Foch am frühen Morgen desselben Tages, als die Tinte unter dem Waffenstillstandsvertrag noch feucht war, ein Telegramm an alle Frontabschnitte herausgeschickt hat: »Ab dem 11. November um 11 Uhr, französischer Zeit, werden alle Feindseligkeiten an der gesamten Front eingestellt.« Seitdem darf die bis dahin erreichte Frontlinie nicht mehr überschritten werden. Der Stand der Geländegewinne, die bis zu diesem Moment erfolgt sind, muss festgehalten werden. Kontaktaufnahmen mit dem Feind sind verboten.

Offenbar benötigt das Telegramm einige Stunden, um alle Frontabschnitte zu erreichen. Es scheint, als habe Truman bis zu dessen Eintreffen auf eine Fortsetzung des Krieges bis zur vollständigen Niederlage des Deutschen Reichs gehofft: »Es ist wirklich eine Schande, dass wir nicht reingehen und Deutschland verwüsten, ein paar deutschen Jungs die Hände und Füße abschneiden und ein paar alte Männer skalpieren können; aber ich schätze, es ist besser, sie fünfzig Jahre lang für Frankreich und Belgien arbeiten zu lassen.« Mit grimmiger Zufriedenheit bilanziert Truman, dass er während der Schlussoffensive über 10 000 Salven auf den

Feind abgeschossen habe, die »wohl einen gewissen Effekt« gehabt haben. Er ist entschlossen, das Bombardement bis zur letzten Minute dieses Krieges fortzusetzen. Auch eine nahe gelegene Batterie feuert immer weiter, »als wolle sie ihre verbliebene Munition loswerden, bevor es zu spät war«.

Trumans Stellung ist nicht der einzige Frontabschnitt, an dem weiterhin gekämpft wird. Noch in seinen letzten Stunden und Minuten kostet der Krieg zahlreiche Menschenleben. Am Morgen um 9 Uhr 30 wird George Ellison, ein Bergarbeiter aus dem britischen Leeds, auf einer Patrouille erschossen. Fünf Minuten vor 11 Uhr, einige hundert Kilometer nordwestlich von Compiègne in den Ardennen, stirbt Augustin Trébouchon, ein Schäfer aus dem Lozère, durch eine deutsche Kugel. Noch zwei Minuten vor Beginn des Waffenstillstands fällt der Kanadier George Lawrence Price nahe des belgischen Canal du Centre.

Doch schließlich rückt der kleine Zeiger der französischen Uhren auf die Elf, auf jenen Tag und jene Stunde, die einige Militärs und Diplomaten in einem Wald nahe Paris zuvor in ein Schriftstück eingetragen und mit ihren Unterschriften zu Völkerrecht gemacht haben. Es bricht einer jener raren Momente globaler Gleichzeitigkeit an, an den sich Millionen Menschen auf der ganzen Welt ihr Leben lang erinnern werden – sie werden bis an ihr Lebensende wissen, was sie am 11. November 1918 um 11 Uhr gemacht haben.

Ferdinand Foch hat die geschichtsträchtige Lichtung im Wald nahe Compiègne bald nach der Unterzeichnung des Waffenstillstands verlassen. Er beschreibt den Moment, in dem der Krieg in Frieden übergeht, in feierlichem Ton: »Eine eindrucksvolle Stille folgte auf 53 Wochen der Schlacht.« Voller Pathos ist auch seine Botschaft an die alliierten Armeen, welche »die größte Schlacht der Geschichte gewonnen und die heiligste Sache verteidigt haben: die Freiheit der Welt! Seid stolz! Ihr habt Eure Fahnen mit ewigem Stolz bedeckt! Die Nachwelt wird Euch dafür danken.« Zurück in Paris, stattet Foch zuerst dem französischen Präsidenten im Élysée-Palast seinen Besuch ab. Danach begibt er sich nach Hause, wo bereits seine Frau auf ihn wartet. Doch es dauert, bis sich der Marschall einen Weg durch die Menge an Menschen bahnen kann, die ihm Gratulationen zurufen, die jubeln und vor Freude weinen. Als er ankommt, muss Foch auf der Treppe seines Hauses eine Rede improvisieren. Das Appartement ist über und über mit Blumensträußen dekoriert, die bedeutende Persönlichkeiten, aber auch ganz Unbekannte geschickt haben. Während des Mittagessens muss sich Foch immer wieder am Fenster der Menge zeigen, die auf der Straße versammelt ist.

Bei Arthur Little hat die Hochstimmung bereits am Vortag, am 10. November 1918, eingesetzt. Der Offizier beim amerikanischen 369. Infanterieregiment hat sich einen Tag Fronturlaub für einen ganz besonderen Ausflug genommen. Mit einem geliehenen Auto fährt er zu einer Panzereinheit etwa acht Kilometer außerhalb des Städtchens Langres. Dort angekommen, nimmt er Kontakt mit dem diensthabenden Offizier auf. Er erklärt ihm sein Anliegen und wird zum Mittagessen eingeladen. Anschließend lässt man einen gewissen Sergeant Little rufen. Der junge Mann erscheint, nimmt vor Offizier Little Haltung an, salutiert und beginnt die vorgeschriebene Meldung. Doch dann, mitten im Satz, stockt er. Mit aufgerissenen Augen starrt er den Älteren an und braucht einige Augenblicke, bis er seine Fassung so weit zurückgewinnt, dass er sprechen kann: »Oh, Vater! Ich bin so froh, dich zu sehen. Mir wurde gesagt, du seist tot!« Die beiden fallen sich in die Arme.

Gemeinsam fahren sie nach Langres, schicken ein Telegramm an die Mutter nach Amerika, essen ausgiebig zu Abend, besuchen ein Theater und übernachten dann in einer Unterkunft der YMCA. Der Junge kommt direkt aus der Schlacht, er hat seit Wochen nicht mehr in einem Bett geschlafen. Kaum hat er den Kopf auf das Kissen gelegt, versinkt er in so tiefen Schlaf, dass es dem Vater, der am nächsten Morgen aufbrechen muss, nicht gelingt, ihn zu wecken. So lässt er den Jungen im Bett zurück, in dem guten Wissen, dass er jetzt in Ruhe schlafen kann. Ihm kann nichts mehr widerfahren. Es ist der 10. November 1918, und der Vater weiß, dass sein Sohn nicht wieder in den Kampf ziehen muss.

Mit dieser glücklichen Gewissheit kehrt Arthur Little zu seinem Bataillon zurück. Es ist keine Einheit wie jede andere. Die in ihr dienenden amerikanischen Soldaten, die unter französischem Kommando stehen, stammen aus der New Yorker Nationalgarde. Die meisten von ihnen sind Afroamerikaner aus dem Stadtteil Harlem. Amerika hatte sich nicht leicht damit getan, Schwarze zu Soldaten zu machen. Allein der gewaltige Menschenbedarf des Weltkriegs hatte dazu geführt, dass sie zum Einsatz jenseits des Atlantiks kamen. Ihre Ausbildung war nicht mit der anderer Soldaten zu vergleichen. Sie mussten auf öffentlichen Plätzen, in Sporthallen und Tanzsälen in Harlem üben, statt echter Gewehre benutzten sie Schaufeln und Besenstiele. Nur wenige von ihnen wurden in Kommandopositionen befördert. Wie viele schiefe Blicke, abfällige Bemerkungen und entwürdigende Gesten mussten sie in einem Land ertragen, in dem das Ende der Sklaverei erst wenige Jahrzehnte zurücklag und Diskriminierung und Rassenkonflikte auf der Tagesordnung standen. Bei einer Parade der New Yorker Nationalgarde, des Rainbow Regiment, durften die schwarzen Soldaten nicht dabei sein. Im Regenbogen komme die Farbe Schwarz nicht vor, war die Auskunft der Organisatoren. Auch auf der anderen Seite des Atlantiks traute man den schwarzen Soldaten anfangs nichts zu: Sie wurden eingesetzt, um Schiffe zu entladen, Schützengräben auszuheben und nach den verlustreichen Schlachten die Toten zu beerdigen. Erst als das 369. Infanterieregiment unter französisches Kommando gestellt wurde, änderte sich die Lage. Die Franzosen hatten seit langem Erfahrung mit dem Einsatz von Soldaten aus ihren afrikanischen Kolonien. Sie zögerten nicht einen Moment, die schwarzen Soldaten vollständig zu bewaffnen und an die vorderste Front zu schicken. In kürzester Zeit zeigten die Männer aus Harlem, dass sie ihren weißen Kameraden in nichts nachstanden. Sie erwiesen sich als zähe Kämpfer, die die Deutschen das Fürchten lehrten. »Harlem Hellfighters« wurden sie respektvoll genannt, und einige Männer der Einheit wurden zu Legenden.

Der größte Held der Einheit war der Soldat Henry Johnson. Der eher klein gewachsene Mann hatte vor dem Krieg als Kofferträger auf dem Bahnhof der Kleinstadt Albany im Staat New York gearbeitet. Während der Ausbildung und der ersten Kriegsmonate war er bestenfalls durch sein loses Mundwerk aufgefallen. Doch in einer Nacht auf einem Aussichtsposten in vorderster Front hatte er Außergewöhnliches geleistet. Ein deutsches Überfallkommando hatte die Position ausgespäht, die Johnson mit einem Kameraden besetzt hielt, und war zum Angriff übergegangen. Der andere Soldat wurde gleich zu Anfang des Scharmützels von einer Kugel verletzt. Johnson war jetzt ganz auf sich gestellt, doch er wollte um jeden Preis die Stellung halten und den verwundeten Kameraden retten. Mit seinem Gewehr, mit Granaten, am Ende mit Pistole und Messer tötete Johnson über zwanzig Deutsche und schlug die Angreifer schließlich in die Flucht. Johnson trug Wunden am ganzen Körper davon, aber er wurde zum ersten schwarzen amerikanischen Kriegshelden. Sogar die *Saturday Evening Post* berichtete über die Taten des »Black Death«.

Berühmt, weit über die Reihen der Harlem Hellfighters hinaus, wurde auch ein schwarzer Offizier namens James Reese Europe, seines Zeichens Leiter der Regimentskapelle. Vor dem Krieg war er in New York Leader der populären Ragtime-Band *Society Orchestra* gewesen. In seinen Arrangements brachte er Märsche, Tänze und populäre Lieder mit »heißen« Synkopen auf Trab. Das *Society Orchestra* gehörte zu den ersten Bands mit Saxophonen. Es spielte den in den weißen Mittelschichten verpönten Foxtrott, der die Nachtclubs in Harlem zum Kochen brachte. Als einer der ersten schwarzen Musiker überhaupt nahm James Reese Europe eine Schallplatte bei einer der großen Plattenfirmen auf, der Radio Corporation of America. Als einer der ersten schwarzen Leutnants zog der Bandleader in den Krieg – begleitet von einer Militärkapelle mit über vierzig Mitgliedern. Schon bei der Ankunft im französischen Brest spielten sie eine Jazzversion der *Marseillaise*, die den französischen Zuhörern im Hafen den Schweiß auf die Stirn trieb. Doch das war erst der Anfang. Nach fünf Monaten des Fronteinsatzes, in denen James Reese den Grabenkrieg von seiner hässlichsten Seite kennenlernte (worauf er in Erinnerung daran den Ragtime *On Patrol in No Man's Land* komponierte), beschloss die militärische Führung, dass der Krieg den Jazz dringender brauchte als vierzig schwarze und puerto-ricanische Soldaten im Schützengraben. Die Band der Harlem Hellfighters wurde nach Paris verlegt. Mehrere Monate lang trat sie dort in Theatern auf, in Konzerthallen, in Parks und in Krankenhäusern. Die Wirkung auf die Franzosen war unglaublich. Die Pariser hatten noch nie zuvor Jazz gehört. Die treibenden Rhythmen, Offbeats und Synkopen des Ragtime, die Blue Notes und Glissandi in den Melodien, die jubelnden Saxophone und der näselnde Sound der gestopften Trompeten versetzten die Zuhörer regelrecht in Ekstase. Dass Schwarze auf der Bühne stehen durften, dass die Musiker ohne Noten spielten, ihre Soli improvisierten, dass ihre Körper sich beim Musizieren entspannten, dass sie ihre Augen halb geschlossen hielten und ihre Arme und Beine im Takt der Musik zu wippen und unkontrolliert zu zucken begannen, all das elektrisierte die Zuhörer, wo immer die Band auftrat. Es war Ausdruck einer neuen Art zu leben, Bote einer beginnenden Ära, des 20. Jahrhunderts, und es war in aufregend anderer Weise modern als Maschinengewehre, Unterseeboote und Panzer.

Die Harlem Hellfighters erleben den 11. November 1918 in einem Lager in den Vogesen, wo sie sich von 191 Tagen ununterbrochenem Kriegseinsatz erholen. Offizier Arthur Little beschreibt den Moment, da um 11 Uhr mitteleuropäischer Zeit der Krieg für die Einheit endet, als erfüllt von stiller Zufriedenheit. Ein französischer Übersetzer ist mit zwei Champagnerflaschen bei den amerikanischen Kameraden vorbeigekommen. Man prostet sich zu, erleichtert, aber nicht ausgelassen. Kein Vergleich, wie Little in seinen Memoiren berichtet, mit der »Raserei«, die an diesem Tag in New York, in London und in Paris ausbricht. Der Waffenstillstand kommt als ein ruhiger, heller Moment, in dem die Last der Verantwortung, die seit Wochen auf dem Kommandeur liegt, mit einem Mal von ihm abfällt. Amüsiert beobachten die Männer aus Harlem, wie die Elsässer in ihren Trachten auf die Straßen strömen und die Erlösung von der deutschen Besatzung mit Riesling begießen. Oberstleutnant Hayward bringt auf den Punkt, was alle fühlen: »Der Tag, an dem Christus geboren wurde, war der größte Tag der Weltgeschichte; und dieser Tag ist der zweitgrößte.«

Käthe Kollwitz hingegen erfährt am »zweitgrößten Tag«, jenem 11. November 1918, in ihrer Heimatstadt Berlin von den Verhandlungsergebnissen von Compiègne. Das notiert sie in ihr Tagebuch. Zu diesem Zeitpunkt ist die Bildhauerin und Zeichnerin, die in Königsberg als Tochter eines Maurers geboren wurde, einundfünfzig Jahre alt und mit dem Arzt Karl Kollwitz verheiratet. Das Paar wohnt im Bezirk Prenzlauer Berg. Mit Entsetzen liest die Frau mit dem runden Gesicht und den glatten, stets zu einem Knoten gebundenen Haaren die »furchtbaren Waffenstillstandsbedingungen« in der Zeitung. Am Abend des Tages, an dem in Paris, New York und London die Feiern nicht enden wollen, herrscht in Berlin »Totenstille auf der Straße«. Angst geht um, die Menschen bleiben in ihren Häusern. Hin und wieder hallen Schüsse durch die leergefegten Straßen.

Der Artillerieoffizier Harry S. Truman sitzt am 11. November 1918 um 11 Uhr mit einem breiten Grinsen zurückgelehnt in seinem Unterstand und isst einen Blaubeerkuchen. Doch während die französischen Kameraden singend mit Weinflaschen die Runde machen, empfindet Truman eine gewisse Enttäuschung: Zwar kann er mit dem Krieg und der Rolle, die er darin gespielt hat, zufrieden sein. Er schreibt an seine geliebte Bess: »Du weißt, dass es mir gelungen ist, das zu tun, was seit Kriegsbeginn mein größter Ehrgeiz war: Eine Batterie als Kommandant durch den Krieg zu bringen und dabei nicht einen einzigen Mann zu verlieren.« Aber sein Ehrgeiz, sich mit militärischem Ruhm zu bedecken, ist noch keineswegs befriedigt. Als Kind hat er Homer und die Memoiren Napoleons gelesen. Damals träumte er davon, in der amerikanischen Militärakademie West Point eine militärische Ausbildung zu absolvieren und den Ruhm des Kaisers der Franzosen durch seine eigenen Leistungen in den Schatten zu stellen. Trotz allem, was ihm im Krieg gelang, ist er von der Erfüllung dieses Jugendtraums noch weit entfernt: »Mein militärischer Ehrgeiz endet als Centurion. Das ist ziemlich weit weg von Caesar. Jetzt möchte ich ein Bauer sein.« So reagiert er mit einer gewissen Resignation, als ihm klarwird, dass mit dem Kriegsende keine Hoffnung auf weitere Beförderung besteht: »Ich bin inzwischen fast der Meinung, dass es für mich nicht vorgesehen ist, besonders reich oder besonders arm zu sein, aber ich bin davon überzeugt, dass das der glücklichste Zustand ist, den ein Mann erreichen kann.« Vielleicht, so räsoniert er, könnte er nach dem Waffenstillstand zumindest Kommandant einer besetzten deutschen Stadt werden. Oder gar nach der Rückkehr in die USA ins Komitee für Militärangelegenheiten des Kongresses berufen werden.

Virginia Woolf hat es schon seit dem 15. Oktober 1918 gewusst. Dies ist der Tag, an dem ihr Herbert Fisher, seit zwei Jahren britischer Bildungsminister und außerdem Virginias Cousin, bei einer Tasse Tee in ihrem Hause die freudige Nachricht überbrachte: »Wir haben heute den Krieg gewonnen.« Fisher hat die frühreife Neuigkeit direkt im Kriegsministerium gepflückt, und er wusste – im Gegensatz zu Wilhelm II. selber – auch bereits, dass der deutsche Kaiser bald abdanken würde.

Woolf war damals sechsunddreißig Jahre alt und Autorin eines ersten Romans, den die Kritik zwar freundlich besprochen, den das Lesepublikum aber kaum zur Kenntnis genommen hatte. Die bohrende Sorge, dass sie nie mehr als eine unbedeutende Dilettantin sein würde, suchte sie mit der Überzeugung zu bekämpfen, dass jede »andere Arbeit« als das Schreiben ihr »wie eine Lebensvergeudung vorkäme«. Gemeinsam mit ihrem Mann Leonard Woolf lebte Virginia in Richmond, einem ruhigen Örtchen westlich von London am Ufer der Themse. Die Ehe war harmonisch, auch wenn Virginia ihrem Gatten von Anfang an deutlich gemacht hatte, dass sie sich für seine sexuellen Bedürfnisse nicht zuständig fühlte. Wie stark ihre Verbindung war, hatte sich schon kurz nach der Trauung zeigen müssen, als Virginia Woolf eine schwere psychische Krankheit durchlitt. Nach einer Phase starker Erregtheit, in der sie voller Einfälle war und unausgesetzt und am Ende zusammenhanglos redete, befielen sie Wahnvorstellungen, und sie hörte Stimmen. Danach folgte eine schwere Depression, in der sie weder aufstehen noch sprechen, essen oder überhaupt leben wollte. So tief war die innere Schwärze, die sie überfallen hatte, dass sie versuchte, sich mit einer Überdosis Medikamenten das Leben zu nehmen. Leonard begleitete sie zu einer Reihe von Ärzten, die aber nicht helfen konnten, und stellte danach einen detaillierten Lebensplan für sie auf, der regelmäßiges Arbeiten, gutes Essen und rechtzeitiges Schlafengehen vorsah. Er notierte sogar den Rhythmus ihrer monatlichen Blutungen.

Die Eheleute hatten sich eine Druckerpresse gekauft und hofften, mit der kleinen, handbetriebenen Maschine einen Literaturverlag gründen zu können. Vielleicht dachte Leonard Woolf auch, dass die regelmäßige Arbeit an einem überschaubaren Projekt Virginia helfen könnte, ihre Dämonen zu bannen. Die erste Veröffentlichung des Verlags im Jahr 1917 bestand aus einer Broschüre mit zwei Erzählungen, einer von ihr, *The Mark on the Wall,* einer von ihm. Weil sie über zu wenig Setzbuchstaben verfügten, bereiteten sie immer nur zwei Seiten vor, druckten diese und machten sich dann an die nächsten beiden – wie gut, dass es sich nur um Kurzgeschichten handelte. Sie begannen auch, Texte von anderen Autoren zu sichten, um Stoff für weitere Druckerzeugnisse zu finden. Sie waren dabei allerdings überaus kritisch. Das Manuskript *Ulysses* von einem unbekannten Schriftsteller namens James Joyce lehnten sie ab. Der Text war nicht nur bei weitem zu lang für ihre kleine Druckerpresse, sondern schien ihnen wegen der so häufig darin vorkommenden Fürze und Exkremente auch zu unappetitlich.

So hatte der Besuch des amtierenden Bildungsministers nicht einer bedeutenden Schriftstellerin gegolten, sondern er war – wie Woolf in ihrem Tagebuch einräumt – Ausdruck familiärer Verbundenheit. Als Herbert zu seiner Cousine Virginia kam, ließ er innerlich den Staatsmann im Büro in der Downing Street 10 zurück, in dem minütlich Meldungen aus der ganzen Welt eingingen und »die Geschicke von Armeen mehr oder weniger abhängen von dem, was zwei oder drei ältere Herren beschließen«. In Virginias Gesellschaft war Herbert freundlich und bar jeder Förmlichkeit. Gleichwohl beeindruckte sie seine Gegenwart. Er erschien ihr als eine Verbindung zur Wirklichkeit, zur Wahrheit, zum Leben, ja gar als Instanz, die sie »als Mittelpunkt der Dinge« begreifen kann. Wie selbstverständlich und nah das Weltgeschehen erschien, wenn er es in weiten Bögen abhandelte! Etwa als er von den Vorbereitungen zu den Waffenstillstandsverhandlungen berichtete und von der Notwendigkeit, dem französischen General Ferdinand Foch seine Rachegelüste und seinen Plan einer »letzten Schlacht« auszureden. Das klang, als hätte Fisher persönlich mit dem französischen General gesprochen. Wie überzeugend auch seine Ansicht, dass unter den Deutschen die Zahl der »Unmenschen« höher sei als in anderen Völkern, weil man sie systematisch zur Grausamkeit erzogen habe. Durch Fisher fühlte sich Virginia Woolf für einen Nachmittag mit dem Weltgeschehen in engem Kontakt. Gleichzeitig wurde ihr schmerzlich bewusst, wie eingegrenzt ihr Gesichtskreis im beschaulichen Richmond war.

Bei Licht betrachtet, war der Weltkrieg nie bis Richmond gekommen. Gewiss, bei der Versorgung gab es Engpässe, und Personal war in Kriegszeiten schwer zu bekommen. Bei Besuchen in London hatte Virginia Woolf den fürchterlichen Terror erlebt, den die aus Zeppelinen abgeworfenen deutschen Bomben verbreiteten. Richmond allerdings hatte wenig zu fürchten, auch wenn hin und wieder deutsche Flugzeuge über das Städtchen flogen.

Wie über eine Angelegenheit, die sie nur von Ferne betraf, sprachen die Eheleute auf Spaziergängen auch über den Frieden und darüber, wie die Menschen, mit neuem Wohlstand beschenkt, den Krieg bald vergessen würden. Beide zweifelten daran, dass sich die Bewohner von Richmond lange darüber würden freuen können, dass sie die Deutschen von ihrem selbstherrlichen Monarchen befreit und ihnen die Freiheit geschenkt hatten. Den Fortgang des diplomatischen Geschäfts der letzten Kriegswochen, den die Zeitungen ins Haus trugen, nahm die Schriftstellerin durchaus zur Kenntnis. Doch all die Schlagzeilen wirkten nur wenig auf ihren sonst so regen Verstand. War »die ganze Angelegenheit zu fern & sinnlos«?

Entsprechend stellt sich bei den Woolfs auch kein Enthusiasmus ein, als am 11. November um 11 Uhr Kanonendonner in Richmond zu vernehmen ist. Virginia notiert in ihr Tagebuch: »Die Krähen schwenkten herum & wirkten momentlang wie symbolische Kreaturen, die irgendeine Zeremonie, teils Danksagung, teils Abschied an einem Grab, vollführten. Ein stark bewölkter stiller Tag, der Rauch sackt gen Osten ab; & auch das wirkt momentlang wie etwas Schwebendes, Winkendes, Ermattendes.« Auch einige Sirenen lässt man heulen, um die Stunde zu markieren.

Wie soll sie denn schreiben, mit all diesem Hin und Her? Die Dienstmädchen platzen herein. »Nelly hat vier verschiedene Fahnen, die sie in die Räume zur Straße heraus hängen will. Lottie sagt, wir müssen etwas machen, und ich kann sehen, daß sie gleich in Tränen ausbricht. Sie besteht darauf, den Türklopfer zu polieren, und über die Straße zum alten Feuerwehrmann zu rufen, der gegenüber wohnt. Oh Gott! Was machen sie nur für einen Krach.« Sie selber fühlt sich eher melancholisch, jetzt, »wo alle Taxis hupen und die Schulkinder (...) sich um die Fahne herum aufstellen. Die Atmosphäre ist gleichzeitig die einer Totenwache. Gerade jetzt spielt ein Harmonium eine Hymne und ein großer Union Jack wird an einem Pfahl heraufgezogen.« Das ist der Frieden.

Das ist der Frieden? Am nächsten Tag nehmen die Woolfs den Zug nach London. Sie haben angesichts der Bedeutung des Moments eine gewisse Rastlosigkeit empfunden, bereuen jedoch bald ihren Entschluss: »Eine dicke schlampige Frau in schwarzem Samt & Federn, mit den schlechten Zähnen armer Leute, wollte unbedingt zwei Soldaten die Hand schütteln (...). Sie war schon halb betrunken & holte gleich darauf eine große Flasche Bier heraus, aus der sie trinken mußten; & dann küßte sie sie.« Von solchen miserablen, fahnenschwingenden, berauschten Gestalten ist die Hauptstadt erfüllt, und der Londoner Himmel straft die Feiernden mit reichlich herbstlichen Güssen. Woolf vermisst, so notiert sie in ihr Tagebuch, in alldem den »Mittelpunkt«, der den Massen und Emotionen eine Orientierung geben könnte. War mit »Mittelpunkt« wieder ihr Cousin, Bildungsminister Herbert Fisher, gemeint? Wohl nicht direkt, auch wenn sie zuvor diesen Begriff verwandt hat, um ihn zu beschreiben. Aber Virginia Woolf moniert, dass die Regierung gar keine äußeren Formen für einen solch außerordentlichen Tag bereithält. Betrübt stellt sie fest, dass die respektablen Bürger unter den Bedingungen dieser Formlosigkeit ihre Freude, so sie diese empfinden, nicht zeigen und stattdessen mit Verstimmung auf die Unbilden reagieren, die schiebende Massen, geschlossene Geschäfte und Regen mit sich bringen.

Tief unter dem brodelnden London, im Keller des feinen Hotels *Carlton* am Haymarket, hatte Nguyen Tat Thanh monatelang ganze Gebirge von Tellern gespült. Livrierte Kellner stellten das abgegessene Geschirr in der Restaurantetage in einen Lift, der es dann nach unten in die Küche zu Nguyen und seinen Kollegen fuhr. Die Essensreste landeten im Müll. Teller, Gläser und Bestecke wurden getrennt, in großen Bottichen sorgfältig gewaschen und dann mit Baumwolltüchern getrocknet und poliert.

Nguyen hatte schon vor dem Weltkrieg seine Heimat, die französische Kolonie Indochina, das heutige Vietnam, verlassen. Die meiste Zeit hatte er seitdem als Kombüsengehilfe auf verschiedenen Schiffen verbracht und so die halbe Welt gesehen. Er hatte sich daran gewöhnt, um 4 Uhr morgens aufzustehen, um die Küche zu schrubben und die Herde anzuheizen. Bei jedem Seegang hatte er aus der heißen, verrauchten Küche ins eisige Vorratsdeck hinabklettern müssen, um die Lebensmittel für den Tag herauf in die Kombüse zu holen. Sein einst zarter Körper war vom Schleppen der schweren Kohle- und Lebensmittelsäcke hart und zäh geworden, doch sein Gesicht mit der hohen Stirn, den eindringlichen Augen und den vollen Lippen war noch immer fein und ausdrucksvoll.

In London machte Nguyen ab dem Jahr 1917 Station, um sein Englisch zu verbessern. Vor und nach den langen Schichten in der Waschküche des *Carlton* sah man ihn mit Buch und Bleistift im Hyde Park sitzen. In den Büchern fand er nicht nur Vokabeln, sondern auch Ideen, sogar solche, die sich in der Wirklichkeit umsetzen ließen. An einem Morgen etwa beschloss er, die Essensreste von den Tellern der Gäste nicht fortzuwerfen, sondern zu sammeln und dann, säuberlich auf einem Teller angerichtet, zurück in die Küche zu bringen. Als ihn der gefürchtete französische Küchenchef Auguste Escoffier zur Rede stellte, antwortete er: »Diese Dinge sollten nicht weggeworfen werden. Man könnte sie den Armen geben.« Escoffier lächelte: »Hören Sie zu, junger Freund, vergessen Sie Ihre revolutionären Ideen, und ich will Sie in der Kunst des Kochens unterweisen. Damit können Sie viel Geld verdienen. Einverstanden?« Von diesem Tag an durfte Nguyen immer wieder in der Konditorei arbeiten, wo er lernte, kunstvolle Torten zu kreieren.

Ebenfalls in London diniert am 11. November Thomas E. Lawrence mit Charles Ffoulkes, dem Direktor des Imperial War Museum, und ihrem gemeinsamen alten Freund Edward Thurlow Leeds, der jetzt für den Militärischen Geheimdienst arbeitet. Die drei sitzen in aller Ruhe im Restaurant des Union Club. Von ihrem Tisch aus kann man den Trafalgar Square überblicken, der schwarz ist von feiernden Menschen. Die drei Freunde haben sich viel zu erzählen nach vier Jahren eines Krieges, der ihre alte gemeinsame Leidenschaft für mittelalterliche Waffen und Rüstungen wie eine lächerliche Schrulle erscheinen lässt.

Aber hatte nicht auch der britische Maler Briton Rivière sich den Sieg des Guten in der Figur eines völlig erschöpft neben seinem toten Pferd liegenden Ritters Georg vorgestellt, der zwar den Drachen besiegt hat, dabei aber über die Grenzen seiner Kraft hinausgegangen ist? Das Bild des ausgelaugten Helden in schimmernder Rüstung ist vor dem Weltkrieg entstanden, scheint jedoch jenen Tag und jene Stunde in geradezu berückender Weise vorwegzunehmen. Denn tatsächlich haben sich die Sieger und Verlierer der weltumspannenden Schlacht gleichermaßen verausgabt und liegen 1918, um in der Symbolik des Bildes zu bleiben, in einem Zustand zwischen Leben und Tod nebeneinander. 1914 hatte nationale und imperiale Konkurrenz, herrscherlicher Leichtsinn und am Ende die starre Mechanik der Bündnissysteme die Welt in den Krieg gerissen. 1918 ist von den einst hochfliegenden Kriegszielen nur noch die Hoffnung der Sieger geblieben, sich für die unglaublichen Kosten aus der Konkursmasse der Verlierer zu entschädigen. Der heilige Georg kann gleichzeitig auch als Verkörperung jenes Zustands gesehen werden, in dem sich viele Soldaten an jenem 11. November 1918 um 11 Uhr befinden. Sie sind so erschöpft vom Kämpfen, so überfordert von der Unmenschlichkeit des Krieges und der Allgegenwart des Todes, dass sogar den Siegreichen die Kraft zum Triumph fehlt. Die Strategien der Kriegslenker, Diplomaten und Staatsmänner, für die sie gekämpft haben, interessieren sie jetzt nur noch herzlich wenig: Sie wollen nach Hause, in Geborgenheit und Sicherheit, sie wollen das Zurückliegende vergessen. Manchen ist noch nicht einmal zum Feiern zumute.

Aus den zerschossenen Wäldern der Argonnen ist Alvin C. York schon vor dem Waffenstillstand in eine gänzlich andere Umgebung verlegt worden. Nach mehreren Wochen ununterbrochenen Kriegseinsatzes hat er gemeinsam mit einigen Kameraden Fronturlaub bekommen. Mit der Eisenbahn sind sie in das am Rande der französischen Alpen gelegene Aix-les-Bains gereist. Das reinliche Seebad mit seinen weißen, auf den Lac du Bourget ausgerichteten Fassaden wirkt wie ein Gegenentwurf zu den wüsten Landschaften Nordfrankreichs. York residiert mit seinen Kameraden unter den wehenden Fahnen des gutbürgerlichen Hôtel d'Albion, fährt Motorboot auf dem See, auf dessen glatter Oberfläche sich die Berge spiegeln, und wird von dankbaren Bürgern des Örtchens zum Essen eingeladen.

Der Mann aus Tennessee ist seit dem Tag, an dem er fast im Alleingang ein deutsches Maschinengewehrnest ausgehoben und über hundert Kriegsgefangene gemacht hat, mehr als je davon überzeugt, dass Gott seine Hand über ihn hält. Seine Kameraden haben ihm vernünftige Erklärungen für den so unwahrscheinlichen Vorgang geliefert, durch den er zum Helden geworden ist. Doch für York konnte es nur den einen Grund geben: Am 8. Oktober 1918 hat Gott ihm ein Zeichen gegeben! Seit seiner Einberufung hatte sich York mit Zweifeln über die Richtigkeit seiner Entscheidung geplagt. Konnte es eine Entschuldigung dafür geben, dass er als gläubiger Christ in den Krieg gezogen war und getötet hatte? Doch Gott hat seine Gebete schließlich erhört und ihn am 8. Oktober 1918 zu seinem Werkzeug gemacht. Seitdem waren tonnenschwere Schuldgefühle von Yorks Schultern gefallen.

Dennoch ist Alvin York am 11. November 1918 nicht zum Feiern zumute. Der Erste Weltkrieg endet für ihn in der Idylle eines Badeortes, und all das »Töten und Zerstören« erscheint ihm dort unendlich weit entfernt, ja fast unwirklich. Die Nachrichten aus dem Eisenbahnwaggon in Compiègne erreichen das Städtchen um die Mittagszeit. »Es war fürchterlich laut, alle Franzosen waren betrunken, schrien und brüllten. Die Amerikaner tranken mit ihnen, alle. Ich hab nicht groß mitgemacht. Ich ging zur Kirche, schrieb nach Hause und las ein wenig. An diesem Abend bin ich nicht ausgegangen. Ich war ja gerade erst angekommen und noch sehr müde. Natürlich war ich froh, dass der Waffenstillstand unterzeichnet wurde, froh, dass jetzt alles vorbei war. Es hatte wahrlich genug Kämpfen und Töten gegeben. Ich fühlte wie die meisten amerikanischen Jungs: Alles war vorbei. Und wir waren bereit, nach Hause zu gehen. Sie hatten das Richtige getan, als sie den Waffenstillstand unterschrieben.« Die Feiern in Aix-les-Bains dauern mehrere Tage. Aber York hält sich von allem fern. So groß ist sein Bedürfnis, die Erlebnisse und Bilder der letzten Wochen zu bannen, dass er es nicht wagt, sich gehenzulassen.

Erst nach einer gewissen Zeit obsiegt bei Louise Weiss an jenem 11. November 1918 die Neugier, und die Journalistin steigt die Treppe hinunter, um die »Raserei« der Pariser mit eigenen Augen zu sehen. Auf der Straße angekommen, wird sie von einer Menge mitgerissen, die vor »Freude und Hass johlte«. Sie blickt auf ein menschliches Meer, überragt von Tausenden französischen und amerikanischen Fahnen. Soldaten werden auf Schultern durch die Straßen getragen. Es ist ein Taumel aus Fanfaren, erbeuteten Waffen, Küssen, Freudentänzen, und daneben Frauen in Trauer. Louise kommt all das abscheulich, schlimmer noch: dumm vor. Sosehr sie auch auf den Sieg gehofft hat, so barbarisch erscheint ihr diese Feier der Aggressivität, diese Apotheose des Massakers.

Louise Weiss zieht sich in das Hinterzimmer eines Cafés zurück. Eine Gruppe von Feiernden stürmt durch die Eingangstür. Sie umringen einen Soldaten, dessen zertrümmerter Kiefer und dessen beschädigtes Auge dürftig zusammengeflickt sind. Ein Spaßvogel bläst in ein Jagdhorn, Korken knallen von Champagnerflaschen. Louise Weiss bleibt ihr Croissant im Halse stecken. Sie fühlt sich einsam und flüchtet sich in Gedanken zu Milan.

Milan! Es war in den ersten Jahren des Krieges gewesen, als sich die beiden zum ersten Mal begegnet waren. Beim Abendessen einer gemeinsamen Freundin in Paris gesellte sich ein kleiner Mann mit gedrungenen Schultern und beginnender Glatze zur bereits versammelten Tischgesellschaft. Mit leichtem Akzent stellte er sich als Milan Štefánik vor. Als Erstes fiel Louise die Präzision auf, mit der seine blassen, sorgfältig gepflegten Hände das Essbesteck bedienten. Schließlich fragte sie ihn: »Was machen Sie hier?« Er sah sie aus seinen klaren, blauen Augen an und antwortete: »Ich ›mache‹ das unabhängige Großherzogtum Böhmen.« Ihre Geschichts- und Geographiekenntnisse reichten aus, ihn als tschechoslowakischen Unabhängigkeitskämpfer zu identifizieren. Štefánik gab sich beeindruckt, und sie war es ihrerseits tatsächlich, als sie verstand, dass er sich in Paris aufhielt, um als Slowake für die Unabhängigkeit seiner Heimat vom Habsburgerreich zu kämpfen. Die Journalistin verliebte sich auf der Stelle in Milan und in sein hochfliegendes Projekt. Es war der Anfang einer ungewöhnlichen amourösen Beziehung, die Louise im Rückblick ihrer Memoiren als »vollständige spirituelle Übereinstimmung in einem Klima unmenschlichen Asketismus« charakterisiert. Louise wusste vom ersten Moment ihrer Begegnung an, dass sie diesem Mann folgen und ihn in seinem Kampf mit ganzer Kraft unterstützen wollte.

Im November 1918, während Louise mit gemischten Gefühlen in einem Pariser Café sitzt, befindet sich Milan in Sibirien, irgendwo zwischen Irkutsk und Wladiwostok, verzettel in einem Kampf um die Trasse der Transsibirischen Eisenbahn. Diese ist die Ader für eine gewaltige Truppenverschiebung von etwa 50 000 tschechischen Soldaten. Die Tschechoslowakische Legion, rekrutiert aus Exiltschechen und Kriegsgefangenen, hatte zunächst auf Seiten der Alliierten, vor allem Russlands, gekämpft. Die russische Revolution und das Ausscheiden Russlands aus dem Krieg hatten zu einer neuen Situation geführt. Seitdem verfolgen die tschechischen Verbände den aberwitzigen Plan, quer durch den asiatischen Kontinent bis nach China, über den Pazifik und Nordamerika nach Europa zurückzukehren, um sich dort den alliierten Truppen anzuschließen. Doch in Sibirien herrschen bittere Kälte und unüberschaubares Chaos. Die Tschechen, die sich zunehmend als Gegner der Bolschewiki verstehen, können sich nie sicher sein, ob die russischen Verbände, auf die sie treffen, für oder gegen sie sind. Die Entfernungen sind gewaltig, die Signalanlagen zerstört. Viele tschechische Einheiten, die nach wochenlanger Reise bereits an der rettenden Pazifikküste angekommen sind, müssen umgehend kehrtmachen, um Kameraden zu helfen, die noch im Landesinneren festsitzen. Über Wochen leben sie in Waggons, von denen einige bis unter das Dach mit von den Bolschewiki erplündertem Gold gefüllt gewesen sein sollen. Von den Massakern zwischen den wechselnden Gegnern sind die Eisenbahnstationen blutrot gefärbt. Milan Štefánik steckt mitten in alldem. Wird sie ihn jemals wiedersehen?

Als Marina Yurlowa die Augen wieder öffnet, blickt sie auf graue Mauern. Nur langsam kommen die Bilder des Vergangenen zurück: Kazan, das Krankenhaus, die Einberufung, der schreiende Rotarmist. Die gute Nachricht lautet: Sie lebt; die schlechte: Sie ist offenbar in einer Gefängniszelle gelandet. Eine Pritsche, dreckiges Stroh, ein Ofen, ein winziges vergittertes Fenster, eine eiserne Tür sind alles, was sie in dem stickigen und kaum beleuchteten Raum erkennen kann. Eine erneute Ohnmacht bewahrt sie davor, sich den ungastlichen Ort, an dem sie gelandet ist, genauer anzusehen. Sie erwacht erst wieder, als ein Schlüssel im Schloss der Zelle quietscht und ein bleiches Männlein mit einer Paraffinlampe eintritt. Es befiehlt ihr aufzustehen, stellt zwei Schüsseln auf die Pritsche und schließt ohne weitere Worte die Tür hinter sich. Eine der Schüsseln enthält Sauerkraut und gekochte Kartoffelschalen, aus denen Keime wie graue Würmer hervorkriechen. Die andere Schüssel ist mit übelriechendem Wasser gefüllt. Dazu gibt es ein Stück hartes, schwarzes Brot. Marina weiß nicht, wie lange sie nicht mehr gegessen hat, aber diese Mahlzeit kann sie nicht anrühren.

Die Zeit kriecht dahin. Sind Stunden vergangen oder Tage? Aus ihrem Dämmerzustand wird die junge Kosakin vom scharfen Klang einer Gewehrsalve geweckt. Dann hört sie geschriene Befehle, eine erneute Salve und den Schrei eines Sterbenden. Es gibt keinen Zweifel, im Hof des Gefängnisses werden Hinrichtungen vollstreckt. Wird hier in Kazan nicht nur der Krieg, sondern das Leben für sie zu Ende gehen? Die Gefängniswärter sind wort- und ausdruckslos, unmöglich, aus ihren Gesichtern abzulesen, für welches Schicksal sie bestimmt ist. Immerhin nimmt es Marina als beruhigendes Zeichen, dass in regelmäßigen Abständen neue Schüsseln mit Essen in ihre Zelle gestellt werden – und ein Topf für die Notdurft.

Nach einiger Zeit scheinen die Hinrichtungen zu einem Ende zu kommen. Eine zähe Stille senkt sich über das Gebäude. Ist sie die letzte lebende Seele hier? Hat man sie schlicht vergessen? Es ist, nach dem winzigen Stückchen Himmel zu schließen, das sie durch ihr Fenster erkennen kann, früher Nachmittag, als die Geräusche plötzlich wieder erwachen. Schwere Explosionen erschüttern das Gebäude. Rauch zieht unter ihrer Tür herein, und Marina kann durch das kleine Fensterloch Flammen sehen. So wuchtig sind die Detonationen, dass es sich nur um ein Bombardement handeln kann. Viele Stunden dauert der Beschuss, erst gegen Morgen gehen die heftigen Stöße in den leichteren Wortwechsel von Gewehrmündungen über.

Marina gefriert das Blut in den Adern, als sich ein Schlüssel im Schloss ihrer Zelle dreht. »Du da, in der Ecke, wer bist du?«, ruft eine Stimme. Kein russischer Akzent, denkt sie als Erstes. Auch keine russische Uniform trägt der Soldat, der in ihren Kerker getreten ist. »Ich bin Kosake«, sagt sie mit dünner Stimme, »aus dem Kaukasus.« »Folgen!«, kommandiert der Fremde. So tritt sie ins Sonnenlicht des Gefängnishofes, wo noch mehr Soldaten warten und verwahrloste Männer und Frauen aus dem Dunkel des Gefängnisses ins ungewohnt helle Licht treten. Aus den Erläuterungen, die ihr die Soldaten in gebrochenem Russisch geben, kann sich Marina zusammenreimen, was passiert ist: Ihre Befreier sind Tschechen, die zuvor auf russischer Seite gegen Österreich gekämpft und sich jetzt den »weißen«, zarentreuen Truppen in Russland angeschlossen haben. Unter dem Kommandeur Wladimir Kappel haben sie die Stadt Kazan eingenommen und die Gefangenen der örtlichen Bolschewiki befreit. Dieses Mal ist es für Marina von Vorteil, eine Kosakin zu sein. »Ihr könnt gehen, wohin ihr wollt«, verkünden die tschechischen Soldaten. Die ehemaligen Gefangenen lassen sich das nicht zweimal sagen. Hastig rennen sie zum Tor und verschwinden in der dort versammelten Menge. Marina bleibt unentschlossen stehen. »Willst du mit uns gehen?«, fragen die Tschechen. Marina nickt und folgt ihnen. Wo soll sie auch hin? Ihre Heimat gibt es nicht mehr, nicht im neuen Russland der Bolschewiki. Mangels Alternative wird sie wieder zur Soldatin und vom Kommandanten eingeteilt, eine Munitionsfabrik zu bewachen. Die Kuppeln und Minarette von Kazan zeichnen sich in der Ferne vor der untergehenden Sonne ab, und Marina schläft auf dem nackten Boden einer Baracke ein.

Als sie aufwacht, sind Schüsse zu hören. Der Krieg hat sie wieder. Die Bolschewiki blasen zum Gegenangriff. Man drückt Marina ein Gewehr in die Hand. Sie erhält einen Auftrag. Sie gehorcht. Sie schießt. Sie wird beschossen. Schließlich trifft eine feindliche Kugel sie in die Schulter. Wieder muss sie in ein Krankenhaus. Doch der Widerstand der Weißen in Kazan ist gebrochen, und Marina muss ihr Bett schneller verlassen, als sie hereingekommen ist. In einem Strom Tausender Flüchtlinge zu Fuß und auf Wagen verlässt Marina die Stadt, auf einer Straße, die durch eine scheinbar endlose Tiefebene führt. Die Rote Armee nimmt sie aus der Luft unter Beschuss. In Celabinsk, so heißt es, gäbe es eine Eisenbahnstation. Doch Celabinsk liegt fast tausend Kilometer in Richtung Osten, Marinas Arm fühlt sich taub an, und längst ist der Proviant ausgegangen. Schließlich findet sich ein Lastwagen, der Marina und die kleine Truppe tschechischer Soldaten zur westlichen Endstation der Transsibirischen Eisenbahn bringt. Mit dem Gewehrkolben vertreiben die Tschechen die dort wartenden Zivilisten aus einem Gepäckwagen. Die Stunden bis zur Abfahrt scheinen ewig. Schließlich rollt der Zug an, in Richtung Osten, in Richtung Sibirien. Vor ihnen liegen über siebentausend Kilometer Gleise.

Am 11. November um 11 Uhr, in ebenjenem Moment, als an der Westfront die Waffen schweigen, besteigt Matthias Erzberger mit der deutschen Delegation wieder den Zug, der in Richtung Norden anrollt. Erst eine halbe Stunde zuvor

ist ihm die vollständig ausgefertigte Urkunde des Waffen-
stillstandsvertrags ausgehändigt worden. Die Fenster des
Abteils sind verhängt. Die Neuigkeiten über den Ausgang
der Verhandlungen haben sich rasch herumgesprochen,
und auf den Bahnhöfen sind Menschen versammelt, die mit
Jubel, aber auch mit Beschimpfungen den Zug empfangen.
Wieder in Tergnier angekommen, wird bis zum Einbruch
der Dunkelheit gewartet, bevor die Fahrt mit den dort
zurückgelassenen deutschen Karossen fortgesetzt wird.
Durch die Nacht geht es der Frontlinie entgegen, die um
2 Uhr morgens erreicht wird und die jetzt, wo die Waffen
endgültig schweigen, ohne Gefahr überquert werden kann.

Um 9 Uhr erreicht Erzberger das deutsche Hauptquartier in Spa. Doch dort ist nichts mehr wie vorher. In dem
von der deutschen Armee besetzten belgischen Badeort hat
sich ein Arbeiter- und Soldatenrat gebildet, der die Oberste
Heeresleitung verhaften wollte. Offizieren sind in Spa die
Schulterstücke abgerissen worden, und die dort stationierten Soldaten haben aufgehört, vor ihren Vorgesetzten zu
salutieren. Schnell wird Erzberger klar, dass die unglaublichen Nachrichten, die ihn in Compiègne erreicht haben,
der Wahrheit entsprechen: Deutschland ist am 12. November nicht mehr das Land, das er am 7. November verlassen
hat. Der Kaiser ist bereits aus Deutschland geflohen, die
Revolution ist in vollem Gange. Kurz nach Erzbergers Ankunft in Spa findet ein Treffen beim Ersten Generalquar-
tiermeister, Wilhelm Gröner, statt. Dieser lobt Erzberger
für die Ergebnisse der Verhandlungen in Compiègne. Auch
Feldmarschall von Hindenburg dankt bei dieser Gelegenheit »für die ungemein wertvollen Dienste«, die Erzberger
für das Vaterland geleistet hat.

Später empfängt Erzberger zwei Abgesandte eines Ar-
beiterrats von Hannover, die auf dem Weg nach Brüssel

sind, »um die Weltrevolution auszurufen«. Eigens zu diesem Zweck haben die Revolutionäre eine Lokomotive beschlagnahmt. Sie sind sicher, dass General Foch erschossen worden und der Krieg zu Ende sei. Erzberger belehrt sie, dass er Foch noch vor wenigen Stunden lebendig gesehen habe und dass in Brüssel gekämpft werde. Die Enttäuschung der beiden Revolutionäre ist gewaltig. Doch sie sind dankbar für die Aufklärung und verabreden mit Erzberger, noch am selben Tag auf der beschlagnahmten Lokomotive zusammen in die Reichshauptstadt zu fahren. Der Weg der Aufrührer und des Unterhändlers ist der gleiche, ihre Ziele allerdings sind ganz unterschiedlich: Den beiden Arbeitern geht es darum, in Berlin den Kommunisten Karl Liebknecht zum neuen Reichskanzler zu machen. Erzberger hingegen möchte sich die veränderten Berliner Zustände aus der Nähe ansehen. Ist der Waffenstillstand, den er im Namen des Deutschen Reichs abgeschlossen hat, noch das Papier wert, auf dem er geschrieben wurde?

Ein Tag, eine Stunde. Von Unterhändlern willkürlich in einem Vertrag festgelegt, scheint das Eintreten des Waffenstillstands für einen Moment Millionen Lebenswege zu synchronisieren. Doch dieser eine Moment steht für so unterschiedliches Erleben: Während die einen sich jubelnd in den Armen liegen und andere voller Verzweiflung in die Zukunft schauen, geht der Krieg an vielen Orten der Welt weiter, wo man häufig noch nicht einmal weiß, dass in Compiègne ein historisches Dokument unterzeichnet wurde. Ein Tag, eine Stunde. Nach dem Weltmoment vom 11. November 1918, der sowohl von stupender Gleichzeitigkeit als auch von der Vielfalt der Blickwinkel geprägt ist, zerfällt die Geschichte wieder in unzählige individuelle, asynchrone Erzählungen.

Für den 17. November, 4 Uhr, erhalten die Harlem Hell-fighters den Befehl, ihr Lager in den Vogesen aufzulösen und nach Osten zu marschieren. Es sei ein merkwürdiges Gefühl gewesen, erinnert sich Arthur Little später, die Schützengräben in Richtung der Front zu evakuieren; würde von dort wirklich kein feindliches Feuer mehr kommen? Little findet sich viel zu früh am Sammelpunkt für die Truppe ein. Er zittert vor Kälte. Ein Verbindungsoffizier muss ihn daran erinnern, dass man jetzt, wo der Krieg vorüber ist, wieder Feuer machen kann. So warten sie schweigend, indem sie die Hände über die Glut halten, bis der Marsch nach Osten beginnt. Die ersten Schritte gehen durchs Nie-mandsland, vorbei an verlassenen deutschen Gräben und Stellungen. In Cernay formiert sich das Regiment hinter seiner Kapelle, die das Signal »Vorwärts« gibt. Der Marsch »von Harlem an den Rhein« geht in seine letzte Phase.

Zuerst marschiert die Truppe durch verlassene, wenig zerstörte Städtchen, die noch unmittelbar zuvor als Un-terkünfte für deutsche Truppen gedient haben. Nach einer kurzen Nacht in improvisierten Unterkünften geht es wei-ter nach Osten. Ensisheim, das am 18. November erreicht wird, ist der erste Ort, in dem die Truppen auf mensch-liches Leben stoßen. Die Bewohner sind auf die Ankunft der Amerikaner vorbereitet. Die Häuser haben sie mit Fahnen geschmückt. In den Fenstern stehen Bilder von Präsident Wilson. Die Mädchen, in bestickte elsässische Trachten gekleidet und mit kunstvollen Zöpfen geschmückt, werfen Blumen auf die Straße. So bildet sich ein Blütenteppich, auf dem die Soldaten des amerikanischen Regiments einmar-schieren, und manch Uniformierter bekommt zum ersten Mal seit Monaten einen Kuss. Über die Straßen sind Ban-ner mit Parolen gespannt. Darauf steht »Es lebe die Repu-blik!« oder »Gott segne Präsident Wilson!«.

Nach dem Abmarsch aus Ensisheim lässt Little im Örtchen Balgau Quartier nehmen. Als er dort am nächsten Morgen, dem 19. November, erwacht, hat sich eine lange Schlange von Zivilisten vor der Tür seines Quartiers gebildet. »Was wollen die?«, fragt er den Offiziersburschen. »Pässe, Sir!«, ist die Antwort. Rasch lässt Little ein Büro einrichten, in dem die Gesuche der Einheimischen bearbeitet werden. Der Offizier nimmt erschüttert zur Kenntnis, woran sich die Elsässer unter deutscher Besatzung offenbar gewöhnt haben. Sie sind davon überzeugt, dass es weiterhin eine offizielle Erlaubnis braucht, um die Kühe auf die Weide zu treiben, um zum Markt im Nachbarort zu gehen, um den Friedhof zu besuchen. Little, der inzwischen zum Gouverneur des Fleckens ernannt wurde, lässt am 20. November vom Balgauer Stadtschreier eine Proklamation ausrufen, die den Einwohnern »Freundlichkeit« und »Schutz« verspricht. So werden die Schlangen vor dem Büro des Militärgouverneurs kürzer, und die Bewohner holen das Tafelsilber und die Vorräte aus den Verstecken, in denen sie sie vor den Deutschen verborgen hatten.

Am selben Tag erreicht Little ein Befehl, der mit dem Vermerk »dringend« gestempelt ist. Sein Herz schlägt schneller, als er den Inhalt des Schreibens zur Kenntnis nimmt. Der französische General Lebouc bietet den schwarzen Amerikanern die Chance, als erste alliierte Einheit zum Rhein vorzustoßen. Die Order sieht »sofortige Ausführung« vor. Little reagiert unverzüglich. Er stellt einen Spähtrupp aus verlässlichen Männern zusammen und besteigt, ohne vorher zu Abend zu essen, sein Pferd, um nach Nambsheim in unmittelbarer Nähe des Rheinufers zu reiten. Durch die Uferwälder reitet die kleine Truppe in Richtung des Flusses, der bald wieder die französische Ostgrenze sein würde. Sie fragen eine Gruppe elsässischer Waldarbeiter nach dem besten Weg ans Ufer; doch die schütteln warnend den Kopf. Am Rheinufer seien die Deutschen noch dabei, ihre Truppen mit einer Seilfähre zu evakuieren. Riskiert man womöglich ein Scharmützel? Doch Little will sich seinen Vorsprung nicht nehmen lassen. »Sofortige Ausführung« hatte der Befehl verlangt. Er drängt den Spähtrupp vorwärts. Nach wenigen Minuten öffnet sich der Wald und gibt den Blick auf »das wunderbar eilig fließende Wasser des Rheins« frei. Die Männer sitzen ab, schütteln einander die Hände, beglückwünschen sich. Little, erregt von diesem historischen Augenblick, improvisiert eine kleine Ansprache. Angesichts der Ankunft an den Fluten des Rheins fühlt er sich an die großen Entdecker erinnert: Weder vor de Soto noch vor Drake, Frobisher oder gar Columbus müsse man sich in diesem Moment verstecken. Little ordnet die Einrichtung eines Postens an.

Erst jetzt bemerken die Amerikaner, dass auf dem gegenüberliegenden Ufer die letzten deutschen Soldaten noch dabei sind, die Rheinfähre in Richtung Heimat zu verlassen. Stunden später erfahren sie allerdings, dass einige Zeit vor ihnen an anderer Stelle eine andere amerikanische Einheit den Rhein bereits erreicht hat. So dankt der französische General Lebouc dem Colonel Hayward und nicht Major Little dafür, dass die »schwarze Wacht am Rhein« errichtet wurde.

Drei Wochen später, am 13. Dezember 1918, beginnt in der Ebene von Münchhausen, sechzehn Kilometer nordöstlich von Mulhouse, eine prächtige Zeremonie. Die gesamte französisch-amerikanische Division ist versammelt. Zehntausend Männer stehen stramm in der klaren Luft dieses milden Wintertages. Die tiefstehende Sonne schickt ihre Strahlen über die Ebene, als Fanfarenstöße den Beginn der Zeremonie verkünden. In eine blaue Uniform gekleidet, reitet der französische Divisionsgeneral Lebouc im Galopp auf einem cremefarbenen Pferd heran. Mit zum Himmel gerecktem Kinn trabt er an den in Reih' und Glied angetretenen Verbänden entlang. Die amerikanischen Offiziere grüßt er im Vorbeireiten mit »mes chers amis«. Schließlich steigt er ab und lässt sich die Fahnen sämtlicher beteiligter Verbände bringen. Im Namen der 369. Infanteriedivision tritt auch Little vor den General. Der dekoriert die Fahnen mit dem *Croix de guerre* und küsst die vorgetretenen Kommandanten feierlich auf beide Wangen. Wenig später beginnt Regiment für Regiment der Abzug, der die Ebene von Münchhausen zum Erzittern bringt.

Nach stundenlangem Fußmarsch erreichen die Soldaten wieder ihr Lager. Doch nirgendwo erhebt sich Murren über einen langen Tag auf den Beinen. Little kennt den Grund: »Unsere Männer hatten alles darangesetzt, ihrer Rasse Ehre zu machen; und ihre Bemühungen waren anerkannt worden.« Unter französischem Kommando hatten die Soldaten aus Harlem zeigen können, dass sie zu mehr in der Lage waren, als Schiffe zu entladen, Gräben und Gräber zu schaufeln. Nun steht ihnen nach dem langen Marsch von Harlem an den Rhein die Rückkehr vom Rhein nach Harlem bevor. Würde Amerika sie mit dem Respekt zu Hause empfangen, den es hatte vermissen lassen, als es sie in den Krieg geschickt hatte? Würden die Opfer, die schwarze Soldaten im Krieg gebracht hatten, im Frieden belohnt werden?

Die größte Stadt des Elsass, Straßburg, erreichen die alliierten Truppen am 21. November 1918. Ihre Ankunft beendet eine turbulente Zeit, in der die Rheinstadt Schauplatz von Demonstrationen, Plünderungen und revolutionären Unruhen war. General Ferdinand Foch zieht am 26. November

1918 in Straßburg ein. Bei seiner Ankunft zu Pferde salutiert er vor der Statue des Generals Kléber. In seiner rechten Hand hält er einen Säbel aus dem Nachlass des Helden der Revolutionskriege. Für die Franzosen markiert dieser Tag das Ende einer Demütigung, die seit ihrer Niederlage gegen Preußen im Jahr 1871 auf ihren Seelen brannte. Damals hatte das Deutsche Reich das Elsass und Lothringen annektiert und zu einem »Reichsland« gemacht. Der Sieg der Alliierten bringt die Departements westlich des Rheins zurück zu Frankreich.

Louise Weiss kommt wenige Tage später in Straßburg an. Sie ist im Kreis ihrer Familie unterwegs auf einer Reise in die Vergangenheit, denn sowohl der Vater als auch die Mutter stammen aus dem Elsass. Für die beiden ist die »Désannexion« eine Herzensangelegenheit. Für die im Elsass verbliebenen Verwandten haben sie so große Pakete mit Lebensmitteln, Seife, Stoff und Kerzen mitgebracht, dass in ihrem Automobil kaum noch Platz zum Sitzen bleibt. Louise muss elsässische Tracht anziehen. Es sind Kleid, Schürze, Schärpe und Haarschleife von Grethel, der einstigen Amme des Vaters. Sie hatte die Tracht im Jahr 1871 getragen, als die Deutschen Straßburg belagerten und Grethel den Vater, damals noch ein Kleinkind, in einem Körbchen durch die feindlichen Linien geschafft und so vor dem Verhungern gerettet hatte.

Als die ehemalige Grenze zwischen Frankreich und dem Elsass inmitten der Vogesen erreicht ist, lässt der Vater anhalten. Er steigt aus und beugt sich herab, um Steine aus der Heimaterde aufzuheben. Jedem seiner Kinder drückt er einen Brocken in die Hand. Dann stehen sie im Kreis, feierlich schweigend, und stampfen mit den Füßen, um sich warm zu halten. Der Vater entscheidet, einen Umweg über den Hartmannswillerkopf zu nehmen, jene umkämpfte Bergkuppe, auf der 30 000 deutsche und französische Soldaten ihr Leben ließen. Als sie dort ankommen, ist schon die Dämmerung über die Berge gesunken. Im Abendnebel ahnt man nur die Skelette zerschossener Tannen sowie die Reste von Zelten und von Stacheldraht, der in der aufgewühlten Erde vom Wind umhergerollt wird.

In Straßburg wird die Familie Weiss von Cousins und Cousinen mit Wangenküsschen empfangen. Gemeinsam besuchen sie die altvertrauten Orte: das Geburtshaus des Vaters in der Rue de la Nuée-Bleue, die Kathedrale. Wie schon als Kind legt Louise ihre Wange an die kalten Steine des gotischen Gemäuers, um die aufstrebenden Linien der Fassade bis zur Turmspitze, bis in den Himmel zu verfolgen.

Am Nachmittag nach der Ankunft in Straßburg ist Louise Weiss, die als Journalistin inzwischen zu einigem Ruhm gekommen ist, zur offiziellen Feier der Befreiung des Elsass eingeladen. Auf der Tribüne, die auf der Place de la République errichtet wurde, nimmt sie einige Sitzreihen hinter dem Präsidenten Raymond Poincaré und dem Ministerpräsidenten Georges Clemenceau Platz. Dann beginnt eine nicht enden wollende Parade. Die Truppen marschieren »trunken vor Enthusiasmus« mit gezogenen Säbeln an der Tribüne vorbei – »so nah, dass man meinen könnte, sie bettelten um Streicheleinheiten«. Den Soldaten folgen Repräsentanten der elsässischen Gemeinden, die in ihren traditionellen Kostümen mit Fahnen und Fanfaren aufmarschieren – nein, nicht marschieren, sondern tanzen, voll Stolz und Freude. Die bunten Schleifen in schwarzer und roter Seide, die goldgewirkten Mützen schillern in der Sonne. Dem Präsidenten läuft eine Träne die Wange herunter, und immer wieder muss der »Tiger«, von Emotionen überwältigt, seine Augen schließen. Das Defilee dauert Stunden, und Louise erscheint dieser Moment – im Unterschied zu den Siegesfeiern in Paris – als kraftvoll, die Parade als ein »reißender Fluss«, als ein »Lavastrom«. Doch ist dieser Triumph, so fragt sie sich, den Tod von zwei Millionen Franzosen wert?

Die Frage stellt sich einige Monate später erneut, als die Familie gemeinsam nach Arras in Nordfrankreich reist, wo Louise geboren ist. Auch dies ist für die Eltern eine Pilgerreise an einen Ort der Familiengeschichte, zurück zu Erinnerungen an ein früheres Glück. Doch von dem hübschen Städtchen sind nur noch Ruinen übrig. Der Kirchturm, der Bahnhof und auch Louises Geburtshaus liegen in Trümmern. Louise zieht das Bruchstück einer Granate aus dem Haufen aus Steinen und Brettern, das einst ihr Zuhause war. Der Splitter liegt genau an der Stelle, an der einst ihre Wiege gestanden haben muss.

Eine notdürftig hergerichtete Straße führt von Arras in die einstigen Schlachtfelder vor den Toren der Stadt. Hier schweift der Blick über die vom Krieg verwundete Landschaft. Immer noch ragen rostende Kanonenrohre in den Himmel, Planen schimmeln in Schlammlöchern, überall Stahlschrott, verfilzter Stacheldraht, vom Unkraut bekrochen. Auf den nahen Hügeln erstreckt sich bis zum Horizont ein unendlich scheinendes Feld von grauen, grob zusammengefügten, einförmigen Kreuzen. Zu deren Füßen ist ein Teppich von Mohnblüten ausgerollt: Rot »wie Blut? Wie Standarten? Ein Appell? Ein Vorwurf?«. Louise spürt, dass die Bilder der Zerstörung ihrer Geburtsstadt, dass die Felder des Todes, dass das Schauspiel des Mohns sie enger als je an ihr Vaterland binden. Bei diesem Anblick fühlt sich Louise Weiss, die Gründerin des *Neuen Europa*, die Kosmopolitin und Kämpferin für die Freiheit der Völker, auf einmal bis ins Herz als Französin.

III Revolutionen

»Statt eines formvollen, mit der Erde verwachsenen Volkes
[entsteht] ein neuer Nomade, ein Parasit, der Großstadt-
bewohner, der reine, traditionslose, in formlos fluktuierender
Masse auftretende Tatsachenmensch, irreligiös, intelligent,
unfruchtbar, mit einer tiefen Abneigung gegen das Bauerntum
(und dessen höchste Form, den Landadel), also ein ungeheurer
Schritt zum Anorganischen, zum Ende.«

Oswald Spengler, *Der Untergang des Abendlandes*, 1918

»Versunken ist das alte Eden
Das gilt für Dich, für mich, für jeden.
Wir müssen uns dazu bequemen
Von neuem die Schaufel zur Hand zu nehmen
Von neuem den Rasen aufzustechen
Von neuem die Erde umzubrechen.
Von neuem zu säen und Wege zu treten
Von neuem das Unkraut auszujäten.
Nur so, aus unserer Aller Schweiß
Erwächst ein neues Paradeis.«

Ratatösker, Zukunft, in: *Simplicissimus*,
24. November 1918

George Grosz, *Explosion*, 1917

Am Abend des 10. November 1918, eines Sonntags, wird der Himmel über Wilhelmshaven von Blitzen und roten, grünen und weißen Leuchtsternen erhellt, als Hunderte Signalraketen krachend in der Luft explodieren. Dazu donnern Schüsse aus den Kanonen der Hafenkasernen. Die Sirenen der Stadt begleiten die Szene mit ohrenbetäubendem Heulen. Der Matrose Richard Stumpf schreckt von seiner Arbeit auf. Unwillkürlich sucht er Schutz, denn was können die Signale anderes bedeuten als einen Fliegeralarm oder die Ankündigung eines Angriffs der englischen Flotte? Doch dann macht ein Gerücht die Runde, das sich erst viel später als falsch herausstellen wird: Das Feuerwerk gelte dem Zusammenschluss der kommunistischen Parteien der Welt zur Dritten Internationale und damit dem Anfang der Weltrevolution. Unsicherheit und Angst legen sich über das Städtchen an der Nordsee, bis schließlich ein Flugblatt den Schiffsbesatzungen und den Bewohnern Wilhelmshavens Fakten liefert. Stumpf greift sich eines der Blätter und liest es mit wachsendem Entsetzen. Es sind die Bedingungen des Waffenstillstands, die offenbar schon vor der Unterzeichnung zur Presse durchgesickert sind. Zornentbrannt ruft er: »Das ist also der Lohn für die gottverdammte Bruderschaft!« Dann zieht er sich, von Gefühlen überwältigt, in eine stille Ecke zurück.

Als die letzte Rakete explodiert ist und die Sirenen eine nach der anderen abgeschaltet werden, kehrt wieder Ruhe ein in Wilhelmshaven. Doch in Richard Stumpfs Innerem tobt ein Sturm. Für ihn grenzt es an Wahnsinn, eine tüchtige, eine unbesiegte Nation mit solchen Bedingungen zu knechten. Ihm ist, als hätte man ihm ins Gesicht gespuckt. Ist das die Belohnung dafür, dass in Wilhelmshaven die Marinesoldaten und Werftarbeiter ihr Leben für das Ende des Krieges riskiert haben?

Stumpf war seit März 1918 auf der *Wittelsbach* in Wilhelmshaven stationiert. Das Schiff lag seit einiger Zeit als sogenanntes Beischiff, als schwimmende Kaserne, im Hafen vertäut. Dienst auf der *Wittelsbach* bedeutete stumpfen, sinnlosen Drill, viel zu viel Zeit und allerlei Handarbeiten, wie etwa das Flechten von Galoschen, mit denen die Tage schneller vorbeigingen und ein wenig Geld zu verdienen war. Im Herbst 1918 hatte Stumpf den Glauben an den Sieg längst verloren und sein morgendliches Gebet an die Umstände angepasst: »Bring uns Friede, Brot und Glück!« Seit Anfang Oktober mehrten sich die Gerüchte von schrecklichen Verlusten der Flotte und der Verdacht, dass »dem Unterseekrieg (...) die Eckzähne ausgebrochen« seien.

Schon in dieser Zeit stellte Stumpf fest, dass viele seiner Kameraden nach vier Kriegsjahren, in denen Öde, Enge und Todesgefahr einander abgewechselt hatten, in einen überaus gereizten Zustand verfallen waren. »Böse, böse sieht es in dem Inneren der meisten Kameraden aus, bolschewistische Ideen haben manchem jungen Mann den Kopf verdreht.« Würde ihre Moral für jenen Endkampf reichen, von dem die Vorgesetzten allenthalben sprachen? Angesichts der »trostlosen Stimmung« glaubte Stumpf nicht mehr daran. Die Gedanken an einen Untergang – nicht nur der Flotte, sondern des ganzen Reiches – kamen ihm immer häufiger: »Soll die kurze Zeit von 1870 bis 1914 wirklich unser kurzer Geschichtstag gewesen sein?«

Noch bekannte sich Stumpf zur bestehenden Ordnung. »Nicht etwa, daß mir solche Worte aus Liebe zu den Hohenzollern eingegeben wären«, aber er war noch wenige Wochen vor Ende des Krieges davon überzeugt, dass »die Wurzeln unseres Ansehens und aller Kraft dem Kaisertum entwachsen«. Auch sein Feindbild war noch auf Linie der Kriegspropaganda: »Fügen wir uns dem Wunsche der kaltherzigen Plutokraten jenseits des Kanals und des Ozeans, jagen wir unseren Kaiser zum Teufel, dann schäme ich mich für alle Zeiten, jemals ein Deutscher gewesen zu sein.«

Schon wenig später verdichteten sich jedoch die Anzeichen, dass die Entmutigung der Marinesoldaten in Verweigerung überging. Den Impuls dazu gab der Krieg: Englische und amerikanische Verbände waren zu einem Angriff auf das deutsche Helgoland ausgerückt. Über die internationale Presse ließen die Alliierten verlautbaren, dass für den Fall einer deutschen Niederlage die gesamte Flotte an die Alliierten ausgeliefert werden müsse. Um dies zu verhindern, erließ die Seekriegsleitung am 24. Oktober 1918 den Befehl, die deutsche Seestreitmacht in einer letzten großen Anstrengung dem Gegner entgegenzuwerfen. Sie ordnete eine Entscheidungsschlacht an. Die Übermacht der Feinde war indes so gewaltig, dass dieser Befehl der Opferung der Flotte gleichkam. Konnte dabei, zum Preis Tausender Menschenleben, mehr gerettet werden als die überkommenen Ehrvorstellungen einiger Offiziere? Als die in den Ostseehäfen stationierten Verbände am 27. Oktober auslaufen sollten, regte sich Widerstand in Kiel und Wilhelmshaven. Zuerst waren es die Heizer einiger Schiffe, die ihre Posten verließen oder die Feuer unter den gewaltigen Dampfkesseln der waffenstarrenden Ozeanriesen löschten. Auch

Mannschaften anderer Schiffe blieben an Land, anstatt sich wie befohlen rechtzeitig für das bevorstehende Gefecht auf ihren Positionen einzufinden. Zu allem Überfluss legte sich ein dichter Nebel über die Ostsee, der jedes Auslaufen sinnlos erscheinen ließ.

Richard Stumpf ist »tieftraurig, daß es so weit kommen konnte«. Doch in die Trauer mischt sich Schadenfreude: »Wo ist die Allmacht der stolzen Kapitäne und Stabsingenieure geblieben? Die jahrelang als Hunde erniedrigten Heizer und Matrosen wissen endlich, daß ohne sie nichts, rein nichts geschehen kann.« Auf der *Thüringen* sperrte die Mannschaft sogar ihre Offiziere ein. Niemand wollte mehr sinnlos sein Leben aufs Spiel setzen. Die Befehlshaber der Flotte ließen das meuternde Schiff umstellen und mit Kanonen bedrohen. Dreihundert Mann Besatzung wurden verhaftet. Doch davon wurde die *Thüringen* auch nicht flott für das letzte Seegefecht.

Am 7. November, nachdem es in Kiel schon Tote gegeben hat, schlagen die vereinzelten Akte der Meuterei in Wilhelmshaven in einen offenen Aufstand um. Matrosen verlassen in großer Zahl ihre Schiffe, um an Land demonstrieren zu gehen. Auch Richard Stumpf zieht seine Sonntagsgarnitur an und läuft hinter den meuternden Kameraden her über die Gangway in den Hafen. Auf dem Exerzierplatz der Hafenkaserne hat sich bereits eine große Versammlung gebildet. Eine Rednertribüne wird improvisiert. Von dort werden, angespornt vom Applaus einer immer größer werdenden Menge, immer neue Forderungen formuliert. Heute, so scheint es Stumpf, würde die Menge sogar »Hurra!« schreien, wenn jemand dazu aufriefe, den Kaiser zu hängen.

Gemeinsam setzen sich die Männer in Bewegung. Um dem Zug ein Mindestmaß an Ordnung zu geben, stimmt die Werft-Divisions-Kapelle Lieder und Märsche an. Die Musik zieht immer mehr Seesoldaten an, die von anderen Schiffen hinzugeströmt kommen. Eine Kommandostruktur gibt es für diese Matrosen nicht mehr, die Menge ist von »Hammelherdeninstinkten« geleitet. Vor dem Tor der Seebataillonskaserne steht ein älterer Hauptmann, seinen Revolver in der Hand. Dem ersten Matrosen, der das Tor durchschreiten will, tritt er mit gezogener Waffe entgegen. Doch sofort packen Fäuste zu, entwinden ihm den Revolver und reißen ihm die Achselstücke ab. Großes Johlen ertönt. Stumpf hingegen empfindet stille Bewunderung für den pflichtbewussten Vorgesetzten.

Noch herrscht eine gewisse Disziplin unter den Demonstrierenden, doch je weiter sich der Zug fortbewegt, desto mehr heizt sich die Stimmung auf. Es wird auf den Fingern gepfiffen, Frauen werden angepöbelt, bald tauchen die ersten roten Fahnen auf. Stumpf empfindet es nicht als Ehre, »hinter diesem Schmutzlappen« herzumarschieren.

Es geht auf Mittag zu; bei den Versammelten beginnt sich erster Hunger zu regen. Plötzlich tritt atemlose Stille ein, als ein Redner eine Botschaft des Admirals Krosigk verliest. Die Forderungen, die der Kieler Soldatenrat erkämpft hat, sollen, so die Verlautbarung, jetzt auch in Wilhelmshaven gelten: die Aufhebung der Briefzensur für Matrosen, das Recht auf freie Meinungsäußerung, aber auch die Zusicherung, dass die Mannschaften außerhalb ihres Dienstes nicht mehr unter dem Kommando der Vorgesetzten stehen. Die Menge quittiert die Ankündigung mit frenetischem Jubel. Dann ergreift ein Werftarbeiter das Wort und fordert mit sich überschlagender Stimme die sofortige Einführung der Sowjetrepublik. Es folgt wieder Klatschen, aber ein leiseres, das rasch verebbt. Schließlich schlägt einer vor, dass die Matrosen jetzt, wo alle Forderungen erfüllt seien, auf ihre Posten zurückkehren könnten. Lautes Gelächter!

Dennoch strömen die Soldaten und Arbeiter auseinander. Allerdings nicht an ihre Dienststellen, sondern jeder dorthin, wo es ein Mittagessen zu ergattern gibt. »Die Revolution hatte unblutig gesiegt.« Stumpf benutzt das Wort, das in Deutschland seit Jahrzehnten Angst und Schrecken ausgelöst hat: »Revolution«. Gewiss, die Wilhelmshavener Revolution ist nicht der glorreiche Siegeszug gewesen, den Kautsky und Bebel vorhergesagt hatten. Auch mit dem revolutionären Petersburg kann sich der Nordseehafen wahrlich nicht messen. Statt des Proletariats, so empfindet es Stumpf, obsiegen Kleinlichkeit, Dummheit, Ungewissheit und Sorgen. Stumpf ist der Umsturz, dessen Zeuge er geworden ist, nicht geheuer, und doch kann er nicht leugnen, dass die Ereignisse in Wilhelmshaven auch ihn mitgerissen und verändert haben. Fast scheint er als ein Revolutionär wider Willen, wider besseres Wissen, ein Opfer der Umstände, mitgerissen im Zeitstrom: »Zwei Tage bin ich nun älter, und während dieser Zeit hat sich in meinem Inneren eine Wandlung vollzogen, die ich für unmöglich gehalten hätte. Vom Monarchisten zum überzeugten Republikaner – nein, mein Herz – ich kenne dich nicht mehr.« Die deutsche Revolution wird überzeugtere Verfechter brauchen, um nicht nur die Hohenzollern von ihrem Thron zu vertreiben, sondern mit Verve und Überzeugung an der Umsetzung einer neuen Ordnung zu gehen.

Marina Yurlowas angeschossene Schulter wird jedes Mal, wenn die Räder des Zuges über schadhafte Gleise rattern, von stechendem Schmerz durchzuckt. Erschöpft liegt sie mit anderen Invaliden im Abteil eines Personenzugs, der von Tscheljabinsk am Rand des Uralgebirges in die westsibirische Tiefebene rollt. So weit und so einförmig sind die Nadelwälder, die sich jenseits der Abteilfenster bis zum

Horizont erstrecken, dass es fast scheint, als würde der Zug sich gar nicht von der Stelle bewegen. Am schlimmsten sind die Nächte in diesem stickigen Abteil, das vom Schnarchen und Stöhnen der verwundeten Männer, vom Rattern und Knarren des fahrenden Zuges, vom Geruch nach Schmutz und blutigen Wunden erfüllt ist. Die neuen tschechoslowakischen Kameraden, die Marina aus der Gefangenschaft der Bolschewiki in Kazan befreiten, haben das Kommando über die sechzehn von einer massigen Lokomotive gezogenen Waggons der Transsibirischen Eisenbahn übernommen. Die Reisenden sind zumeist Zivilisten, die tschechischen Soldaten hingegen verfügen über Gewehre, und so können sie bestimmen, wer einsteigen darf, wer aussteigen muss und wessen Reiseproviant eingezogen wird.

Selbst in Sibirien, in dieser menschenleeren Gegend, Tausende Kilometer von Petersburg und Moskau entfernt, wütet der Bürgerkrieg zwischen den Bolschewiki und den Weißen. Als der Zug an einer winzigen Eisenbahnstation zum Halten kommt, die nur aus einer einfachen Holzhütte besteht, sieht Marina dort eine wütende Menge versammelt. Männer und Frauen mit Gewehren und Hacken, Schaufeln und Messern halten zwei bolschewistische Agitatoren in Schach, die sich auf die Reise nach Osten gemacht haben. »Tod den Bolschewiki!«, brüllt die Menge. Einer der Gefangenen, ein stämmiger blonder Seemann von gewaltiger Größe, scheint von der allgemeinen Wut gänzlich unbeeindruckt. Mit den Händen in der Tasche schaut er zu, wie an der Eisenbahnstation ein Galgen für ihn errichtet wird. Als der Strang für die Exekution fertig ist, geht er ruhigen Schritts hinüber, begutachtet die Schlinge, nimmt die Hände aus den Taschen und legt sich selbst den Strick um den Hals. Die Menge wird still. »Was ist, warum zieht ihr nicht?«, schreit er die verdutzten Männer an, die sich freiwillig als

Henker gemeldet haben. Schließlich lösen sich mehrere von ihnen aus ihrer Verblüffung und ziehen mit einem Ruck die Schlinge hoch. Der schwere Mann hängt nun in der Luft, und seine Füße, die nur wenige Zentimeter über dem Boden schweben, scheinen zuckend nach Halt zu suchen. Mit den Händen umklammert er das Seil um seinen Hals, bis seine Bewegungen erlahmen. Der zweite Mann führt sich auf, wie sich nach Marinas ganz persönlicher Rassenlehre ein bolschewistischer Jude benimmt: Er wirft sich vor seinen Henkern auf den Boden, umklammert ihre Füße und bettelt um Gnade. So bestätigen sich die Vorurteile, die Marina mit vielen Revolutionsgegnern und Antisemiten ihrer Zeit teilt: die Überzeugung, dass die Revolution eine Verschwörung der Juden ist, dass sie nach Russland zum Angriff auf die ganze Welt ansetzen werden und dass die Schlechtigkeit der Revolution letztlich eine Folge der Schlechtigkeit der Juden ist. Insofern betrachtet Marina ohne Mitleid, vielleicht sogar mit Genugtuung, dass bald auch der zweite Mann reglos am Seil hängt. Den ganzen Tag bleibt der Zug an der kleinen Station stehen, vor Marinas Abteilfenster schaukeln die beiden Leichen im Wind – als Fanal des Bürgerkriegs und der gewaltsamen Gegenrevolution, die dem Umsturz in Russland auf den Fuß gefolgt sind.

In jenen Novembertagen erwacht Kronprinz Wilhelm allmorgendlich aus unruhigem Schlaf. Ihn quälen Gedanken über seine Zukunft, über die Zukunft der Hohenzollerndynastie und des Deutschen Reichs. Seit seiner Kindheit hat er sich daran gewöhnt, dass andere ihm die Richtung vorgeben, und jetzt soll er ganz allein eine Entscheidung treffen? Ist nun der Moment gekommen, auf den ihn seine Erziehung seit frühester Jugend vorbereiten sollte, der aber stets so fern schien: der Moment der Souveränität?

Bereits am 7. November hat Wilhelm mit eigenen Augen die Vorboten einer neuen Zeit gesehen. Auf dem Weg zu einem Truppenbesuch, nahe bei Givet, fuhr er an einem mit Soldaten besetzten Zug vorbei. Hier sah er zum ersten Mal mit eigenen Augen das Symbol der Revolution: die rote Fahne. Aus den zerbrochenen Fenstern des Wagens tönte der Schlachtruf des Aufruhrs: »Licht aus! Messer raus!«

Wilhelm ließ seinen Fahrer anhalten. Mit lauter Stimme befahl er den Soldaten, aus dem Zug auszusteigen. Einige hundert Männer in zerlumpten Uniformen stellten sich vor ihm auf. Direkt vor ihm positionierte sich ein »baumlanger bayerischer Unteroffizier, in lässiger Haltung, die Hände tief in den Hosentaschen, ein wahres Musterbild der Insubordination«. Wilhelm streckte das Kreuz durch und herrschte den Mann im Kasernenton an, den er seit seiner Jugend eingeübt hatte. »Haltung«, brüllte er, »wie es sich für einen deutschen Soldaten gehört.« Noch funktionierten die alten Reflexe, der Bayer richtete die Augen geradeaus und legte die Hände an die Hosennaht. Augenblicklich kehrte die Ordnung zurück, und ein junges Kerlchen mit Eisernem Kreuz bat sogar für seine Kameraden um Entschuldigung. Man sei jetzt schon drei Tage ohne Verpflegung unterwegs. »Wir haben Sie ja alle sehr gern (...). Seien Sie uns nicht böse.« Gerührt versorgte der Kronprinz die Beinahe-Revolutionäre mit Zigaretten.

Am folgenden Tag erreicht Wilhelm der Befehl Seiner Majestät, sich in Spa einzufinden. Er reist im dichten Nebel durch ein vom Krieg geschundenes Land. Am 9. November, kurz vor Mittag, erreicht er die Villa *La Fraineuse* vor den Toren der Stadt Spa. Das Gebäude hatte sich – erst kurz vor dem Krieg – ein Industrieller nach dem Vorbild des *Petit Trianon* von Versailles bauen lassen. Bei der Ankunft kommt Wilhelm »sein Chef«, Graf von der Schulenburg, entgegen, »bleich, sichtlich tief erregt«. In knappen Worten schildert er dem Kronprinzen die Lage: In den Gesprächen, die seit dem Morgen in *La Fraineuse* stattfänden, sei es vor allem Wilhelm Groener, der neue Mann an der Seite Hindenburgs in der Heeresleitung, der das Wort führe. Er stammt nicht aus dem Kreis der alten Vertrauten des Kaisers, und er spricht zum Monarchen in einem Ton, der seinem Vorgänger Erich Ludendorff, der angesichts des Waffenstillstands – mit einem falschen Bart getarnt – das Land fluchtartig in Richtung Schweden verlassen wird, nicht über die Lippen gekommen wäre. Groener habe ein schonungsloses Bild der militärischen Lage und der Situation in der Heimat gezeichnet. Berlin sei in höchster Spannung, »die jeden Augenblick zerreißen und Blutströme über die Stadt ergießen kann«. Mit dem geschlagenen Heer sei an einen Marsch zur Verteidigung der Hauptstadt gegen die Revolution nicht zu denken. Groener habe es nicht ausgesprochen, doch seine Ausführungen hätten nur eine Schlussfolgerung zugelassen: Der Kaiser müsse dem Druck des Auslands und der Straße nachgeben, um der revolutionären Bewegung den Wind aus den Segeln zu nehmen.

Wilhelm II. sei erschüttert gewesen, habe jedoch wortlos den Ausführungen des Generals gelauscht. Dann habe Schulenburg das Wort ergriffen, um ein hoffnungsvolleres Bild der Lage zu zeichnen. Er habe dafür plädiert, an der Front Zeit zu gewinnen, um die Truppen zu Kräften kommen zu lassen. Die Brandherde der Revolution seien mit maßvoll eingesetzter Waffengewalt zu löschen. Doch Groener habe nicht lockergelassen. Er habe ein letztes, erschütterndes Argument nachgelegt: Selbst wenn Wilhelm II. den Truppen befähle, nach Berlin zu ziehen, würden sie ihm nicht mehr gehorchen. Die Armee, einschließlich des Offizierskorps, stehe nicht mehr hinter ihm. Wilhelm II. habe Beweise gefordert. Nur wenn es ihm die Offiziere schriftlich gäben, dass sie die Gefolgschaft aufkündigten, wolle er sich geschlagen geben. Doch die letzten Nachrichten, die aus Berlin eingetroffen seien, hätten alles bestätigt, was Groener vorgebracht habe: blutige Straßenschlachten, überlaufende Truppen, keine Mittel gegen die sich ausweitende Revolution.

Nach diesem Rapport betritt Kronprinz Wilhelm den herbstlichen Garten der Villa, wo die alten Bäume schon ihre welken Blätter abgeworfen haben und die Beete längst umgegraben sind. Der Kaiser steht in einer Gruppe von Herren in Uniform. Die Männer sind »gebeugt, bedrückt, gleichsam wie ausweglos umstellt (...), erstarrt zu einem dumpfen Schweigen«. Jetzt ist es allein der Kaiser, der spricht. Als er seinen Sohn bemerkt, winkt er ihn heran. Aus der Nähe kann der Kronprinz erkennen, wie verstört sein Vater aussieht, »wie es in dem hager und gelb gewordenen Gesichte zuckte und flatterte«. Wie ein Sturzbach sprudeln Worte aus dem Mund des Monarchen. Alles gipfelt in der resignierten Feststellung, dass man ihm, dem Kaiser, noch nicht einmal erlauben wolle, an die Front zu gehen, um an der Spitze seiner Truppen zu kämpfen und zu sterben. Die Gefahr, dass dies die Verhandlungen des Waffenstillstands negativ beeinflussen könne, sei zu groß. In diesem Augenblick muss dem Kronprinzen klargeworden sein, dass der Kaiser nicht mehr Herr der Lage ist. Auf keinen Fall, so beschwört der Kronprinz seinen Vater, könnten die Hohenzollern auf die Königskrone Preußens verzichten. Mit zitternder Stimme lädt er den Kaiser ein, ihn zur Heeresgruppe Deutscher Kronprinz zu begleiten. An ihrer Spitze könnten Monarch und Thronfolger, Seite an Seite, in die Heimat zurückmarschieren! Schulenburg pflichtet dem Kronprinzen bei. Das Gros der Truppe würde sich an seinen

Fahneneid, seinen Schwur auf Kaiser und Vaterland halten und ihrem Kriegsherrn, wenn nötig, in den Tod folgen. Doch Groener zuckt nur mit den Schultern: »Fahneneid? Kriegsherr? Das sind schließlich Worte – das ist am Ende bloß eine Idee.« Zwei Welten, das Alte Reich, gebaut auf Treue und Gefolgschaft, und die wendigere, pragmatischere Moderne, prallen aufeinander.

Wilhelm II. ist die Farbe nun gänzlich aus dem Gesicht gewichen. Hilfesuchend wendet er seinen Blick zu Hindenburg, doch der schaut nur regungslos zu Boden. Hier, in einem Park in Belgien, steht der deutsche Kaiser, der Herr der Mitte, das Gesetz, der Oberste Befehlshaber des Heeres, Schöpfer der kaiserlichen Kriegsmarine, der Souverän, der Deutschland einen Platz an der Sonne verschaffen wollte, ausgestattet mit allen Vorrechten, allen Vollmachten – und lässt die Arme sinken. Zu lange hat er sich schon von Generälen und Beratern sagen lassen, was er zu tun hat, als dass er jetzt, im entscheidenden Moment, wieder zu kaiserlicher Initiative hätte finden können. Zu weit scheint die Auflösung des einst für die Ewigkeit geschmiedeten Deutschen Reichs und des stolzen Heeres schon fortgeschritten, als dass es ihm noch gelingen könnte, das Heft des Handelns wieder an sich zu reißen. Zu schwach, zu müde, zu verwirrt ist der Monarch von einer Lage, die in keiner Weise mit den Visionen von Größe und Prunk übereinstimmt, die für ihn zeit seines Lebens kaiserliche Herrschaft bedeutet haben. Mit rauer Stimme erteilt Wilhelm II. den Auftrag, dem Reichskanzler Max von Baden in Berlin telefonisch mitzuteilen, dass er bereit sei, die Kaiserkrone niederzulegen. Nur die Kaiserkrone, wohlgemerkt. Er bleibe König von Preußen, und als solcher wolle er das Heer in die Heimat zurückführen.

Die Gesellschaft begibt sich ins Haus, um ein Frühstück einzunehmen, das einem Leichenschmaus gleicht. Nach dem Dessert kommt aus Berlin eine noch fatalere Nachricht, ein Skandal: Ohne weitere Rücksprache mit Spa hat Reichskanzler Max von Baden den Rücktritt des deutschen Kaisers *und* preußischen Königs sowie den Thronverzicht des Kronprinzen erklärt. Die Meldung ist schon über Wolff's Telegraphisches Bureau verbreitet worden. Außerdem ist in der Hauptstadt eine neue Regierung gebildet worden. Die Revolution von unten ist durch eine Revolution von oben vollendet worden. Kaiser Wilhelm ist außer sich, aber völlig machtlos.

Es ist der Moment, in dem die deutsche Monarchie an ihr Ende kommt. Kein heroischer Kampf, keine großen Worte oder Gesten, fatalistisch fügt sich der Kaiser, der auf eine jahrhundertelange Familiengeschichte der Herrschaft zurückblicken kann, in sein Schicksal. Es hat nicht viel gebraucht, denn vier Jahre Krieg haben das Reich entkräftet und an den Rand des Zusammenbruchs gebracht. Das Scheitern hat die Unfähigkeit seiner Führung deutlich werden lassen. Die Niederlage hat den Kaiser demoralisiert und seinem Regime den Glanz und den letzten Rest an Legitimität genommen. Plötzlich ist der »Herr der Mitte«, nur noch ein müder, alter Mann, vor dem niemand mehr zittert.

Am 9. November 1918 ergießt sich eine Flut von Flugblättern in die Berliner Innenstadt. Der Künstlerin Käthe Kollwitz fällt im Tiergarten ein Blatt der Zeitung *Vorwärts* in die Hände: »Der Kaiser hat abgedankt!« steht in riesigen Lettern darauf.

Kollwitz folgt, lesend, der Siegesallee zum Brandenburger Tor. Dort sind schon Tausende Menschen versammelt, die gemeinsam in Richtung Reichstag ziehen. So dicht ist das Gedränge, dass Kollwitz gar nicht anders kann, als mit dem Strom zu gehen. Vor dem großen Portal des Reichstagsgebäudes mit der Aufschrift »Dem deutschen Volke« staut sich die Menge. Auf einem Balkon an der mächtigen Westfassade wird eine Gruppe von Menschen sichtbar. »Scheidemann«, raunen diejenigen, die am nächsten stehen, nach hinten. Ganz still wird es unter den Tausenden Menschen, als der Staatssekretär aus den Reihen der SPD das Wort ergreift: »Das alte Morsche ist zusammengebrochen; der Militarismus ist erledigt!« Und dann folgt die historische Erklärung: »Sorgen Sie dafür, daß die neue deutsche Republik, die wir errichten werden, nicht durch irgendwas gefährdet werde. Es lebe die deutsche Republik!« Der Jubel will nicht enden. Als sich die Menge schließlich doch beruhigt, sprechen von der Rampe des Reichstags ein Soldat, ein Matrose und schließlich ein junger Offizier, der den Versammelten zuruft, »daß die 4 Jahre Krieg nicht so schlimm gewesen wären wie der Kampf mit Vorurteilen und Überlebtem«. Der Offizier schwenkt seine Mütze und ruft: »Hoch das freie Deutschland!«

Käthe Kollwitz lässt sich vom Strom der Menge mitreißen auf die Allee Unter den Linden. Dort flattern rote Fahnen über den Köpfen der Demonstrierenden. Soldaten reißen ihre Kokarden ab und werfen sie lachend auf den Boden. »So ist es nun wirklich. Man erlebt es und faßt es gar nicht recht«, staunt die Künstlerin.

Im gleichen Augenblick schiebt sich das Bild von Peter in ihr Bewusstsein. Achtzehn Jahre alt war ihr Sohn, als er 1914 voller Begeisterung in den Krieg zog. Von der Front schrieb er ihnen in heroischen Formeln, die klangen, als wären sie von offiziellen Verlautbarungen abgeschrieben. Wenige Wochen später lag ein Brief mit schwarzem Trauerrand im Kasten. Damals war es ihr, als ob sich ein Abgrund im Boden auftäte und sie verschlänge. Heute, am Gründungstag der Republik, ist Peter wieder bei ihr: »Ich glaube, wenn er lebte, würde er mittun. Auch er würde seine Kokarde abreißen. Aber er lebt nicht und als ich ihn zuletzt sah und er am schönsten aussah, hatte er die Mütze mit der Kokarde auf und sein Gesicht leuchtete.«

Die Lage in Berlin bleibt unsicher. Am Nachmittag wird die Republik am Schloss der Hohenzollern erneut ausgerufen, diesmal von Karl Liebknecht »zum Schloßfenster heraus, aus dem sonst der Kaiser sprach«. Anders als Scheidemann verkündet Liebknecht keine »deutsche«, sondern eine »kommunistische« Republik. Die Konkurrenz der Gründungsakte zeigt die gefährlichen Spannungen der Revolution, den Konflikt zwischen der SPD und deren linker Splitterpartei, der USPD. Die Lage in der Stadt ist angespannt. Immer wieder peitschen Schüsse durch die Straßen, prasseln Maschinengewehrsalven über die Plätze, sogar Kanonenschüsse sind zu hören. Ein ums andere Mal stiebt die Menge panisch auseinander, um dann – wie von einem Magneten angezogen – wieder zusammenzuströmen. Um gegen Plünderungen vorzugehen, so heißt es, will der von der Revolution gebildete Arbeiterrat Erschießungen vornehmen.

Der Kronprinz Wilhelm – ist er es überhaupt noch? Gilt das Wort des Kaisers oder des Kanzlers? – verlässt bald nach dem Mittagessen Spa. Er will zurück zu seiner Truppe. Bei seinem Aufbruch beharrt sein Vater immer noch auf seinem Standpunkt, dass die Berliner Erklärung illegal sei, dass er König von Preußen bleibe und als solcher das Heer anführen wolle. Doch waren das mehr als nur noch »Worte«, »am Ende bloß eine Idee«? Und warum hat der Vater und haben auch die übrigen Verantwortlichen nicht einen einzigen Gedanken darauf verschwendet, dass der erstgeborene Sohn der Dynastie in dieser fatalen Lage das Steuer des Staates in die Hand nehmen könnte? War das nicht seine Berufung, ein Leben lang als dynastische Reserve bereitzustehen, wenn der Thron wankt? Für einen Moment sieht es so aus, als würde der Sohn zum ersten Mal seine eigenen Wege gehen. Er macht sich zu seiner Truppe auf.

Wenig später rollt der Vater in seinem weiß-goldenen Hofzug durch Holland. Er ist zum Asylanten von Gnaden der niederländischen Königin Wilhelmina geworden, mit der ihn nahe Verwandtschaft verbindet. Sie will ihn, das Schicksal der Zarenfamilie im Hinterkopf, nicht an der Grenze abweisen. Doch die niederländischen Untertanen hadern mit der Großmut ihrer Monarchin. Über Maastricht, Nijmegen und Arnhem geht die Reise »Wilhelms des Letzten« nach Amerongen. An den Bahnhöfen auf der Strecke wird er von wütenden Menschenmengen empfangen, die lautstark den Mann beschimpfen, den sie für vier Jahre Krieg, für die Zerstörung ihrer Städte, für Hunger, Armut, Krankheiten und massenhaftes Sterben verantwortlich machen.

Der Sohn erreicht den Stab seiner Heeresgruppe im belgischen Vielsalm. In seinem Kopf kreisen die immer gleichen Fragen: Soll er den Widerstand leisten, gegen den sich sein Vater entschieden hat? Noch ist er Befehlshaber seiner Truppe und könnte sie nach Berlin führen. Während der Gespräche mit Schulenburg trifft die Nachricht aus Spa ein, dass sich Generalfeldmarschall Hindenburg der neuen Regierung zur Verfügung gestellt hat. Das Idol des Kronprinzen und vieler im Lande hat sich für die Republik, für den Waffenstillstand, gegen weiteres Blutvergießen entschieden, gegen einen Kampf, in dem Deutsche gegen Deutsche gekämpft hätten. Damit ist für den Thronfolger die Sache entschieden: Er muss, er will dem Stellvertreter seines Vaters Folge leisten.

Um vor Übergriffen sicher zu sein, fährt Wilhelm näher zur Front, wo die Ordnung der Truppe noch einigermaßen aufrechterhalten werden kann. In einem Rekrutendepot erklingt Jubel, als der Thronfolger vorbeifährt. »Die Jungens wollen alle nicht an die Revolution glauben und bitten mich, mit ihnen in die Heimat zu marschieren. Kurz und klein wollen sie alles schlagen!« Auf löchrigen Wegen geht es weiter in Richtung Front. Doch die Angaben zur Route sind falsch; durch einen »riesigen, nachtschwarz verhüllten Wald« quält sich das Automobil. An einem Schloss, in dem eine Fähnrichschule untergebracht ist, erhalten sie endlich Auskunft über den Weg zum 3. Armeeoberkommando. Auf dem Weg dorthin, im Eisenbahnknotenpunkt La-Roche-en-Ardenne, bietet sich ein »wüstes Bild, durch das wir jagen: johlende, disziplinlose Urlauber« von der Front. Die Fahrt gerät an einer Eisenbahnunterführung ins Stocken, an der sich zwei Artilleriekolonnen ineinander verkeilt haben. Es geht nicht vor und nicht zurück. Das Auto versinkt immer tiefer im Schlamm der Straße, die vom einsetzenden Regen aufgeweicht wird. Erst nach Mitternacht erreicht der Wagen das Oberkommando. Der Kronprinz geht bald zu Bett, doch er findet wieder keine Ruhe.

Am nächsten Tag, es ist der 11. November 1918, gelingt es, eine telefonische Verbindung mit Wilhelms Stab in Vielsalm zustande zu bringen. Dort wiederum besteht Kontakt nach Berlin. Doch es gibt keine Neuigkeiten bezüglich der Frage, die ihn jetzt am meisten interessiert: Wird er unter dem neuen Regime Kommandant seiner Heeresgruppe bleiben? Er ahnt, dass das Schweigen aus Berlin ein »Nein« bedeutet. Der frühe Herbstabend fällt über die Landschaft. Wilhelm steht im Dämmerlicht am Fenster des Landschlösschens, in dem das Oberkommando untergebracht ist, und blickt in kahle Bäume, auf die Schneeregen fällt.

Draußen auf der Straße zieht eine Kompanie vorbei. Die Männer singen: »Nach der Heimat möcht' ich wieder ...« Bis hierher hat der Kronprinz die Fassung bewahrt, aber jetzt in der Einsamkeit, der Dunkelheit, brechen die Tränen aus ihm heraus.

Spät am Abend kommt die Nachricht, dass die neue Regierung den Kronprinzen tatsächlich von seinem Kommando enthoben hat. Nach einer weiteren schlaflosen Nacht weicht der innere Aufruhr der Resignation: Wilhelm will alles hinter sich lassen, Blutvergießen vermeiden, Ruhe finden. In zwei Wagen fährt er mit seinem engsten Kreis in Richtung der holländischen Grenze. Den letzten Brief an seine Truppe unterzeichnet der Kronprinz noch mit »der Oberbefehlshaber Wilhelm, Kronprinz des Deutschen Reiches und von Preußen«. Aber das sind endgültig nur noch »Worte« und »Ideen«. Sein Begleiter hält ihm eine Infanteriekappe hin, damit man ihn nicht so leicht erkennen kann. Doch Wilhelm will die hohe, schwarze Husarenmütze mit dem Totenkopf aufsetzen, noch ein letztes Mal preußischer Offizier sein. Auf schlechten Straßen geht es durch die Etappe unmittelbar hinter der Front, wo sich die Armee bereits in Auflösung befindet. Bei Vroenhoven wird am niederländischen Draht haltgemacht. Für die wenigen Schritte über die Grenze muss Wilhelm seine ganze Willenskraft aufwenden. Der junge holländische Offizier auf der anderen Seite fällt aus allen Wolken. Was tun mit dem unerwarteten hohen Besuch? Er muss seine Waffen abgeben, dann dauert es Stunden, bis die Erlaubnis zur Weiterfahrt nach Maastricht erteilt wird. Auf der Fahrt treffen ihn feindliche Blicke und Schimpfwörter. Die holländische Regierung fühlt sich nicht verpflichtet, ihm in den Niederlanden Schutz zu gewähren.

Auch George Grosz – der als Georg Groß geboren wurde, sich aber, um auf Distanz zu seiner kriegstrunkenen deutschen Heimat zu gehen, 1916 den Künstlernamen George Grosz zugelegt hat – verbringt den November 1918 mit einem Umzug. Am Anfang des Monats hat er noch in seinem Atelier unter dem Dach eines Mietshauses im Berliner Südende gelebt. Hier war, bis zu seinem Umzug in die Nassauische Straße in Wilmersdorf, mehrere Jahre lang der Mittelpunkt seiner Welt. Der Künstler arbeitete zwischen Möbeln, die er aus bemalten Kisten gebaut hatte. Entlang der Wände standen leere Flaschen, deren abgelöste Etiketten die Wände zierten. Von der Lampe hing eine große schwarze Kreuzspinne aus Draht. Scherben eines zerbrochenen Spiegels, die im ganzen Atelier verteilt waren, warfen zersplitterte Reflexionen der zahlreichen Fotografien an den Wänden zurück; unter anderem eine vom Automobilmillionär Henry Ford, mit einer Widmung, die Grosz selbst auf das Bild geschrieben hatte. Grosz schwärmte für Ford und überhaupt für alles, was aus Amerika kam: Ragtime, Goldgräber, Dollars, Wolkenkratzer, Boxsport, Neonlichter, Bourbon, Tomahawks. »Wie ein Jahrmarktzelt« sei seine Bleibe damals gewesen, beheizt von einem automatischen Gaskocher, der mit Zehn-Pfennig-Münzen in Gang gesetzt werden musste.

Als die Neuigkeiten vom Ende der Kampfhandlungen an der Westfront die Reichshauptstadt Berlin erreichen, erscheint es Grosz dennoch, als würde der Krieg nie richtig zu Ende gehen. »Vielleicht war er auch nie richtig zu Ende? Bei uns wurde der Frieden erklärt, aber nicht jeder war besoffen und glücklich. Im Grunde waren die Menschen die gleichen geblieben, mit einigen Unterschieden: aus dem einst so stolzen deutschen Soldaten war ein geschlagener, abgekämpfter Soldat geworden, und das Volksheer hatte sich genau so aufgelöst wie die holzstoffhaltigen Uniformen und die Patronentaschen aus Ersatzleder. Daß dieser Krieg verloren war, enttäuschte mich nicht. Nur daß die Menschen ihn jahrelang ertragen und erduldet hatten, daß den paar Stimmen, die sich gegen das Massenschlachten erhoben, keiner gefolgt war – nur das enttäuschte mich.«

Grosz selber hat den Weltkrieg weder ertragen noch erduldet. Genau genommen hat er ihn vornehmlich in der Waagerechten verbracht. Bei seiner ersten Einberufung verhinderte eine Nebenhöhlenentzündung den Kampfeinsatz. Bei der zweiten stand ein – echter oder simulierter – Nervenzusammenbruch seiner Kriegsverwendung im Wege. Halb bewusstlos, mit dem Kopf in der Latrine, war er gefunden worden. Groß – wie er sich zu der Zeit noch schrieb – kam ins Lazarett, später in eine Heilanstalt, wurde mit »Dörrgemüse« und »Kohlrübenkaffee«, mit »grauen Kriegsschrippen« und »graugrünem Kunsthonig« aufgepäppelt. Die Front hat er, dem die Kriegsbegeisterung seiner Mitmenschen im August 1914 als »Pandämonium« erschienen war, weder während seines ersten noch während seines zweiten Einsatzes mit eigenen Augen gesehen. Doch auch hinter den Linien sah er die Spur der Verwüstung, der Zerstörung, der Versehrtheit und des Todes, die der Krieg hinterließ. Grosz zeichnete in einem Notizbuch alles auf, was seine entsetzten Augen sahen. »Für mich war meine ›Kunst‹«, so schreibt er später in seiner Autobiographie, »damals eine Art Ventil – ein Ventil, das den angestauten heißen Dampf entweichen ließ. Hatte ich Zeit, so machte ich meinem Groll in Zeichnungen Luft. In Notizbüchern und auf Briefbogen skizzierte ich, was mir an meiner Umgebung mißfiel: die tierischen Gesichter meiner Kameraden, böse Kriegskrüppel, arrogante Offiziere, geile Krankenschwestern usw.« Beim Zeichnen und Malen ging es nur darum, »das Lächerliche und Groteske der mich umgebenden Welt geschäftiger, todeswütiger Ameisen festzuhalten«.

Immer wieder skizzierte er die Wirkungen der im Krieg entfesselten Gewalt auf Gebäude, auf die Natur, auf die Körper und auf die Seelen der Menschen. Immer wieder bildete er, in einer Mischung aus Abscheu und Faszination, auf Zeichenblättern, die Titel wie *Attentat* oder *Fliegerbombe* trugen, Detonationen und ihre verheerenden Folgen ab. Nach seiner endgültigen Entlassung aus der Armee im Mai 1917 entstand ein Ölgemälde mit dem Titel *Explosion*.

Das Bild zeigt in harten Kontrasten zwischen Feuerrot und Pechschwarz eine Stadt, die durch eine gewaltige Detonation auseinandergerissen wird. Der Explosionskern befindet sich auf der Höhe der oberen Stockwerke der Häuser, wie dies bei einer vom Flugzeug abgeworfenen Sprengbombe der Fall wäre. Unter der Wucht der Sprengung birst die getroffene Stadt auseinander. Die Linien stürzen, die Fassaden wanken, aus den Fenstern leuchtet es brandrot, während eine Wolke fetten, schwarzen Rauchs den Himmel verdunkelt. Am unteren Bildrand, der in Schwarz, Grün und Blau gemalt ist und eine bedrohliche Tiefe andeutet, ahnt man die Schemen von Menschen, die versuchen, der Katastrophe zu entfliehen, und die Überreste derer, die es nicht geschafft haben und ins Schwarze stürzen. Doch alle Figuren sind nur als fadenscheinige Silhouetten gemalt, transparent, irrelevant.

So erkundet Grosz in diesem, eigentlich in allen seinen Bildern das Gewalttätige und Zerstörerische der menschlichen Existenz. Hinter den Fassaden der monarchisch-bürgerlichen Ordnung vegetiert, so seine Sicht, eine morsche, brutale und perverse Gesellschaft. Seine Kriegserlebnisse waren geeignet, die bösesten Urteile zu bestätigen. So erinnert er sich an einen Moment im Frühjahr 1917, als ein Arzt ihn nach mehreren Monaten des Aufenthalts im Lazarett für geheilt erklären wollte. Grosz weigerte sich aufzustehen und griff in der Rage über die seiner Meinung nach falsche Diagnose einen Sanitätsfeldwebel an. Er werde »nie vergessen«, berichtet er später, »mit welcher Freude, ja Wollust ungefähr sieben andere kranke ›Kameraden‹, die aber auf sein durften, sich freiwillig auf mich stürzten. Einer, ein Bäcker im Zivilberuf, sprang mit seinem ganzen Körper immerzu auf meine verkrampften Beine, freudig brüllend: ›Uff de Beene muß mer'n treten, immazu uff de Beene, det wird'n schon beruhigen.«‹ Der Krieg erscheint Grosz als die höchste Steigerung der menschlichen Hässlichkeit. In *Explosion* ist eben der Moment eingefangen, in dem die Zivilisation von der Sprengkraft ihrer eigenen Bösartigkeit zerrissen wird. Sie fährt in den Abgrund, den sie sich selbst gegraben hat.

Seine Beschreibung von Berlin in den Novembertagen 1918 beschwört das Bild einer Stadt, von der die in *Explosion* dargestellte Katastrophe nur Ruinen übrig gelassen hat. Die einstige Hauptstadt des Deutschen Reichs gleiche jetzt »einer grauen, steinernen Leiche. Die Häuser hatten Risse. Stuck und Farbe waren abgebröckelt, und in den toten, ungeputzten Augen der Fensterhöhlen sah man, wo man nach denen ausgeschaut hatte, die nie wiederkehren, die Spuren geronnener Tränen.«

Schon in den letzten Monaten des Krieges hat Grosz die Notwendigkeit verspürt, nicht nur durch seine Kunst auf die Gesellschaft zu wirken. Entsprechend zieht ihn die Revolution, die wenige Tage vor dem Ende der Kampfhandlungen die Hauptstadt erreicht, magisch an. Als gäbe es nun eine Möglichkeit, all die Wut und die Verachtung auf das alte Deutschland in Handlung umzusetzen, als könnte er sich jetzt an der Explosion beteiligen, die Explosion gar selber sein. Grosz wird zum begehrten Redner bei Versammlungen der Spartakisten. Tief innen mag er gespürt haben, dass er die Protagonisten und Gesten der Revolution genauso verachtet, wie er die Gesellschaft des Kaiserreichs und des Krieges gehasst hat. Aber äußerlich wird er zum Verfechter einer neuen Zeit, deren Aktivismus und Theatralik seinem Naturell entsprechen. Besonders über die Schaffung eines neuen Bildungssystems weiß er wortreich zu schwadronieren. Die höhere Bildung solle nicht mehr nur das Privileg der Reichen sein! Akademien und Universitäten sollten allen offenstehen! In der Silvesternacht des Jahres 1918 wird der Maler, gemeinsam mit einigen seiner Künstlerfreunde, Mitglied der neu gegründeten Kommunistischen Partei Deutschlands. Seine Mitgliedskarte wird ihm von Rosa Luxemburg persönlich ausgehändigt.

Am 4. November 1918 ist Walter Gropius aus Berlin nach Wien gereist, um von seiner Gattin Alma Mahler-Gropius das Sorgerecht für die gemeinsame Tochter Manon zu fordern. In einem Brief hat er begründet, warum er Manon für sich beansprucht: Alma sei offenbar nicht bereit, ihrem Liebhaber Franz Werfel den Laufpass zu geben. Außerdem habe sie, selbst wenn Manon zu ihm käme, immer noch ihre Tochter aus erster Ehe und das Neugeborene, den kleinen Martin. Als Alma den Brief liest, bricht sie in Tränen aus und kann sich den ganzen Tag nicht mehr beruhigen.

Am Nachmittag werden dann beide bei ihr vorstellig: Ehemann Gropius und Liebhaber Werfel. Alma erklärt in einem dramatischen Auftritt, dass sie sich entschlossen habe, sich von beiden Männern zu trennen. Sie wolle ihr Leben von nun an allein führen. Nur ihre drei Kinder möge man ihr lassen. Gropius, der Almas Verve wenig entgegenzusetzen hat, bereut angesichts der Verzweiflung seine harte Forderung und bittet seine Gattin um Verzeihung.

Nur gut drei Jahre hat die Ehe der Gropius gehalten. Kennengelernt hatten sie sich bereits im Jahr 1910, als Almas erster Gatte, der Komponist Gustav Mahler, noch lebte. Das geschah während eines Kuraufenthalts im mondänen Tobelbad. Alma hatte sich von ihrem berühmten Ehemann vernachlässigt gefühlt, und die Leidenschaft zwischen ihr und Gropius loderte hell. Doch mehr als eine Ehekrise im Hause Mahler, mit anschließenden verstärkten Bemühungen des Komponisten um seine deutlich jüngere Gattin, war aus dieser ersten Begegnung nicht geworden. Als Mahler 1911 verstarb, hielten sich die beiden zunächst voneinander fern. Die junge Witwe flüchtete sich in eine Liaison mit dem überaus entflammbaren, doch krankhaft eifersüchtigen jungen Maler Oskar Kokoschka.

Dann begann der Weltkrieg, und Walter Gropius rückte ein. Es war für ihn der Beginn von vier Jahren fast ununterbrochenen Einsatzes an der Westfront und in Italien. Ein kurzer Urlaub im Februar 1915 war die erste Gelegenheit, bei der sich Walter und Alma wiedersehen konnten. Kurz zuvor hatte die fünfunddreißigjährige Witwe den Kontakt wiederaufgenommen. Tatsächlich entbrannte die frühere Liebe sofort, als sich die beiden erneut gegenüberstanden. Von jetzt an schrieben sie sich fast täglich. Er von der Front, sie aus Wien. Alma würzte ihre Briefe mit Zärtlichkeiten und erotischen Anspielungen voller »Wildheit«. Im August 1915, während eines weiteren Fronturlaubs, heirateten die Verliebten heimlich in Berlin. Nach der Hochzeit allerdings nahmen Almas Briefe einen neuen Ton an. Statt in Liebe und Sehnsucht zu schwelgen, sandte sie nun Beschwerden über die lange, unerträgliche Trennung, über seine »Heimlichkeiten« und seine »Nachlässigkeit« ihr gegenüber. Von

Eifersucht gequält, verdächtigte sie ihn, ihr untreu zu sein oder an der Front ins Bordell zu gehen. Dass Gropius Tag für Tag in vorderster Linie sein Leben riskierte, dass der junge Baumeister es immer schwerer ertrug, Teil des »nur niederreißenden, gar nicht aufbauenden Kriegsbetriebes« zu sein, spielte in den Briefen keinerlei Rolle. Er wollte sie mit solchen Wahrheiten nicht belasten, und von sich aus hatte sie am Krieg keinerlei Interesse.

Im Oktober 1916 brachte Alma Mahler-Gropius ein Kind zur Welt, das nach seiner Großmutter väterlicherseits Manon genannt wurde. Sie war schwanger mit einem zweiten Kind, als Gropius im letzten Sommer des Krieges in einem Wiener Lazarett behandelt wurde. Körperlich war er kaum verletzt, aber stark traumatisiert. Er war, als einziger Überlebender einer Artillerieattacke in der Nähe des Örtchens Soissons, aus den Trümmern eines zerbombten Hauses gezogen worden. Sobald Gropius das Bett verlassen durfte, besuchte er Alma zu Hause. Es war der 25. August 1918. Auf seine Frau wartend, wurde er Zeuge eines Telefonats, in dem sie in verdächtig vertrautem Ton mit einem Mann sprach. Wütend stellte Gropius seine Gattin zur Rede, und schließlich rückte sie mit der Wahrheit heraus: Im letzten Winter, als das Warten auf ihren Gatten unerträglich geworden war, hatte sie eine Liaison mit dem Wiener Dichter Franz Werfel begonnen. Von ihm müsse, so beichtete sie, auch das Kind in ihrem Bauch sein. Von den psychischen und körperlichen Folgen der Verschüttung geschwächt, warfen diese Neuigkeiten Gropius um. Er fiel »wie vom Blitz getroffen zu Boden«.

Schon am nächsten Tag gewann Gropius jedoch Fassung und Haltung zurück. Er machte sich auf den Weg und klopfte an die Tür des Liebhabers seiner Frau. Werfel, ganz Dichter, lag noch schlafend im Bett und hörte Gropius nicht.

Letzterer hinterließ daraufhin eine Karte mit ritterlichen Worten: »Schonen Sie Alma. Es kann ein Unglück geschehen. Die Erregung – wenn uns das Kind stürbe.« Die folgenden Tage verbrachte Gropius mit qualvollen Gedanken in seinem Lazarettbett, bis er – viel zu früh – an die Front zurückgerufen wurde, zurück in die Kriegslandschaften der Argonnen. Kaum erholt, musste Gropius aus dem Feuer der Eifersucht und der Vorwürfe zurück ins Feuer der Schlacht.

Im Oktober 1918 hatten die Militärärzte endlich ein Einsehen mit dem von vier Jahren dauerndem Einsatz ausgebrannten Leutnant Gropius, und ihm wurde erneut ein längerer Urlaub gegeben. Erst jetzt, bei dieser Rückkehr in seine Heimatstadt Berlin, während sich die Anzeichen für das Nahen des Kriegsendes mehrten, kam Gropius das Prekäre seiner Situation zu Bewusstsein. Vier Jahre lang hatte er seine ganze Kraft, sein ganzes Talent dem Kampf gegen Deutschlands Feinde gewidmet. Er war dreimal verletzt worden, hatte das Eiserne Kreuz erhalten. Jetzt, wo er nicht mehr konnte und Liebe und Sorge so dringend gebraucht hätte, war seine Ehe ein Trümmerhaufen. In seinem Berufsfeld, der Architektur, hatte er vier Jahre lang nicht mehr gearbeitet und seine einst ausgezeichneten Kontakte einschlafen lassen. Angesichts der desolaten wirtschaftlichen Situation, gerade in Berlin, quälten ihn Existenzängste: »Komme ich nach Hause – ohne Leutnantsgehalt – so habe ich nichts – und ringsum die Teuerung.«

In dieser verzweifelten Stimmung überkommt Gropius die Erkenntnis, dass etwas Neues, etwas grundsätzlich anderes beginnen müsse. Es sei, so schreibt er, als wäre er »von einem Lichtstrahl getroffen«. Während er sich vor dem Krieg mit seinen ersten Projekten an der Spitze der architektonischen Avantgarde platziert hatte, war er politisch ein Konservativer geblieben. Doch im November 1918 verspürt er das dringende Bedürfnis, ganz neue Wege zu beschreiten: »Nach dem Krieg dämmerte mir (...), mit dem alten Krempel war es vorbei.« Die Reise nach Wien und die Konfrontation mit Alma wegen Manon sind erste Schritte, sein Privatleben neu zu ordnen. Gleichzeitig läuft er in Berlin von Tür zu Tür, um eine Anstellung zu finden oder erste Aufträge für ein eigenes Architekturbüro einzuwerben.

Aber Gropius sieht auch über den Horizont seines eigenen Lebens hinaus die Notwendigkeit zur Veränderung. Er will Teil des gewaltigen Umbruchs sein, der alles um ihn in Bewegung versetzt hat. Mit anderen Künstlern und Architekten gründet er den »Arbeitsrat für Kunst«. Zusammen mit seinem Kollegen Bruno Taut feilt er an einem Manifest für eine neue Architektur: »Unmittelbarer Träger der geistigen Kräfte, Gestalter der Empfindungen (...) ist der Bau. Erst die vollständige Revolution im Geistigen wird diesen Bau schaffen.« Sie träumen von großen »Volksbauten« auf dem freien Lande außerhalb der dichtbesiedelten Zentren. Nicht in der Großstadt, »weil diese, in sich morsch, ebenso verschwinden wird wie die alte Macht. Die Zukunft liegt auf dem neu erschlossenen Lande, das sich selbst ernähren wird.« Solche Mustersiedlungen sollen über alle Infrastrukturen einer richtigen Stadt verfügen: Straßen, Plätze, Parks, Geschäfte, Hotels, Gastronomie, Kultur- und Bildungseinrichtungen. Die neuen Vorstädte, so träumen Gropius und seine Mitstreiter, sollen die Brutkästen einer neuen Gesellschaft werden. Landwirtschaftlich geerdet, geordnet, sauber, gerecht und gesund sollen sie nach Jahren der Zerstörung den Wiederaufbau ermöglichen und die architektonische Kulisse für eine neue Ära sein, deren Versprechen bis in den sozialen Wohnungsbau der Gegenwart anhält. Gropius und Taut entwerfen die Welt nach der von Grosz gemalten Explosion, sie lassen das Leben aus den unfruchtbaren Kriegslandschaften, aus den Trümmern des alten Reichs und der alten Gesellschaft auferstehen.

Wenig später wird Gropius – der nicht nur Visionen erdenken kann, sondern als Offizier auch das Organisieren gelernt hat – Vorsitzender des Arbeitsrats. Die Zusammenkünfte kreativer Köpfe genießt er in vollen Zügen, und es verfestigt sich in ihm die Überzeugung, dass es des Krieges bedurft habe, um in ihm eine »innere Reinigung« in Gang zu setzen und um in Deutschland die hemmenden Barrieren des Alten niederzureißen. Gropius kann es kaum erwarten, die erträumten Städte der Zukunft zu bauen.

Während Louise Weiss in ihrer kleinen Pariser Redaktionskammer mit den blauen Tapeten versucht, mit dem atemlosen Weltgeschehen Schritt zu halten, residiert Hyacinthe Philouze, formal Herausgeber des Blattes, in den repräsentativen vorderen Salons der Redaktionsetage. Er empfängt, parliert, entkorkt Flaschen, raucht und nimmt eine nicht enden wollende Parade von Gästen ab. Auch hat Philouze von einer unbegabten Künstlerin die Küche der Redaktion neu dekorieren lassen, um dort abends Gelage abhalten zu können. Dann fließen Wein und Champagner in Strömen, und junge Frauen von zweifelhaftem Ruf werden eingeladen, solche, die nicht pikiert sind, wenn man ihnen in den Hintern kneift. Wenn es allzu laut wird und sich die Nachbarn beschweren, wird der Concierge mit einem Trinkgeld bestochen.

Louise Weiss hat mit solchen Lustbarkeiten nichts am Hut. Revolutionen, so weit das Auge reicht. Von Russland aus scheint eine Welle über den Globus zu rollen. Nicht nur in Europa und in den Ländern des Osmanischen Reiches gibt es radikale Veränderungen, sondern sogar in Amerika, Japan und China kommen die Schockwellen der Erschütterung an. Eine neue Welt entsteht auf den Trümmern der alten. Louise Weiss muss alles darüber wissen, muss alles darüber berichten. Gegen den Willen von Philouze, der mit der Zeitschrift am liebsten viel Geld verdienen und es sich nicht mit den Mächtigen verscherzen will, wird der Ton der Zeitschrift *L'Europe nouvelle* zunehmend fordernder. Louise Weiss und ihre Mitstreiter sind davon überzeugt, dass es nicht nur einer russischen, sondern dass es vieler Revolutionen in Europa und darüber hinaus bedarf, um die Welt nach dem großen Brand in die richtigen neuen Bahnen zu lenken. In Deutschland, in Österreich-Ungarn, in Europas Osten, auf dem Balkan, im Baltikum und in der Ukraine, sogar in Japan und China sind Umbrüche im Gange. Doch was ist mit Frankreich, dem Mutterland der Revolution? Bricht sich die Welle der Revolutionen an den Grenzen der Siegerländer? Selbst wenn Frankreich als Sieger aus dem Krieg hervorgegangen ist, scheint ihr das Land reif für grundlegende Veränderungen: Wahlen zu einer neuen Regierung fordert sie, Ausweitung der Rechte der Arbeiter, eine neue Haltung gegenüber den Kolonien. Vor allem aber sei es nötig, den französischen Frauen endlich die vollen politischen Rechte – zuerst und vor allem: das Wahlrecht – zu geben.

Als Revolution kann man ohne Frage bezeichnen, was inzwischen – von Louise Weiss begeistert verfolgt – in der Tschechoslowakei, Milans Heimat, geschieht. Die Bevölkerung in Böhmen ist längst zu offenem Protest gegen die habsburgische Vorherrschaft übergegangen: Demonstrationen, Versammlungen und Streiks sind an der Tagesordnung. Während Louises platonischer Geliebter Milan Štefánik in Sibirien die Überbleibsel einer Armee zu retten versucht, die der Grundpfeiler des neuen tschechoslowakischen Staates werden soll, hat sein Mitstreiter Edvard Beneš in Paris die verfassungsmäßigen Grundlagen für diesen unabhängigen Staat entworfen – allerdings bislang nur auf dem Papier. Beneš verbringt oft lange Stunden in der Redaktion der *Europe nouvelle* und prägt mit seinen Meinungen die Richtung des Blattes. An jenem Tag, als Louise Weiss, von Philouzes Eskapaden angewidert, ihre Stelle kündigen will, ist es Beneš, der sie zum Bleiben überredet. Er weiß, was er an ihr und der Zeitschrift hat. Durch sie bleibt das Interesse der Öffentlichkeit und vieler maßgeblicher Politiker an der tschechischen Sache wach. Durch Louise Weiss' Veröffentlichungen weiß die Welt, dass Beneš im September 1918 in Paris eine tschechische Exilregierung gebildet hat, die am 18. Oktober 1918 die tschechische Unabhängigkeit erklärte. Im November, nach dem Ausbruch der Revolution in Wien, erläutert Louise Weiss dem lesenden Publikum, dass die Abdankung des österreichischen Kaisers Karl I. endgültig den Weg für einen neuen tschechoslowakischen Staat frei gemacht habe.

Für Alma Mahler-Gropius, Komponistin, Wiener Gesellschaftsdame und Muse, sind Walter Gropius' revolutionäre Aktivitäten zumindest eine zeitweise Entlastung. Ihr Mann hat bis dahin gegen den Liebhaber Werfel schriftlich und mündlich protestiert. Er hat sie gebeten, von der Affäre abzulassen und zu ihm nach Berlin zu kommen. Er hat mit Konsequenzen gedroht. Doch sie ist mit schlafwandlerischer Sicherheit ihrem inneren Kompass gefolgt, der unverwandt auf den jungen, ungewöhnlich begabten und zunehmend auch erfolgreichen Dichter zeigt. Mit der Szene vom 4. November und Gropius' Kollaps ist dessen Widerstand gegen die ehebrecherische Liaison verpufft. Wenige Tage später lässt die Revolution in Berlin für einen Moment die persönlichen Belange in den Hintergrund treten. Damit öffnet sich für Alma und Franz Werfel das Tor für erste Schritte in eine gemeinsame Zukunft, eine Zukunft, in der sie ohne Versteckspielen beisammen sein können. Wenige Wochen später notiert sie in ihr Tagebuch: »Eine glorreiche Nacht! Werfel war bei mir. Wir waren aneinandergeschmiegt und fühlten innigste Innigkeit unserer sich liebenden Seelen. Es ist eine große Auflösung meines Lebens.«

Gleichzeitig empfindet sie es als eine »innere Wahrheit«, dass die Liebe zu Werfel ihre früheren amourösen Bindungen nicht ausschließen muss: »Alles ist gleichzeitig. Ich kann keinen verneinen. Gustav Mahler, Oskar Kokoschka, Gropius ... alles war und ist wahr!« Sogar über ihre Jugendliebe Gustav Klimt hatte sie anlässlich seines Todes geschrieben: »Wie hatte ich ihn einst verstanden! Und ich habe nie aufgehört, ihn zu lieben – allerdings in sehr verwandelter Form.« Jeder geliebte Mann hat Spuren und Erinnerungen hinterlassen. Sie will, sie kann keinen verleugnen, keinen hergeben. Anders als im alten Wien, der Hauptstadt der österreichisch-ungarischen Monarchie, in der es die Fassade weiblicher Wohlanständigkeit aufrechtzuerhalten galt, führt ein solcher amouröser Schwebezustand am Ende des Krieges nicht mehr zur gesellschaftlichen Ächtung. »Die Ehe, die vom Staat sanktionierte Tyrannei, ist mir suspekt, und ich wähle, ihr ausweichend, die freie Bindung«, schreibt Mahler-Gropius. Es ist eine kleine sexuelle Revolution.

Die Wiener Revolution, die am 12. November 1918, wenige Tage nach den Berliner Unruhen, ausbricht, erlebt Alma Mahler-Gropius in ihrem roten Musiksalon. Die »sogenannte ›Revolution‹« erscheint ihr »drollig und schaurig zugleich. Den Zug der Proletarier zum Parlament hatten wir mit angesehen. Üble Gestalten ... rote Fahnen ... häßliches Wetter ... Regenmatsch, alles grau und grau. Dann die angeblichen Schüsse aus dem Parlament. Sturm! Dieselbe vorher wohlgeordnete fade Menschenreihe stürmte jetzt schreiend und würdelos zurück. Irgendwelche Leute waren bei mir. Wir holten meine Pistolen hervor.« Bereits am Vortag hat der österreichische Kaiser Karl I. auf die Ausübung der Regierungsgeschäfte verzichtet und in der Nacht Wien verlassen. Nach dem Deutschen ist somit auch das Habsburgerreich am Ende.

Am 13. November steht Franz Werfel vor Almas Wohnungstür. Er trägt Uniform und bittet um ihren Segen, sich den Demonstrierenden anschließen zu dürfen. Doch für sie ist es eine »falsche Revolution«; sie ist mit »ihrem Herzen dagegen«. Werfel fleht sie so lange an, bis sie schließlich seinen Kopf zwischen die Hände nimmt, ihn küsst und entlässt wie einen unbelehrbaren Jungen. Als der Dichter tief in der Nacht zurückkommt, ist er in grässlichem Zustand: »Seine Augen schwammen in Rot, sein Gesicht war gedunsen und starrte vor Schmutz, seine Hände, seine Montur … alles war zerstört. Er roch nach Fusel und Tabak.« Stolz berichtet der Dichter, dass er am Ring auf einer Bank stehend zum Volk gesprochen, dass er zum Sturm auf die Banken aufgerufen und gemeinsam mit Künstlerfreunden die »Rote Garde« gegründet habe. Alma ist streng und tadelt ihn: »Wenn du etwas Schönes geschaffen hättest, dann wärest du jetzt schön.« Dann schickt sie den verdreckten, stinkenden Revoluzzer zu einem Freund zum Schlafen. So kommt er ihr nicht ins Haus.

Die Polizei ist auf Werfels Umtriebe aufmerksam geworden. Am Ende ist es ausgerechnet Walter Gropius, der sich auf den Weg macht, um Werfel vor den Spitzeln zu warnen. So kann der Dichter untertauchen, bis sich die Lage beruhigt hat. Nicht einen Moment denkt Gropius daran, die Gunst der Stunde zu nutzen und der Polizei die Erledigung des Rivalen zu überlassen. Er tut es wohl nicht nur aus Anstand, sondern auch für Alma, die in der Aussicht, dass ihr Geliebter, sein Ruf, sein Ruhm in Gefahr sind, einem Nervenzusammenbruch nahe ist.

Anders als ihre Männer hat Alma Mahler-Gropius die Revolution von Anfang an gehasst und kann sich auch später nicht mit dem »roten Wien« anfreunden. Sosehr ihr Privatleben von den Freiheiten einer neuen Zeit profitiert, so tief trauert sie der Belle Époque nach. Noch Monate später schreibt sie, dass sie sich den Kaiser zurückwünsche und sogar »die teuersten, furchtbarsten Erzherzöge, die das Land soutenieren müßte«. Sie wolle »nur wieder Pracht von oben her und ein Kuschen, ein unlautes Kuschen des Sklaven-Unterbaus der Menschheit. Das Geschrei der Massen ist eine Höllenmusik.«

Nguyen Tat Thanhs Zimmer in Paris ist so winzig, dass kaum ein schmales Eisenbett, ein Tisch und ein Stuhl hineinpassen. Der Tellerwäscher ist von London in die französische Hauptstadt übergesiedelt. Er lebt in einem billigen Hotel in einem Arbeiterviertel im Osten der Stadt. Früh am Morgen kocht er sich eine Schale Reis mit Fisch, von der er die Hälfte isst und die andere für den Abend aufhebt. Da es Winter ist, achtet er darauf, jeden Morgen vor der Arbeit einen Ziegelstein ins Herdfeuer der Hotelküche zu legen. Wenn er abends zurückkommt, holt er den Stein aus der Glut, wickelt ihn in Zeitungspapier und legt ihn unter seine Bettdecke, um nachts nicht zu frieren. Nguyen lebt von Gelegenheitsjobs. Nach der Arbeit geht er in eine städtische Bibliothek, um zu lesen und sein Französisch zu verbessern; vor allem Émile Zola und Anatole France begeistern ihn. Wenn er abends nicht zu müde ist, besucht er politische Vorträge.

Seit seiner Ankunft in Paris hat Nguyen die Franzosen von einer neuen Seite kennengelernt. In seiner Heimat Indochina waren sie ausschließlich als Herrenvolk aufgetreten, das die Einheimischen mit der Behauptung, ihnen die westliche Zivilisation zu bringen, gewaltsam unterdrückte und ausbeutete. Auf seinen langen Schiffsreisen quer durch die ganze Welt hatte er gesehen, dass dies nicht nur das Schicksal seiner Landsleute war. Mit Schrecken erinnerte er sich an eine Szene im Hafen von Dakar im afrikanischen Senegal. Ein Sturm verhinderte damals, dass das Schiff, auf dem er angeheuert hatte, die Hafeneinfahrt passieren konnte. Die Wellen schlugen so hoch, dass noch nicht einmal ein Beiboot zu Wasser gelassen werden konnte. Um Verbindung mit dem Schiff aufnehmen zu können, befahl die Hafenaufsicht einem Afrikaner, hinüberzuschwimmen. Wissend, dass er den Befehl nicht verweigern durfte, sprang der Unglückliche von der Kaimauer ins Hafenbecken. Während der ersten Züge gelang es dem Schwimmer noch, sich über Wasser zu halten. Doch sobald er den Schutz des Hafens verlassen hatte, warfen sich die Wogen mit solcher Gewalt auf ihn, dass er das Bewusstsein verlor und ertrank. Nach ihm wurden ein zweiter, ein dritter und sogar ein vierter Schwimmer losgeschickt. Doch keiner von ihnen erreichte das Schiff, und keiner von ihnen überlebte. Diese Szene, die Nguyen an ähnliche Erlebnisse aus seiner Jugend erinnerte, grub sich tief in sein Gedächtnis ein.

Im Mutterland des Empire nun stellte er fest, dass es nicht nur reiche und mächtige Franzosen gab. Schon bei seiner allerersten Landung auf französischem Boden, im Hafen von Marseille, waren ihm die Prostituierten aufgefallen, die zu den Seeleuten aufs Schiff kamen. »Warum«, so fragte er die anderen Matrosen befremdet, »zivilisieren die Franzosen nicht zuerst ihre Landsleute, bevor sie es mit uns versuchen?« Später, in Paris, stellte Nguyen fest, dass ganze Viertel der prächtigen Stadt heruntergekommen waren und die Menschen dort in Armut lebten. Gleichzeitig faszinierte ihn, dass die Ungleichheit zwischen Reich und Arm hier in Frankreich nicht einfach eine Tatsache, sondern ein politisches Thema war. Immer häufiger sah man ihn bei den politischen Versammlungen der Sozialisten. Anfangs war er nur Zuhörer, später ging er selber zum Rednerpult, sprach in ruhigen, gesetzten Worten. Stets wusste er das Thema der Versammlung aufzugreifen und auf die Situation in den Kolonien, in Indochina anzuwenden. Weil er in der Regel der einzige Redner war, der nicht aus Frankreich stammte, schenkte man ihm Gehör. Im Großen und Ganzen, so sein Eindruck, waren die Franzosen in ihrem Heimatland freundlicher als in der Kolonie Indochina. Vielleicht liegt es auch daran, dass Nguyen ihnen immer ähnlicher wird und dass er immer höflich, immer zurückhaltend auftritt. Er ist ein Gast, ein Fremder in Frankreich und will ernst genommen werden, will seriös, nicht wie ein Revoluzzer wirken. Nur so kann er seinen Traum von einem unabhängigen Vietnam voranbringen.

Ihm wurde aber auch schmerzlich bewusst, dass das Interesse der französischen Sozialisten an den Zuständen in den Kolonien begrenzt war. Eine der wenigen linken Zeitungen, die überhaupt über Indochina berichteten, war *Le Peuple*. Deren Zentrale befand sich in Brüssel, doch seit dem Ende des Ersten Weltkriegs unterhielt das Blatt in Frankreich Tochterredaktionen. Das Pariser Büro leitete der Sozialist Jean Longuet, ein Enkel von Karl Marx, der sogar einen Sitz in der Nationalversammlung innehatte.

Bei ihm spricht Nguyen schließlich vor und ist überrascht, wie freundlich ihn der Politiker empfängt. Er nennt ihn »lieber Kamerad« und fordert ihn sogar auf, Beiträge über Indochina für *Le Peuple* zu schreiben. Nguyen ist begeistert, doch ihm ist auch bewusst, dass sein Französisch noch nicht einmal für das Verfassen einer kurzen Meldung ausreichen würde. Aber die Chance will er auf keinen Fall verstreichen lassen. So bittet er einen Landsmann, der die französische Sprache weitaus besser beherrscht als er, nach seinen Ideen kleine Artikel zu verfassen. Der ist dazu bereit, weigert sich allerdings, die Texte unter seinem Namen zu veröffentlichen. So unterzeichnet sie Nguyen mit dem Pseudonym »Nguyen Ai Quoc«, was übersetzt »Nguyen der Patriot« heißt. Erst nach und nach wagt sich Nguyen, der mit den Texten seines Ghostwriters nicht immer zufrieden ist, an eigene Artikel. Anfangs sind es nur wenige Zeilen, die vom Herausgeber gründlich korrigiert werden müssen. Aber Nguyen vergleicht den abgegebenen Text mit dem Gedruckten in der Zeitung und lernt aus seinen Fehlern, so dass seine Artikel besser und zusehends länger werden.

Weiter geht Marina Yurlowas Fahrt mit der Transsibirischen Eisenbahn in Richtung Osten. Inzwischen ist die Landschaft unter einer hohen Schneedecke verschwunden. Vor dem Abteilfenster ist nur noch Weiß zu sehen, so allgegenwärtig, dass es den Zug zu erdrücken scheint. Mitten in dieser unendlich scheinenden Fläche quietschen die Bremsen, die Lokomotive verliert an Fahrt und kommt schließlich im Nirgendwo zum Stehen. Als die Offiziere bei den Lokführern fragen, was der Grund für den ungeplanten Halt ist, bekommen sie eine beunruhigende Antwort. Die Stadt Irkutsk, nächste größere Station auf der Reise, ist in die Hände der Bolschewiki gefallen. Die Lokführer weigern sich, die Fahrt fortzusetzen. Auch zurückzufahren ist unmöglich, weil das bereits hinter ihnen liegende Tomsk ebenfalls nicht mehr sicher sein soll. Der Zug steht still, ein schwarzer Wurm in der weißen Weite.

Die tschechoslowakischen Soldaten errichten ein Biwak neben der erkaltenden Lokomotive: ein paar Zelte und große Feuer im Schnee, an denen sich auch einige der mitreisenden russischen Adelsfräulein wärmen. Was tun? Warten, bis die Bolschewiki in einem der folgenden Züge nachkommen und sie alle töten? Am Ende des Tages reißt einem der Offiziere der Geduldsfaden: Er will sich als Bauer verkleiden und so ungeschoren das besetzte Irkutsk durchqueren. Die Mandschurei, die östlich der Stadt liegt, soll noch unbesetzt sein. Der Plan findet viele Befürworter, die entscheidende Frage ist jedoch, wie man mitten im sibirischen Winter bis nach Irkutsk kommen will, das noch viele hundert Kilometer entfernt liegt.

Doch beim Auskundschaften der Gegend sind ausgesandte Soldaten auf ein mongolisches Dorf gestoßen. In zähen Verhandlungen mit den Bewohnern haben sie ihnen den Plan erläutert und einen Preis ausgemacht: für Winterkleidung und für eine Führung über einen Reiterpfad nach Irkutsk. Fast hundert Reisende wollen sich dem Unternehmen anschließen. Sie geben aus ihren Reisekassen, um die mongolischen Führer zu bezahlen. Wenig später stapfen tschechische Soldaten und russische Reisende in einer langen Reihe durch die weiße Ebene. Die mongolischen Männer reiten auf Pferden voran, die so klein sind, dass die Füße der Reiter fast den Boden berühren. Ihre faltigen Gesichter verraten mit keiner Miene, was sie über die Eindringlinge denken, die sich in ihr Land verirrt haben, oder über ihre Absichten. Den Pfad kennen sie im Schlaf, obwohl er an vielen Stellen unter dem Schnee verweht ist. Sie wissen auch, wo in seiner Nähe kleine Siedlungen versteckt sind, in denen man rasten kann.

Endlos scheint Marina das Marschieren durch eisige, einförmige Landschaft. Nach einigen Tagen erreicht die Expedition ein entvölkertes russisches Dorf. Zweihundert tote Körper liegen dort schwarzgefroren im Schnee. Das Bild verfolgt Marina bis in ihre Träume.

Nach Tagen zerreißt plötzlich das nahe Pfeifen einer Lokomotive die Stille. Von einer Sekunde auf die nächste sind die mongolischen Führer verschwunden, als hätte sie der Erdboden verschluckt. Die Gruppe schickt Kundschafter aus, die einige Stunden später mit guten Neuigkeiten zurückkommen: Irkutsk ist nur noch dreißig Meilen entfernt, und es gibt ein russisches Dorf nur wenige Stunden Fußmarsch entfernt. Doch die beste Nachricht ist, dass tschechoslowakische Einheiten Irkutsk inzwischen zurückerobert haben. Bald kann Marina die Türme der Stadt aus der Ferne sehen. Die Ankunft in Irkutsk fühlt sich wie eine Rettung an, obwohl es wieder nur eine Station ist, obwohl ihre Glieder unerträglich schmerzen, als sich in ihnen nach Tagen grimmiger Kälte wieder Wärme auszubreiten beginnt.

In ihrem wohlig vom Kamin beheizten Häuschen in Richmond arbeitet Virginia Woolf mit großer Konzentration am Manuskript ihres Romans *Night and Day*. Weil Leonard ihre Arbeitszeiten strikt geregelt hat, bleibt ihr Muße für Zeitungslektüren, die das Weltgeschehen nach Richmond tragen. Am 9. November, angesichts der Meldungen über Unruhen in den deutschen Hafenstädten, aber noch im Unwissen über das Ende des Deutschen Reichs, notiert Virginia Woolf in ihr Tagebuch, dass der deutsche Kaiser »immer noch eine Art Phantomkrone« trage. »Sonst gäbe es eine Revolution &, könnte man denken, eine Art partielles Erwachen seitens der Bevölkerung gegenüber der ganzen Angelegenheit. Angenommen, auch wir würden aufwachen?«

Keineswegs kommt der Schriftstellerin der Gedanke abwegig vor, dass auch das siegreiche England unruhige Zeiten vor sich haben könnte. Mit seismographischer Genauigkeit registriert sie die kleinen Veränderungen, die der Moment, als Krieg in Frieden übergeht, für Richmond und ihr unmittelbares Umfeld mit sich bringt. So schildert sie einen Zwischenfall in der Shaftsbury Avenue, dessen Zeuge sie geworden ist. Da hat ein einfacher Soldat einem Offizier auf offener Straße gedroht, ihm eine Kugel durch den Kopf zu jagen. Solche Szenen, davon ist Virginia Woolf überzeugt, kündigen Wandel an. Auch die betrunkenen Soldaten und die Menschenmengen in den Straßen stehen dafür, dass etwas in Bewegung gekommen ist. Doch in welche Richtung? »Der Friede«, schreibt sie, »löst sich rapide in Luft auf, im Licht des Alltags.« Viel schneller als erwartet verschieben sich für die Richmonder die Schwerpunkte: »Anstatt daß man den ganzen Tag lang & beim Nachhausegehen durch die dunklen Straßen spürt, daß das ganze Volk, ob es will oder nicht, auf einen einzigen Punkt konzentriert ist, fühlt man jetzt, daß der ganze Haufen auseinandergesprengt & mit einem gewaltigen Schwung in verschiedene Richtungen auseinandergeflogen ist. Wir sind einmal mehr eine Nation von Individuen. Manche Leute mögen Fußball; andere Pferderennen; andere das Tanzen, wieder andere, naja, sie rennen alle sehr vergnügt durcheinander, legen ihre Uniformen ab & nehmen ihre Privatangelegenheiten wieder auf.« Wird das Verschwinden des Krieges und des gemeinsamen Feindes die inneren Spannungen in der englischen Gesellschaft wieder stärker zum Tragen bringen? Der Schriftstellerin fällt es schwer, klare Antworten auf diese Fragen zu formulieren. Der Friede sei »wie ein Stein in meinen Tümpel gefallen, & die Wirbel schwirren noch aus bis ans ferne Ufer«.

Night and Day, das Anfang des Jahres 1919 erscheint,

ist ein Zeugnis der Fragen, die der Krieg in Virginia Woolf aufgeworfen hat. Der Roman beschreibt anhand von fünf Personen, die sich in komplexen Formationen umeinander bewegen, die Enge der englischen Gesellschaft vor dem Krieg und das Gefangensein insbesondere der Frauen in einem Netz aus Konventionen, Regeln und ehelicher Unterwerfung. War diese unerträgliche gesellschaftliche Enge Ursache für den Krieg? Welche »Freiheit« hat Großbritannien im Krieg eigentlich verteidigt? Ist es diese Gesellschaft wirklich wert gewesen, dass so viel für sie gestorben wurde?

In Gesprächen hört Virigina Woolf die verschiedensten Meinungen darüber, was das Kriegsende für die Politik in Großbritannien bedeutet. Einige ihrer Freunde, wie etwa der Maler Roger Frys, sind überzeugt, dass sich England am »Rande der Revolution« befinde. »Die unteren Klassen sind verbittert, ungeduldig, mächtig, & natürlich mangelt es ihnen an Vernunft. (...) Die undurchdringliche Mauer des Konservativen der Mittelklasse war niemals unerschütterlicher, Dynamit könnte sie zu Staub zersprengen.«

In den Novembertagen des Jahres 1918 befindet sich Terence MacSwiney mit anderen verhafteten Sinn-Feín-Kämpfern in einem schmutzstarrenden Laderaum unter Deck eines Schiffes. Es ist aus dem Hafen des irischen Dublin ausgelaufen, um zum englischen Festland überzusetzen. Sobald das Schiff den Hafen verlässt, macht sich der heftige Seegang unangenehm bemerkbar. Die meisten der Männer werden sofort seekrank und hängen elend auf ihren Plätzen. Terence MacSwiney findet eine kleine Luke, die sich öffnen lässt. Er stellt sich so vor die Öffnung, dass er frische Seeluft atmen kann und ihm die Gischt der Wellen ins Gesicht spritzt. Ihn kümmert es nicht, dass er dabei nass wird. Wer weiß, wann er wieder frische Luft atmen kann?

MacSwiney kennt das Ziel seiner Reise, den imposanten Backsteinbau des Lincoln Prison im Osten Englands, der wie eine mittelalterliche Ritterburg aussieht, von früheren Aufenthalten. Er ist inzwischen mit vielen Gefängnissen in Irland und England vertraut. Kurz vor Beginn des Weltkriegs hatte er sich in der geheimen Freiwilligenarmee seiner südirischen Heimatstadt Cork eingeschrieben, deren Ziel es war, Irland in die Unabhängigkeit zu führen. Er glaubte daran, dass eine kleine Avantgarde von Kämpfern, die bereit waren, ihr Leben zu opfern, das ganze irische Volk zu einem Aufstand würde mitreißen können. Seitdem arbeitete er, der schon in Zeitungsartikeln, Gedichten und Büchern für die Unabhängigkeit gestritten hatte, im Untergrund. Er bereitete Männer, Uniformen, Waffen und Geld vor, um für den Tag gerüstet zu sein, an dem die Zeit für den alles entscheidenden Aufstand reif sein würde.

Die britische Polizei war dem irischen Revolutionär seit langem auf den Fersen. Auch wenn man ihm bislang keine schwereren Straftaten nachweisen konnte, landete er doch immer wieder vor Gericht und im Gefängnis. Die Tatsache, dass es in MacSwineys Heimatstadt Cork beim irischen Osteraufstand im April 1916 ruhig geblieben war – was MacSwiney sich bis zu seinem Lebensende als Versagen anrechnete –, änderte daran wenig. Seine Ehefrau Muriel, die aus einer reichen Corker Familie stammte, sah MacSwiney nur selten. Zu gefährlich war es für ihn, sich lange Zeit an einem Ort aufzuhalten. Wenn er im Gefängnis saß, wusste Muriel wenigstens, wo er war, und die beiden schrieben sich zärtliche Liebesbriefe. Als im Juni 1918 die erste Tochter, Máire, geboren wurde, musste Muriel das Baby in den Besucherraum der Anstalt bringen, damit der Vater es auf den Arm nehmen konnte. In ihren Briefen versicherten sich die Eheleute gegenseitig, dass die irische Sache immer wichtiger sein müsse als ihr privates Glück. So schrieb MacSwiney: »Kein Mann darf fürchten, dass die, die er liebt, im Feuer geprüft werden, aber er soll ihnen, je nach seiner Stärke, zeigen wie man die Prüfung übersteht, und wie man in die Größe der Wahrheit vertraut.«

Im Lincoln Prison angekommen, beginnt für MacSwiney wieder der nur allzu vertraute, gleichförmige Gefängnisalltag. Allein die spärlichen Neuigkeiten aus der Heimat bringen die Aufregung der irischen Revolution in seine Zelle. So erfährt Terence MacSwiney noch vor Weihnachten, dass seine Landsleute ihn – trotz oder wegen seiner Internierung – als Repräsentanten Irlands in das britische Parlament gewählt haben. Die Unabhängigkeitspartei Sinn Feín, für die auch MacSwiney kandidiert hat, kann bei den britischen Unterhauswahlen am 14. Dezember 1918 einen erdrutschartigen Wahlsieg gegen die gemäßigte Irish Parliamentary Party und ihre Feinde, die Unionisten, erzielen. Doch anstatt in das britische Parlament in Westminster einzuziehen, entscheiden sich die Vertreter von Sinn Feín für einen radikaleren Weg: Sie erklären ohne weitere Konsultationen Irland für unabhängig und gründen ein eigenes irisches Parlament, den Dáil Éireann. Als der Dáil am 21. Januar 1919 seine erste Sitzung abhält und eine irische Verfassung verabschiedet, erfährt MacSwiney davon nur durch Mund-zu-Mund-Propaganda. Was hätte er darum gegeben, den ihm zustehenden Platz unter den Abgeordneten einzunehmen!

An exakt demselben Tag, auch davon hört MacSwiney im Gefängnis und liest später darüber in den Zeitungen, lauern seine Mitstreiter Séan Treacy und Dan Breen mit sieben anderen Unabhängigkeitskämpfern hinter einer Böschung an der Straße zum Steinbruch von Soloheadbeg, nicht weit vom irischen Örtchen Tipperary. Dorthin ist ein von Polizisten bewachter Transport mit Sprengstoff unterwegs, auf den es die Iren abgesehen haben. Doch mehr als das Material interessiert sie der Krieg: Der Überfall auf den Transport soll vor allem das Signal für die Wiederaufnahme des bewaffneten Kampfes gegen die britische Vorherrschaft sein. Mehrere Tage haben sie schon mit quälendem Warten verbracht, als der Späher endlich den Transport in der Ferne erkennen kann. Jeder begibt sich auf seinen Posten und versucht, seine Nervosität unter Kontrolle zu halten. Auf der Kutsche, die immer näher kommt, sitzen Polizisten, die für ihren Einsatz sorgfältig ausgebildet wurden. Die irischen Unabhängigkeitskämpfer hingegen haben kaum Erfahrung in der Handhabung ihrer Waffen. Sie konnten das Schießen nicht üben, so knapp sind sie mit Munition und so besorgt, sich durch das laute Knallen zu verraten.

Als die Kutsche heranrollt, schreien die Männer den Bewachern zu, dass sie sich ergeben sollen. Doch die Polizisten denken nicht daran. Sie ducken sich hinter den Kutschbock, laden ihre Gewehre durch und richten sie drohend auf die versteckten Angreifer. Einen Moment lang herrscht gespannte Stille; Mündung ist gegen Mündung gerichtet. Dann feuern neun Revolver aus der Deckung der Böschung, und die zwei Polizisten fallen tot zu Boden. Der Lärm alarmiert die Bewohner der Gegend. In wenigen Augenblicken würde sich eine Menge am Tatort versammeln, bald darauf würden Hunderte Polizisten eintreffen. Hastig springen die Attentäter auf die Kutsche, treiben das alte Pferd zu größter Geschwindigkeit an. Auf der Ladefläche hinter ihnen wird der Sprengstoff hin und her geworfen, von dem sie gehört haben, er könne bei heftiger Erschütterung von allein detonieren. Schließlich erreichen sie die Stelle, wo bereits ein Erdloch vorbereitet ist, um die Beute zu verstecken. Dann verschwinden sie, geschützt vom dichten Schneegestöber, das inzwischen eingesetzt hat.

Zur etwa gleichen Zeit erholt sich Mohandas Karamchand Gandhi im indischen Matheran von einer Ruhrerkrankung, die so heftig gewesen war, dass er sich schon an der Schwelle zum Tod befunden hatte. Der Arzt Dr. Dalal verspricht, ihn wieder ganz gesund zu machen, allerdings nur, wenn er bereit ist, eines seiner Gelübde, den Verzicht auf Milch, zu brechen. Nach wie vor ist Gandhi so schwach, dass ihn »die bloße Vorstellung des Essens mit Furcht« erfüllt und ihm jede Notdurft qualvolle Schmerzen bereitet. Dennoch stürzt ihn die Entscheidung, gegen seine Prinzipien zu verstoßen, in Gewissensqualen. Erst nach langem Überlegen obsiegen der Überlebensinstinkt und der Wille, den begonnenen Weg zur indischen Unabhängigkeit fortzusetzen. Kuh- und Büffelmilch kommen für den Mahatma auf keinen Fall in Frage, doch er lässt sich Ziegenmilch bringen.

Während seine Lebenskräfte langsam zurückkehren, sieht sich Gandhi mit einer alarmierenden politischen Nachricht konfrontiert. Mit dem Kriegsende sind die Notstandsgesetze obsolet geworden, mit deren Hilfe die britische Kolonialmacht die wachsende indische Unabhängigkeitsbewegung während des Krieges unter Kontrolle halten konnte. Um dies zu kompensieren, ist eine Kommission unter dem Richter Sir Sydney Rowlatt gegründet worden. Sie hat ein Gesetzespaket ausgearbeitet, dessen wichtigstes Ziel es ist, der britischen Obrigkeit eine Handhabe gegen öffentliche Unruhen zu geben. Gandhi hatte begonnen, den Widerstand gegen dieses Gesetz zu organisieren, sobald er davon erfuhr. »Letzte Nacht kam mir in einem Traum der Einfall, wir sollten das ganze Land zu einem allgemeinen Hartal aufrufen.« Alle Leute in Indien mögen »an diesem Tag ihre Arbeit einstellen und ihn als einen Tag des Fastens und Betens begehen.« Wenn ihm die Inder tatsächlich folgen würden, wäre dies eine eindrucksvolle Demonstration seiner Strategie des passiven Widerstands und würde die Umsetzung des Gesetzes vielleicht verhindern oder zumindest abmildern. Voller Erwartung nimmt Gandhi Kontakt zu Mitstreitern im ganzen Land auf.

Nach Matrosenaufstand und Waffenstillstand verfallen die Schiffsbesatzungen in Wilhelmshaven wieder in geschäftiges Treiben. Richard Stumpf fühlt sich an 1914 erinnert; der gleiche beflissene Eifer. Nur dass die Hafenkräne die Munition diesmal nicht auf die Schiffe heben, sondern abladen, bevor sie in den klammen Kohlenstaub der Lagerräume gelegt wird. Es sind die gleichen Geschosse, auf die die Seesoldaten noch vor kurzem sarkastische Grüße an die Engländer geschrieben hatten. Stattdessen bereitet man nun, so steht es im Waffenstillstandsvertrag, die Auslieferung der Kriegsflotte an die Engländer vor.

Es könnte ein guter Tag sein, an dem Deutschland sich von diesen Maschinen der Zerstörung trennt. Aber Richard Stumpf empfindet es wie die Vorbereitungen zu einer Beerdigung. Denn die Übergabe ist ja nicht der Beginn eines allgemeinen Abrüstens, das der Welt eines Tages ewigen Frieden bringen könnte. Sie ist Ausdruck des Verrats, als den Stumpf die Waffenstillstandsbedingungen betrachtet. Er ist sicher, dass die Schmach dieses Moments noch in Jahrhunderten auf Deutschland lasten wird. Eines Tages könnten die deutschen Kriegsschiffe, die nun in die Hände der Engländer übergehen, ihre Kanonenrohre gar gegen Deutschland richten.

Das Leben an Bord hat sich von Grund auf geändert. Die Disziplin ist locker, und dem neuen Soldatenrat gelingt es nicht, Ruhe und Ordnung aufrechtzuerhalten. Diebstähle und Schlägereien sind an der Tagesordnung. Wenigstens gibt es jetzt ausreichend zu essen für die Mannschaften und sogar dreimal in der Woche Punsch. All die guten Dinge kommen aus der Offiziersmesse. Dort findet sich sogar noch genug Whisky für ein ordentliches Besäufnis, mit dem die Abgeordneten des Soldatenrats ihren Sieg feiern. Laut prahlend und singend laufen sie über Deck. Wie hatte doch ein Sprecher am zweiten Tag der Revolution ausgerufen: »Wir haben rebelliert, weil man uns wie Kinder behandelt hat!« Richtig, denkt Stumpf, sie benehmen sich wie Kinder.

So lange hat Stumpf sich auf seine Entlassung aus dem Militärdienst gefreut. Jetzt steht sie unmittelbar bevor, und er empfindet keine Regung. Es wird keine Musik geben, keine Blumen, keine Ehrbezeugungen. Stattdessen wird die gewaltige Anstrengung des Krieges, für den Stumpf sein Leben riskiert hat, zu Ende gehen mit der Schande der Niederlage, der Katastrophe der verschenkten Flotte, der Schmach eines ungerechten Waffenstillstands, der Schwäche eines neuen Regimes und vor allem dem quälenden Gedanken, selbst im entscheidenden Moment zu diesem Ausgang beigetragen zu haben.

Am 18. November 1918 sieht Stumpf das Schlachtschiff *Friedrich der Große* von Wilhelmshaven auf seine letzte Reise unter deutschem Kommando gehen. Es wird begleitet von der *König Albert* und später gefolgt von den übrigen Schiffen der deutschen Flotte. Danach sollen die U-Boote abfahren. Die Besatzungen stehen auf der Kaimauer, die Seesäcke in der Hand, und sehen die schwimmenden Festungen am Horizont verschwinden.

Gut, dass Wilhelm, einstiger Kronprinz von Preußen, nicht zusehen muss, wie die Kaiserliche Flotte, der ganze Stolz seines Vaters und des Reichs, entwaffnet in Richtung England fährt – ausgerechnet nach England! In Maastricht wird Wilhelm mit seinen Begleitern in einem Saal der Präfektur untergebracht. Auf dem Platz vor dem Gebäude steht eine wütende, schreiende Menge. Stunden vergehen, die Zeiger der Kaminuhr scheinen stillzustehen. Einer seiner Begleiter windet sich stöhnend mit Magenkrämpfen auf einem mit rotem Samt bezogenen Sofa. Wilhelms Gedanken kreisen um die letzten Tage und Stunden, um Erinnerungen an den Krieg und an Cäcilie, an die Kinder, die in Potsdam im Neuen Palais zurückgeblieben sind. So nah an der marodierenden Hauptstadt.

Es dauert noch fast zwei Wochen, bis endlich über das Schicksal des Kronprinzen entschieden ist. Die neue deutsche Regierung hat seine Auslieferung beantragt; von anderer Seite wird gefordert, dass er interniert werden soll. In komplizierten Verhandlungen kommt die internationale Diplomatie schließlich zu dem Ergebnis, dass der Mann, der eine Projektionsfläche für alle diejenigen darstellt, die Hoffnungen auf eine Rückkehr der Monarchie hegen, auf einer Insel in der Zuidersee untergebracht werden soll. Im Hafen von Enkhuisen empfangen Wilhelm Kamerablitze, Reporter und Beschimpfungen. Die Holländer zeigen dem Kronprinzen, was er ihrer Meinung nach verdient, indem sie die flache Hand vor dem Hals ruckartig von links nach rechts bewegen.

Über die neblige See geht es zur Insel Wieringen, wo Wilhelm von nun an sein Leben fristen soll. Dort fährt er in einem knarrenden Karren, der muffig nach altem Leder riecht, in das Örtchen Oosterland. Seine neue Residenz besteht nur mehr aus einigen Katen unter düsterem Winterhimmel. Vor dem Pastorenhaus macht der Wagen halt. Dort sieht der einstige Kronprinz die beiden ausgekühlten, spärlich eingerichteten Zimmer, die sein Exil werden sollen.

In Berlin kursiert das Gerücht, dass der Kronprinz ermordet worden sei. Käthe Kollwitz hört es am 12. November 1918, als sie ihre Freundin Constance Harding-Krayl bei der Arbeitssuche begleitet. Im nachrevolutionären Polizeipräsidium am Alexanderplatz lernen die beiden das Labyrinth des neuen Regimes kennen, wo niemand Bescheid weiß, niemand zuständig ist und sie ohne Ergebnis von einem Büro zum anderen geschickt werden. Als sie den Versuch frustriert abbrechen, versperrt ihnen der Wachsoldat am Haupteingang den Weg, weil sie keine Ausweise dabeihaben. Über eine Hintertür müssen sie das Gebäude verlassen. Ihre Beschreibung der Behörde evoziert die untergegangene Welt von Heinrich Manns Roman *Der Untertan*, der wenige Tage später zum ersten Mal in deutscher Sprache erscheint; eine russische Übersetzung ist schon 1915 verlegt worden.

Die Stadtbahn ist völlig überfüllt, als sich Käthe Kollwitz auf den Weg ins Atelier macht, vor allem heimkehrende Soldaten bevölkern jetzt die Bahnhöfe. Käthe Kollwitz hat gehört, dass in den Zügen, die die Soldaten von der Front zurückbringen, regelmäßig Männer zu Tode gequetscht werden. Mitten im Gedränge der S-Bahn steht eine alte Frau mit einer Kiste, in der eine Katze leise miaut. Die habe sich während einer Schießerei verängstigt in ihr Haus geflüchtet, berichtet die Frau. Ihr werde es jetzt auch zu viel. Sie fahre aufs Land und nehme die Katze mit. Die Umstehenden lachen vergnügt.

Kollwitz hat in diesen Tagen unmittelbar nach dem Sturz des alten Regimes die Hoffnung auf einen Sieg des Sozialismus nicht völlig aufgegeben. Aber sie will auch die Realitäten der Stunde nicht ignorieren: Die Art und Weise, wie die kommunistischen Spartakisten auftreten, ist ihr unerträglich. Sie beschließt, sich von ihnen fernzuhalten, auch weil es in der Bevölkerung noch viel zu starke Widerstände gegen eine radikal andere Gesellschaftsordnung gibt. Eine gewaltsame Sozialisierung, gegen den Willen der Mehrheit der Deutschen, wäre in Kollwitz' Augen ein Widerspruch in sich. Sie mahnt sich zur Geduld, setzt auf den demokratischen Weg einer verfassunggebenden Versammlung und hofft auf das »allmähliche Einwachsen in Sozialismus. – Es ist etwas enttäuschend, man glaubte ihn schon fühlen zu können und nun heißt es wieder warten.« Aber werden diejenigen, »die nur zu gewinnen haben bei der Durchführung des Sozialismus«, bereit sein zu warten? Werden sie nicht alles daransetzen, jetzt die Gunst der Stunde zu nutzen?

Die Niederlage der Armee, der sang- und klanglose Abtritt des Kaisers und das Ende des Reiches haben ein Vakuum hinterlassen. Nicht nur in Deutschland sind die Ordnungsmächte, die Staaten und Gesellschaften zusammenhielten, geschwächt oder sogar zusammengebrochen. Revolutionäre Bewegungen verschiedener Couleur nutzen die unerwarteten neuen Spielräume. Es ist plötzlich möglich, Tausende Menschen auf die Straße zu bringen oder von einem Balkon aus ein neues Regime auszurufen. Doch in Deutschland wie an so vielen Orten der Welt stellt sich die Frage, wie die Stabilität der alten Welt wiederhergestellt, wie sie auf neue Fundamente gesetzt werden kann. Das Deutsche Reich und viele der ehemaligen Mitgliedsstaaten Österreich-Ungarns und des Osmanischen Reiches stehen am Rande des Chaos. Es stellt sich als große Herausforderung heraus, aus diesem Zustand neue, anerkannte Zentralgewalten zu schaffen und ihnen durch Staatsapparate, Polizei und Militär tatsächliche Regierungsgewalten an die Hand zu geben.

Matthias Erzberger ist nach seiner Ankunft in Berlin am 13. November zutiefst irritiert: Sein Dienstwagen ist ohne seine Zustimmung mit der roten Fahne beflaggt worden. Er lässt sie durch eine schwarz-rot-goldene ersetzen, die Farben der deutschen Einheitsbewegung des 19. Jahrhunderts. In den Straßen bemerkt er die überaus angespannte Stimmung. Jederzeit ist mit neuen Ausbrüchen von Gewalt zu rechnen, gar mit einem weiteren Umsturz, der die Volksbeauftragten und Ebert durch eine kommunistische Führung ersetzen könnte. Der Kriegsminister des neuen Regimes, Heinrich Schëuch, der ihn abends in Zivil aufsucht, versichert ihm, dass es in Berlin keinerlei Möglichkeit mehr gibt, militärischen Schutz gegen die revolutionären Kräfte zu gewährleisten.

Nach Compiègne war Matthias Erzberger als Bevollmächtigter des Kaisers aufgebrochen, bei seiner Rückkehr nach Berlin am 13. November 1918 empfängt ihn eine Gruppe von fünf Volksbeauftragten, die zur neuen deutschen Regierung unter dem Sozialdemokraten Friedrich Ebert gehören. Erzberger berichtet den neuen Männern von den Verhandlungen und den ersten Schritten zur Umsetzung der Ergebnisse. Mit großer Erleichterung hört er, wie ihm gesagt wird, die neue Regierung erkenne an, dass die von ihm geleitete Delegation »in schwerster Zeit zum Wohle des deutschen Volkes« gearbeitet habe. Die bereits gegründete Waffenstillstandskommission solle die Ausführung des verhandelten Vertrages überwachen. Damit ist Erzbergers Initiative der Segen des neuen Regimes erteilt, das sich, wie seine Vorgänger, ins Unvermeidliche fügen muss. Auch für ihn persönlich ist das Gespräch eine Weichenstellung, denn er verlässt es mit der Gewissheit, dass er, der der Regierung des Kaiserreichs gedient hatte, nun auch dem neuen Regime dienen wird. Das ist für beide Seiten ein nützlicher Kompromiss. Die sozialistische Regierung signalisiert damit eine Öffnung gegenüber den bürgerlichen Kräften. Der

Zentrumspolitiker verhindert das Ende seiner Karriere als Berufspolitiker, kann zu einem Weiterleben seiner Katholikenpartei im neuen Regime beitragen und immerhin hoffen, einem weiteren Linksruck der Regierung entgegenzuwirken. Mit Überzeugung geht Erzberger diesen Schritt freilich nicht. Die Revolution ist für ihn ein fundamentaler Fehler, Folge eines Versagens des alten Reichs und dessen Zusammenbruchs. Der Chef des Gardekorps, der den Soldaten verboten habe, auf die Aufständischen zu schießen, so schimpft Erzberger gegenüber dem Kunstsammler und pazifistischen Publizisten Harry Graf Kessler, gehöre selbst erschossen.

Dennoch macht sich Erzberger pflichtbewusst an seine neue Aufgabe. Sie besteht zuerst darin, über die Umsetzung der in Compiègne ausgehandelten Bestimmungen zu wachen. Daneben versucht er, wenigstens einige tausend verlässliche Soldaten zu finden, um die wichtigsten Regierungsgebäude in Berlin zu bewachen. Das erweist sich als unmöglich, aber der Hass derjenigen, die die Revolution weiterführen wollen, ist ihm angesichts solcher Initiativen gewiss. Schließlich ist er – wie auch der Vorsitzende des Rats der Volksbeauftragten Ebert – davon überzeugt, dass möglichst rasch eine verfassunggebende Nationalversammlung vom deutschen Volk gewählt werden muss. Nur so kann seiner Meinung nach das neue Regime, das bislang ausschließlich auf revolutionären Unruhen, auf den spontan gebildeten Arbeiter- und Soldatenräten und auf einer staatsstreichartigen Erneuerung der Regierung beruht, wirkliche Legitimität erwerben.

Am 20. November 1918 drängt sich Käthe Kollwitz mit Tausenden anderen Berlinern im Wartesaal des Potsdamer Bahnhofs. Der Zug, auf den sie und ihr Mann Karl so sehnsüchtig warten, hat Verspätung. Als er endlich kommt und die heimkehrenden Soldaten aus den sich öffnenden Waggontüren strömen, ist der Bahnsteig abgesperrt. Käthe Kollwitz steigt auf ein Geländer und sucht mit pochendem Herzen die grauen Gesichter der Heimkehrer ab. Endlich entdeckt sie Hans in der Menge. Er erkennt sie auch und winkt. Schließlich fallen sich Mutter und Sohn in die Arme.

Zu Hause ist Hans' Platz am Tisch mit Blumen geschmückt. Zum Essen gibt es Wein. Sie trinken auf seine Rückkehr, auf »Deutschlands Leben und Zukunft«, und sie heben das Glas in Erinnerung an seinen Bruder, an Peter, dessen Platz für immer leer bleiben wird. »Seltsam«, denkt Käthe Kollwitz, »wie das Denken an Peter so wenig schmerzlich ist jetzt. Früher dachte ich, es würde anders sein. Aber es ist nicht so.«

Soll sie die Fahne heraushängen als Gruß an die heimkehrenden Soldaten? Und welche Fahne? Darüber spricht Käthe Kollwitz lange mit ihrem Mann. Schließlich entscheidet sie sich für die schwarz-weiß-rote Flagge des Deutschen Reichs, die »liebe deutsche Fahne«. Doch sie fügt an ihrer Spitze rote Republikwimpel an und einen Tannenkranz als Zeichen der Begrüßung – auch an alle »Nimmerwiederkommenden«. Es geht ja nicht nur ihr so, viele Freunde haben Kinder verloren.

Rudolf Höß, so steht es zumindest in seiner Autobiographie, ist zu dieser Zeit noch auf dem Weg von der Front nach Hause. Auf keinen Fall wollte er in Palästina in britische Kriegsgefangenschaft geraten. So hat er die Männer, die er als Unteroffizier kommandiert, gefragt, ob sie bereit seien, sich unter seiner Führung nach Deutschland durchzuschlagen. Das Korps hat von solchen Alleingängen ausdrücklich abgeraten, doch alle Soldaten, von denen viele deutlich älter sind als er, erklärten sich bereit, ihm zu folgen. Es wird ein abenteuerlicher Zug durch Anatolien, über das Schwarze Meer, über den Balkan bis nach Österreich. »Ohne Karten, nur auf die Schulgeographie vertrauend, Nahrung für Pferd und Mann requirierend«, schlagen sich die Männer bis in die Heimat durch. »Dort hat uns niemand zurückerwartet.« Es ist eine Reise durch eine Welt im Umbruch: stürzende Imperien, sozialistische Revolutionen, Ringen um nationale Unabhängigkeit und antikoloniale Kämpfe, ganz abgesehen von Hunger, Krankheit und Not.

Man spüre eine »fürchterliche Zerrissenheit jetzt!«, notiert Käthe Kollwitz in ihr Tagebuch. In Berlin gibt es täglich Versammlungen, täglich Demonstrationen, täglich Gewalt. Sogar die »Kriegskrüppel« tragen ihre Versehrtheit und ihre Forderungen auf die Straße: »Wir wollen keine Barmherzigkeit, sondern Gerechtigkeit!« Die Linke ist gespalten. Die Alliierten weigern sich, mit einer revolutionären Regierung in Friedensverhandlungen einzutreten oder auch nur Lebensmittel nach Deutschland zu liefern, bevor dort ein demokratisch gewähltes Regime herrscht. Käthe Kollwitz' Herz schlägt für die kommunistischen Gruppen, ohne die weder der Krieg beendet noch der Kaiser vertrieben worden wäre. Wie die radikale Linke wünscht sie sich, dass die Revolution fortschreitet, nicht stehenbleibt. Aber ihr Kopf weiß, dass Deutschland kurz vor dem Zerbrechen steht: »Man wird sie [die Spartakisten] jetzt knebeln müssen, um aus dem Chaos herauszukommen, und es besteht ein gewisses Recht dazu.« Es tut ihr weh, so zu denken und sich gegen diejenigen zu stellen, die sich den Maschinengewehren ausgesetzt haben, um gegen den Krieg, gegen den Hunger zu kämpfen.

Am Heiligen Abend wird in der Berliner Innenstadt mit Gasgranaten und Maschinengewehren geschossen. Es gibt Verwundete und Tote sowohl bei der Armee als auch bei der »Volksmarinedivision«, die sich im Berliner Schloss und im Marstall verschanzt und den Sozialdemokraten Otto Wels als Geisel genommen hat. Noch vor Silvester treten die Kommunisten aus dem Rat der Volksbeauftragten aus. Am 29. Dezember sind die Straßen rund um Unter den Linden mit Menschen überfüllt, als Spartakisten und gemäßigte Sozialisten gleichzeitig demonstrieren. Käthe Kollwitz hat Hans im Gedränge verloren; sie sieht zu, dass sie aus den schiebenden, aggressiven Menschenmassen herauskommt.

An Silvester zieht Käthe Kollwitz vorsichtig Bilanz: Wenigstens ist die Familie wieder vereint, wenigstens sind alle Lieben gesund, die der Krieg verschont hat. Aber »noch ist kein Frieden. Der Frieden wird wohl sehr schlecht werden. Aber es ist kein Krieg mehr. Man kann sagen, dafür haben wir den Bürgerkrieg.«

Mit wachsender Sorge sieht die Bildhauerin, wie der seit November schwärende Konflikt zwischen den verschiedenen Strömungen der Revolution Anfang Januar 1919 eskaliert. »Hier in Berlin wird an allen Ecken und Enden gestreikt«, notiert Käthe Kollwitz in ihr Tagebuch, und später: »Das elektrische Licht versagt. Wasserleitung soll gesperrt werden, weil Wasserwerke streiken. Wir haben die ganze Wanne gefüllt.« Während die städtische Infrastruktur und die Versorgung der Bevölkerung zusammenbrechen, gehen linke Gruppen in die Offensive. Sie wollen die Entstehung einer sozialdemokratisch geprägten Republik um jeden Preis verhindern und stattdessen eine sozialistische Räterepublik gründen.

Am 5. Januar kommt Hans aufgeregt von einer Demonstration zurück, an deren Ende, wie er atemlos berichtet, die Redaktion der sozialistischen Zeitschrift *Vorwärts* besetzt wurde. Das dort gelagerte Agitationsmaterial für die Nationalversammlung ist auf offener Straße verbrannt worden. Offenbar sind auch andere Redaktionen von sozialdemokratischen und liberalen Blättern unter der Kontrolle der Revolutionäre: »Keine Zeitung außer Freiheit und Rote Fahne.« Die sozialdemokratische Regierung kann nur noch mit Extrablättern die Bevölkerung erreichen. Sie ruft die Berliner zu Gegendemonstrationen auf. Käthe Kollwitz und ihr Mann Karl reihen sich am 6. Januar in den Zug der Massen zur Verteidigung der jungen Republik ein. Sie verlieren sich in der Menge. Als Karl später erschöpft nach Hause kommt, bringt er eine weitere schockierende Neuigkeit mit: »Die Regierung hat keine Waffen«, alle seien beschlagnahmt worden. Dennoch sind am Abend Kanonenschüsse zu hören. Wer schießt, wenn die Regierung ohne Waffen ist? Und wo ist Hans?

Der verbliebene Sohn kommt spät nach Hause, erregt, erschöpft, aber unversehrt. Laut denkt er darüber nach, ob er sich nicht den Regierungstruppen anschließen solle. »Ich frage ihn, ob er meint mit der Waffe? Er sagt ja.« Karl geht nachts noch einmal in die Stadt und sieht, dass das Polizeipräsidium umkämpft ist. Am 11. Januar verbreitet sich die Meldung, dass die Redaktion des *Vorwärts* befreit wurde. Käthe Kollwitz geht davon aus, dass dies der Erfolg der Regierungstruppen ist. Bald wird ihr jedoch klar, dass hier andere Kräfte am Werk sind. Den *Vorwärts* befreit die Regierung mit Hilfe des »Freikorps Potsdam«, eines illegalen Verbandes ehemaliger Frontsoldaten, die mit Kriegsmaterial – Flammenwerfern, Mörsern, Maschinengewehren – gegen die Revolutionäre vorgehen. In der Nacht darauf wird auch das Polizeipräsidium zurückerobert. Käthe Kollwitz empfindet die innere Spannung immer stärker: »Ich bin niedergeschlagen, sehr. Trotzdem ich einverstanden damit bin, daß Spartakus zurückgedrängt ist. Aber ich habe das beklommene Gefühl, daß die Truppen nicht umsonst gerufen sind, daß die Reaktion marschiert. Außerdem ist diese rohe Gewaltanwendung, dies Schießen der Genossen – solcher, die es sein sollten – entsetzlich.« In den folgenden Tagen treten die gegenrevolutionären Strömungen immer deutlicher zutage. Bei einer Versammlung im Zirkus Busch wird die schwarz-weiß-rote Reichsfahne enthüllt. Die Männer singen *Heil Dir im Siegerkranz* und *Deutschland, Deutschland über alles*. Über einhundertfünfzig Menschenleben werden die Tage des Spartakusaufstandes kosten.

Am 16. Januar, als es fast so aussieht, als sei die Welle der Gewalt ausgerollt, verbreitet sich eine weitere schockierende Nachricht: Rosa Luxemburg und Karl Liebknecht sind ermordet worden. Für Käthe Kollwitz ist es ein »niederträchtiger empörender Mord«. Sollte etwa die neue Regierung dahinterstecken?

Dass wenige Tage später die Wahlen zur Nationalversammlung stattfinden, gegen die sich der Spartakusaufstand unter anderem gerichtet hat, ist vor diesem Hintergrund nur noch ein schwacher Trost. Auch Käthe Kollwitz kann am 19. Januar wählen gehen, zum ersten Mal in ihrem Leben. Die Republik hat den deutschen Frauen das Wahlrecht gegeben: »Hatte mich so sehr gefreut auf diesen Tag und nun er dran ist, von neuem Unentschlossenheit und halbes Gefühl. Für Mehrheitssozialisten gewählt. (...) Meinem Gefühl nach stehe ich mehr nach links.«

Am 25. Januar wird Liebknecht beerdigt und mit ihm einunddreißig weitere Tote. Käthe Kollwitz soll die Heldenfigur der Linken zeichnen und geht am frühen Morgen zum Leichenschauhaus. »In der Leichenhalle neben den anderen Särgen stand er aufgebahrt. Um die zerschossene Stirn rote Blumen gelegt, das Gesicht stolz, der Mund etwas geöffnet und schmerzhaft verzogen. Ein etwas verwunderter Ausdruck im Gesicht.« Währenddessen sammelt sich in der Stadt ein gewaltiger Demonstrationszug, der sich in Richtung Friedrichshain in Bewegung setzt. Dort marschiert eine unüberschaubare Masse hinter dem Sarg. Käthe Kollwitz sitzt zu Hause und überarbeitet ihre Zeichnungen von Liebknecht, doch Karl und andere Freunde berichten ihr von dem massenhaften Auflauf der Berliner, von Gedränge und Schieben selbst am offenen Grab, von Liebknechts Witwe, die vor Aufregung in Ohnmacht fällt, aber auch von den Freikorpsverbänden, die in der ganzen Stadt die Marschroute überwachen. »Wie kleinlich und falsch sind alle diese Maßnahmen. Wenn Berlin – ein großer Teil Berlins – seine Gefallenen beerdigen will, so ist das keine revolutionäre Angelegenheit. Selbst zwischen den Schlachten gibt es Ruhestunden zum Bestatten der Toten. Es ist unwürdig und aufreizend, Liebknechts Gefolgschaft zum Grabe militärisch zu schikanieren. Und es ist ein Zeichen der Schwäche der Regierung, daß sie das dulden muß.« Kollwitz muss aber auch klar gewesen sein, dass ihr Wunsch, die gemäßigte Republik zu erhalten, ohne das Eingreifen der Freikorps zum Scheitern verurteilt gewesen wäre. So ist sie in gewisser Weise Mitunterzeichnerin jenes Paktes, den die junge deutsche Republik mit dem Teufel schließt.

IV Traumland

»Der Krieg zerstört die alte Welt mit ihrem Inhalt:
die individuelle Vorherrschaft auf jedem Gebiet. (…)
Die neue Kunst hat das, was das neue Zeitbewusstsein
enthält, ans Licht gebracht: ausgeglichenes Verhältnis
des Universellen und des Individuellen. (…)
Tradition, Dogmen und die Vorherrschaft des
Individuellen (des Natürlichen) stehen der
Verwirklichung der neuen Kunst im Wege.

Piet Mondrian, *Manifest I der Zeitschrift De Stijl*, 1918

Marcel Duchamp, *L.H.O.O.Q.*, 1919

Aus der Ferne wirkt das dunstige Weichbild von New York noch wie die Berge seiner Heimat. Alvin C. York steht am 22. Mai 1919 an Deck der *Ohaioan*, und sein Herz klopft wie wild vor Heimweh. Je tiefer das Schiff in die Mündung des Hudson River eindampft, desto klarer zeichnen sich die hoch in den Himmel ragenden Türme von Manhattan vor dem Blau des Himmels ab. Über ein Jahr ist er fort gewesen, hat Hunger und Bomben überlebt und schließlich die grässliche Überfahrt auf dem schaukelnden Kahn. Jetzt, wo der Hafen in Sicht ist, erkennt er mit Gewissheit, dass er das Festland der Heimat nie wieder verlassen möchte. Als das Schiff an Liberty Island vorbeifährt, blickt York der Freiheitsstatue direkt in ihre grünen Augen. »Schau mich an, altes Mädchen«, sagt er in Gedanken zu ihr, »schau mich gut an, denn wenn du mich jemals wiedersehen willst, dann wirst du dich umdrehen müssen.«

Auf dem Kai in Hoboken steht eine Abordnung der Tennessee Society zu seinem Empfang bereit, und eine Horde Pressefotografen rauft sich um einen Blick von ihm, ein Lächeln, eine Siegesgeste. Schon wieder unter Beschuss, denkt sich York grimmig. An die Aufdringlichkeit der Presse hat er sich schon vor seiner Abreise aus Frankreich gewöhnen müssen: General Ferdinand Foch persönlich hat ihn mit dem *Croix de guerre* ausgezeichnet. Danach erhielt

York Sonderurlaub in Paris, wo er wie ein braver Tourist die wichtigsten Sehenswürdigkeiten abklapperte. Er fand die französische Hauptstadt »ganz in Ordnung«. Allerdings kamen ihm die Boulevards unendlich lang und gleichförmig vor, so dass er ständig die Orientierung verlor.

In New York setzt man den ahnungslosen Alvin York aus Tennessee in einen offenen Wagen. Die schwarze Karosse fährt in die von Menschen wimmelnden Straßenschluchten von Manhattan ein. So groß ist der Andrang, dass der Wagen nur im Schritttempo vorankommt und immer wieder stehen bleiben muss. Wo immer York sich zeigt, brandet Jubel auf. Jeder auf der Straße scheint ihn zu kennen. Kusshände und Blumen fliegen ihm zu. Bekommt jeder heimkehrende Soldat einen solchen Empfang?, fragt sich York. Er versteht nicht, wie sehr sich Amerika gerade nach *seiner* Geschichte sehnt, wie dringend das Land gerade einen Soldaten wie ihn braucht, einen, der inmitten des massenhaften, maschinellen, anonymen Tötens persönlich, sozusagen in Handarbeit, eine Heldentat vollbracht hat.

Die Karosse hält vor dem eindrucksvollen Portal des *Waldorf Astoria*. Ein Page reißt den Verschlag auf. York wird durch das luxuriöse Foyer direkt in den Fahrstuhl und von dort in eine Suite mit mehreren Zimmern gebracht. Er solle sich ein wenig ausruhen, sagt man ihm. Im Schlafzimmer findet er ein gewaltiges Doppelbett.

Am Abend holt man ihn zu einem Bankett ab. Es gibt Ansprachen von Militärs und Staatsmännern, deren Namen er sich nicht merken kann. Als das Dinner beginnt, isst York extra langsam. So kann er sich von seinen Nachbarn abgucken, in welcher Reihenfolge das unüberschaubare Sortiment von Gläsern, Tellern und Silberbesteck zu benutzen ist. Der Rummel um seine Person verursacht ihm Schwindel. Er würde gerne an die frische Luft gehen und ein paar Schritte laufen. So hat er sich Kriegsruhm wahrhaftig nicht vorgestellt.

Am nächsten Morgen wacht Alvin York früh auf und schlüpft aus dem Hotel, um ein wenig zu marschieren. Gewohnheiten legt man nicht so schnell ab! Frische Luft und Bewegung tun ihm gut. Doch schon beim Frühstück wird er wieder belagert. Die Herren von der Tennessee Society bitten ihn, ihnen seine Wünsche mitzuteilen. Er könne sich ausdenken, was er wolle, man würde ihm jedes Begehren sofort erfüllen. Alvin York denkt nach, während die Blicke erwartungsvoll auf ihn gerichtet sind. Nach einer Weile kommt ihm ein Gedanke: Er würde gern mit seiner Mutter telefonieren! Sofort stürmt ein Hotelpage los, um die Verbindung herzustellen; doch leider ist in Pall Mall/Tennessee niemand zu erreichen. Aber das sei doch kein richtiger Wunsch, sagen die Herren. Ganz New York liege ihm zu Füßen. Was auch immer er sich vorstelle, sein verrücktester Traum, könne jetzt Wirklichkeit werden. York zermartert sein Gehirn. Schon kommt der leichte Schwindel zurück, doch endlich hat er die rettende Idee: Hier in New York gibt es doch seit einigen Jahren eine der ersten Untergrundbahnen der Welt. Der Gedanke, mit so einem modernen Vehikel in Tunneln unter einer Stadt hindurchzurauschen und aus der Erde aufzutauchen, wo immer es einem gefällt, hat ihn schon lange fasziniert. Die Herren lachen laut; aber es ist nun einmal sein Wunsch. Ein Sonderzug wird für ihn bereitgestellt, und York verbringt den Rest des Tages mit Fahrten unter dem Pflaster Manhattans.

Die nächsten Tage halten noch viel Aufregung für York bereit. In Washington wird er im Weißen Haus und im Kongress empfangen. Zurück in New York, führt man ihn auf das Parkett der Börse in der Wall Street. Ihm ist unbegreiflich, wie man in solchem Gewimmel arbeiten kann.

Schließlich sprechen Männer in teuren Anzügen und mit dicken Zigarren bei ihm vor. Sie bieten ihm an, seine Geschichte ins Kino zu bringen. Sie legen so viel Geld auf den Tisch, dass York die Spucke wegbleibt. Ein Film, das wäre wichtig, sagt York mit trockenem Mund. Ja, es wäre gut, einen Film zu machen, in dem man sieht, was die amerikanischen Jungs drüben geleistet haben. Nein, sagen die Männer mit den Zigarren. Nicht so ein Film, sondern einer, der dem Publikum zeigt, wie York in den Argonnen ganz allein ein deutsches Maschinengewehrnest ausgehoben und 132 Gefangene gemacht hat. Aber darüber will Alvin York keinen Film machen; das will er lieber schnell vergessen. Er will darüber auch keine Zeitungsartikel schreiben, und er möchte keine Tournee über Bühnen in ganz Nordamerika machen. Beim Stichwort »Tournee« fallen York die reisenden Artisten ein, die er einmal in einem Varieté gesehen hat, und er fragt die Männer: »Würde ich nicht komisch in einem Trikot aussehen?« Schließlich reißt ihm der Geduldsfaden. Wenn sie wirklich etwas Tolles für ihn machen wollten, dann sollten sie ihn so schnell wie möglich nach Hause entlassen.

Alvin York scheint einer der wenigen zu sein, denen in diesem ersten Frühling nach dem Krieg noch kein Traum klar vor Augen steht. Die Tagebücher, Briefe und Memoiren, welche die Zeit zwischen dem Februar und dem Juni 1919 dokumentieren, sind dagegen von einer sonderbaren Energie durchzogen. Als hätte die Rückkehr der Wärme und des Lichts nach dem Ende des Winters im Denken, im privaten Leben so vieler, aber auch und vor allem in der Kunst ebenjenes Kometenleuchten entzündet, das Paul Klee in seinem Bild einfängt. Für viele Soldaten ist es die Zeit der Demobilisierung und der Heimkehr, für sie, ebenso wie für die

Zivilisten, ist es die Rückkehr der Hoffnung auf ein geregeltes Leben und eine gesicherte Versorgung. Allem Leiden, allem Umbruch und aller Unsicherheit zum Trotz wagen es viele Menschen in jenem ersten Frühling nach dem Krieg, Alternativen zu denken und Visionen für eine bessere Zukunft zu entwerfen. Sie gestehen sich nach Dunkelheit und tausendfachem Scheitern die helle Illusion des Gelingens zu. Was im Kleinen gilt, gilt auch im Großen: Auf der großen politischen Bühne von Paris werden im Januar 1919 die Verhandlungen über die Friedensverträge begonnen. Staatsmänner aus aller Herren Länder verhandeln über nichts Geringeres als eine neue Weltordnung. Alle Beteiligten ahnen, dass diese Gespräche Monate, vielleicht sogar Jahre dauern können. Der Ausgang ist offen. Wird Europa am Ende erneuert, wird die Welt am Ende eine andere sein?

Seit dem Waffenstillstand war der Strom der heimkehrenden Soldaten in New York nicht abgerissen. Moina Michael sah den Winter über unzählige Schiffe in Hoboken gegenüber von Manhattan am Ufer des Hudson anlegen, die immer neue Ladungen grauer, erschöpfter Männer in die Stadt entließen. An Weihnachten 1918 stand sie stolz inmitten der am Ufer winkenden Menge, als die siegreiche amerikanische Flotte in Formation den Hudson hinauffuhr.

Die Lehrerin aus Georgia arbeitet nach wie vor in den Gebäuden der Columbia University für die YMCA. Immer noch werden junge Männer und Frauen ausgebildet und nach Europa geschickt, um den Rückmarsch der Truppen logistisch zu unterstützen. Je mehr Soldaten sich aber in New York sammeln – sei es bei der Ankunft, sei es in Lagern zur Demobilisierung, sei es in Krankenhäusern –, desto mehr Hände werden auch diesseits des Atlantik gebraucht. Für Moina Michael kommt damit der Krieg, der sich bislang in weiter Ferne abgespielt hat, direkt vor ihre Haustür.

Als Bürgerin des Bundesstaates Georgia und Mitarbeiterin der Georgia Society beginnt sie kurz vor Weihnachten, sich um verstümmelte Soldaten aus ihrem südlichen Heimatstaat zu kümmern. Die Gesellschaft hat Weihnachtspakete für die Invaliden gepackt, die das Fest fern von ihren Lieben feiern müssen. Moina Michael hat fünfundvierzig Pakete in neun Krankenhäusern abzuliefern. Ihr erster Patient heißt Tom Lott. Er ist ein schwarzer Soldat aus Mayswill, Georgia. Sein Bein ist direkt unter der Hüfte amputiert worden, aber er kann auf Krücken zur Tür seines Zimmers humpeln. Moina Michael überreicht das Paket und Blumen und sagt dem Invaliden, wie stolz der Staat Georgia auf ihn sei. Der Mann strahlt, steckt sich die Blumen ans Revers und zeigt sie in der Station herum. Es ist ein glücklicher Moment. Aber als Moina Michael, einen nach dem anderen, ihre Liste von Invaliden abgearbeitet hat, hat sie auch verstanden, dass die verstümmelten und traumatisierten Rückkehrer, die zu einem großen Teil keinerlei Aussicht auf bezahlte Arbeit haben, noch lange, vielleicht ihr restliches Leben lang Unterstützung brauchen werden. Sie will nicht zulassen, dass die Amerikaner, die sich nach den gemeinsamen Anstrengungen des Krieges wieder ihren Privatangelegenheiten zuwenden wollen, gerade diejenigen zurücklassen, die für das Land ihr Leben aufs Spiel gesetzt haben.

Diese Eindrücke bestärken Moina Michael in ihrem Engagement für die *Remembrance Poppies*, die roten Mohnblüten, das inzwischen einen erheblichen Teil ihrer Arbeitszeit in Anspruch nimmt. Bereits am Tag des Waffenstillstands hatte sie einen Termin bei Talcott Williams wahrgenommen, dem Dekan des Fachbereichs Publizistik der Columbia University. Während vor den Fenstern des Büros die feiernde Menge wogte, berichtete sie ihm von ihrer Idee, und der grauhaarige Herr war sofort begeistert. Noch am selben Tag kontaktierte er einflussreiche Personen und begann, Zeitungen anzuschreiben, denen er ein Interview mit Moina Michael vorschlug. Sie wusste, dass es zur Verwirklichung ihres Traums einer landesweiten Mobilisierung für das Erinnern an die Kriegstoten und dafür, dass die Bedürfnisse der Invaliden erfüllt werden, kein wichtigeres Werkzeug gab als die Presse.

Parallel dazu schrieb sie an Freunde im ganzen Land, mit der Bitte, ihr bei der Verbreitung des Mohnblütensymbols zu helfen. Über einen Bekannten wurde sogar ein Schreiben an das Verteidigungsministerium adressiert, in dem sie ihr Anliegen schilderte. Immer wieder erhielt sie begeisterte Antworten, und einige der Korrespondenten versprachen, die rote Blüte zumindest zum Symbol für einzelne Veranstaltungen zu machen, die mit dem Krieg zu tun hatten. Doch damit die Initiative wirklich greifen konnte, musste Moina Michael auch die logistische und materielle Seite des Projekts in den Griff bekommen. Wenn die amerikanische Öffentlichkeit sich tatsächlich für das Symbol begeistern sollte, dann brauchte es nicht nur eine landesweite Kampagne – es mussten Tausende, vielleicht Millionen von roten Kunstblumen hergestellt werden. Und wenn sie den Invaliden wirklich helfen wollte, dann musste sie auch einen Weg finden, wie mit der Marke »Flanders Field Memorial Poppies« Geld zu verdienen war.

Moina Michael hatte keinerlei Erfahrung in geschäftlichen Dingen, und so suchte sie einen Partner, den sie schließlich in dem Designer Lee Keedick fand. Im Dezember 1918 unterzeichneten beide einen Vertrag, in dem sich Keedick verpflichtete, ein professionelles Design mit Mohnblüte und Fackel für Anstecker, Nadeln, Fahnen und Banner zu entwerfen, diese herstellen zu lassen und Maßnahmen zu ihrer landesweiten Verbreitung zu ergreifen. Wichtig erschien es Keedick auch, seinen Entwurf in verschiedenen Ländern rechtlich schützen zu lassen. Moina Michael musste einen Vorschuss von hundert Dollar zahlen, den sie sich von Bekannten borgte. Bis zum April 1919, so stand es im Vertrag, sollte die Kampagne auf vollen Touren laufen, dabei sollten gleichzeitig die Presse angesprochen und eine Welle Tausender Briefe an Clubs, Frauenvereine, patriotische Organisationen, Kirchen, Universitäten und politische Leitfiguren jeder Couleur verschickt werden.

Am 14. Februar ist es so weit: Lee Keedicks Entwurf, der eine von Mohnblüten umgebene Fackel zeigt, hat seinen ersten öffentlichen Auftritt in New York. Es ist der Tag, an dem das kanadische Fliegerass William A. Bishop aus Toronto auf Einladung der Aviation Society of New York einen Vortrag hält. Das Thema heißt »Luftkrieg in Flanderns Feldern«. Bühne und Zuschauerraum sind mit roten Mohnblumen dekoriert. Am Ende des Bildvortrags wird ein großes Banner mit dem neuen Logo aus Fackel und Mohnblume auf der Rückwand des Vortragssaales entrollt. Der kanadische Dichter James A. Heron erläutert das Symbol und rezitiert das Gedicht seines Landsmanns John McCrae *In Flanders Fields*, das Moina Michael inspiriert hatte, sowie ihre gereimte Antwort darauf, *We Shall Keep the Faith*. Das Presseecho nach der Veranstaltung ist gut. Doch in diesem Moment ihres ersten greifbaren Erfolges ist Moina Michael selbst schon seit über zwei Wochen zurück in Georgia, wo sie wieder ihrem alten Beruf als Hausmutter in einem Mädchencollege nachgeht. Daneben nimmt sie auch ihre Unterrichtstätigkeit an der Universität von Georgia wieder auf. Im Sommer 1919 bietet sie zudem Seminare für Kriegsveteranen an, die zu Hunderten zur Rehabilitation ins Krankenhaus der Universität strömen. Endlich scheint ihr Traum von den Blumen über den Gräbern Gestalt anzunehmen.

Eine knappe Woche vorher, am 9. Februar 1919, war auch für die Harlem Hellfighters der Moment der Heimkehr gekommen. Viele ihrer Angehörigen hatten sich auf Schiffen in den Hafen von New York hinausfahren lassen, um den rückkehrenden Männern bei ihrer Einfahrt noch näher zu sein. Doch durften die Soldaten nicht sofort nach Hause zu ihren Familien, sondern mussten im Camp Upton qualvoll lange Tage auf ihre Entlassung aus dem Kriegsdienst warten. Seit dem Rückmarsch vom Rhein in die Hafenstadt Brest, von wo aus ihr Schiff nach Amerika abging, hatte es dabei ein bestimmendes Gesprächsthema gegeben: die Siegesparade. In einem Marsch durch die Straßen New Yorks, so erträumten es sich die Männer der Einheit, sollte die Heldengeschichte der schwarzen Soldaten aus Harlem ihren Höhepunkt und Abschluss finden. All die Gefahren, all die Anstrengungen, alles Leid, alle Erniedrigung, die sie während dieses Krieges erfahren hatten, sollten in diesem triumphalen Moment aufgehoben sein. Die Schmach, im Jahr 1917 von den Abschiedsparaden ausgeschlossen gewesen zu sein, sollte endlich gesühnt werden. Es sollte der Anfang eines neuen Lebens sein, das sie sich im Krieg verdient hatten.

Die Offiziere um Arthur Little hatten den erzieherischen Wert, den die Aussicht auf eine Parade bot, rasch erkannt. Wann immer einer der Soldaten über die Stränge schlug, drohten sie ihm, ihn von der Parade auszuschließen. Die Drohung erwies sich als ungemein wirkungsvoll. Doch würde Amerika den schwarzen Soldaten den Triumph tatsächlich gönnen?

In Brest, der letzten Station vor der Abreise aus Frankreich, waren Arthur Little Zweifel gekommen. Das Verhalten der amerikanischen Militärpolizei dort ließ darauf schließen, dass die Erfolge der Harlem Hellfighters und ihre Auszeichnung durch die französische Republik nicht allen Amerikanern gefielen. Little wurde zugetragen, dass ein Vertreter der Militärpolizei einen schwarzen Soldaten heftig geschlagen und dabei verletzt hatte, als dieser ihn nur nach dem Weg gefragt hatte. Als Little den Polizisten zur Rede stellte, gab dieser an, der Schwarze habe nicht warten wollen, bis das Gespräch zwischen den Beamten abgeschlossen gewesen sei. Als Little nicht lockerließ, gab er zu, dass es eine Weisung der Vorgesetzten gäbe. Man hätte gehört, dass die »Nigger« ein wenig der Hafer steche, und sie sollten ihnen »die Luft rauslassen«, damit es später keine Schwierigkeiten gäbe. Mit diesem Zwischenfall waren die Reibereien keinesfalls zu Ende. Wenig später kamen Militärpolizisten zu Little und beschwerten sich, dass die schwarzen Soldaten ihre Leute beleidigt hätten. »Wer hat den Krieg gewonnen?«, hätten sie ihnen provozierend zugerufen. Arthur Little winkte ab. Tatsächlich war diese Frage seit den Tagen am Rhein so etwas wie der Schlachtruf der Harlem Hellfighters geworden. Aber die siegreichen Soldaten feierten mit dem Sprechchor keineswegs nur sich selbst, sondern alle, die zum Sieg beigetragen hatten. Bei Begegnungen mit anderen Einheiten skandierten sie: »Wer hat den Krieg gewonnen?« Und die Antwort schloss die Angerufenen mit ein. »Wir und die Einheit XY haben den Krieg gewonnen!«

Am 17. Februar 1919 haben die Zweifel ein Ende. Alle Einheiten der Harlem Hellfighters sammeln sich in Manhattan auf der Madison Avenue, nördlich der 23. Straße. Um 11 Uhr trifft die Nachricht ein, dass die Honoratioren der Stadt ihre Sitzplätze eingenommen haben. Die Kompanien stellen sich in breiter, viereckiger Formation auf, in einer Phalanx, die sie von den Franzosen gelernt haben. Die Offiziere stehen jeweils wenige Schritte vor ihren Einheiten. An der Spitze des Zuges befindet sich Jim Reese Europes Militärkapelle. Als der Befehl »Vorwärts Marsch!« gegeben wird, stimmt die Kapelle ein Lied an. Doch selbst den neunzig Musikern, aus denen inzwischen die Band besteht, gelingt es nicht, gegen den Sturm des ausbrechenden Jubels anzutönen, der den Marschierenden in allen Straßen Manhattans entgegenschlägt. Die New Yorker bereiten den Hellfighters einen triumphalen Empfang. Sogar einen Imbiss für jeden einzelnen Soldaten haben edle Spender bereitgestellt. Am 17. Februar 1919, so Little, »kennt New York keine Hautfarben«.

Der berührendste Teil des Marsches aber beginnt, als die Hellfighters ihren Heimatbezirk Harlem erreichen. Der Kommandant lässt die Formation ändern. Statt in der repräsentativen Phalanx lässt er die Soldaten jetzt in schmaleren Reihen marschieren, damit jeder Einzelne von seinen Angehörigen, Freunden und Nachbarn gesehen und gefeiert werden kann. Reese Europes Band stimmt jetzt den Ragtime *Here comes my daddy now!* an, und auf der letzten Meile geht das Marschieren in Singen, Winken und Lachen und schließlich in einen Tanz über. Die militärische Disziplin weicht der überbordenden Freude, als Mütter ihre Söhne und Frauen ihre Ehemänner wiedererkennen, zwischen die Reihen der Marschierenden laufen und ihnen um den Hals fallen. Am Ende der Parade, als sich die militärische Formation in ein jauchzendes Durcheinander von Köpfen, Händen, Blumen und Küssen auflöst, tragen viele Soldaten ein Mädchen auf dem Arm.

In einem offenen Wagen hat Henry Johnson, der einzige afroamerikanische Held des Ersten Weltkriegs, an der Parade teilgenommen. Sein Körper ist noch sehr geschwächt von den vielen Verletzungen, die er in seinem Ein-Mann-Kampf gegen eine deutsche Einheit davongetragen hat. Die Knochen in seinen Beinen und Füßen sind so stark zerstört, dass die Ärzte nicht wissen, ob er jemals wieder ohne Krücken wird laufen können. Aber Johnson springt immer wieder von seinem Sitz auf und winkt so huldvoll in die Menge, als gälte die Parade ihm allein. Sein Gesicht strahlt, als wolle er den unzähligen begeisterten Menschen zurufen: Wer hat den Krieg gewonnen? Henry Johnson hat den Krieg gewonnen!

Harry S. Truman erreicht den rettenden Hafen von New York erst im April 1919, nach der Überfahrt auf dem einstmals deutschen Schiff *Zeppelin*. Der Bürgermeister der Metropole kommt dem einfahrenden Truppentransport auf einem Boot entgegen, auf dem eine Kapelle *Home Sweet Home* intoniert. Selbst die hartgesottensten Männer haben Tränen in den Augen, als die vertrauten Klänge über das Wasser hinüberschallen. Beim Aussteigen in der Hafenanlage drängen sich die Wohlfahrtsorganisationen, um den Soldaten zum Empfang Geschenke zu überreichen. »Die Juden gaben uns Taschentücher; der YMCA Schokolade; die *Knights of Columbus* Zigaretten; das Rote Kreuz hausgemachten Kuchen; und die Heilsarmee, Gott segne sie, nahm kostenlos Telegramme an und schenkte uns Ostereier aus Schokolade.« Noch am Pier wird den ankommenden Soldaten ein Festmahl angerichtet, und Truman, der den größten Teil der Überfahrt an Seekrankheit gelitten hat, isst für drei. Im gleichen Stil geht es im Camp Mills weiter, wohin Truman und seine Männer mit einer Fähre gebracht werden: Die Soldaten dürfen duschen, bekommen neue Kleider, werden in der Kantine verköstigt und stopfen sich dann mit unzähligen Kugeln von Fruchteis, das in riesigen Fässern herangeschafft worden ist, die Bäuche voll.

Bereits aus Frankreich hat Harry S. Truman seiner liebsten Bess geschrieben, das Kriegsende sei nicht gut für seine Figur. Das lange, tatenlose Warten auf die Ausschiffung, die kurzen Urlaube in Paris, Nizza und Monte Carlo machten sich auf seinen Hüften bemerkbar, die zuvor im Gefecht knochig geworden waren: »Ich werde sehr schwer (eigentlich sollte ich fett sagen).« Mit vierzig zusätzlichen Pfunden sitze seine Uniform eng wie eine Wurstpelle. Ob Bess ihn noch lieben werde, wenn sie ihn mit seinen dicken Backen und seinem Doppelkinn sehe?

In den langen Monaten des Wartens waren die Gedanken an seine geliebte Bess allgegenwärtig gewesen. Nur mit ihr hatte er sich jene Zukunft vorstellen wollen, die er sich in den Briefen wieder und wieder ausmalte: Er wollte weder reich noch arm sein, denn das sei der glücklichste Zustand für einen Mann. Er würde das feinste Mädchen der ganzen Welt besitzen, mit der er alle Sorgen und Freuden teilen könnte. Er würde einen Ford fahren, mit dem er die USA und vielleicht Frankreich bereisen könnte; dazu ein bisschen Politik und hin und wieder eine Dinner Party. Auch plante er, der Armee eines der Geschütze abzukaufen, mit denen er auf die »Hunnen« geschossen hatte. Das werde dann im Vorgarten seines Hauses aufgestellt, wo es friedlich vor sich hin rosten könne. Nie wieder wolle er einen Schuss abfeuern, das ist sein Traum von einem ganz privaten Frieden.

Immer wieder hatte Truman sich den Moment vorgestellt, da er mit Bess Hand in Hand den Gang zum Altar entlangschreitet – nur um wieder in einem Schlammloch in der Nähe von Verdun zu erwachen. Truman schrieb Bess, sooft ihm seine Pflichten eine freie Minute ließen. Er hatte um sie geworben, ihr geschmeichelt, förmlich um ihre Briefe gebettelt und sich beklagt, wenn sie nicht oft genug zurückschrieb. Sie war der Halt in seinem unangenehmen Übergangszustand; stets trug er ihr Foto in der linken Brusttasche.

Gleichzeitig trieb Truman die Sorge um, dass Bess auf den letzten Metern des langen Weges noch die Geduld verlieren könnte. Oder, schlimmer noch, dass ihr etwas zustoßen könnte, jetzt, nachdem er den hundertfach drohenden Tod überlebt hatte. Truman hatte gehört, welche verheerenden Wirkungen die Spanische Grippe inzwischen auch in den USA entfaltete. So viele Kameraden hatten Angehörige und Liebste an das tödliche Virus verloren. »Es scheint, dass Krieg und Pestilenz Hand in Hand gehen. Wenn es nicht der Schwarze Tod ist, dann eben etwas ähnlich Fatales. Hier hört man, dass die armen Russen zu Hunderten sterben, und dass die verdammten Hunnen sich gegenseitig zum Spaß abschlachten. Wahrscheinlich wird es noch eine Weile dauern, bis das Goldene Zeitalter von Gesundheit, Frieden und Wohlstand anbricht, so wie es in den letzten zehn Jahren vor 1914 war.«

Als einmal längere Zeit kein Brief von Bess eintraf, begann Harry S. Truman, sich ernste Sorgen zu machen. Hatte sie, die im Mittelpunkt all seiner Zukunftsträume stand, nicht geschrieben, dass in ihrer Familie erste Grippefälle aufgetreten waren? Weitere Briefe gaben ihm dann die schreckliche Gewissheit, dass Bess mit Fieber im Bett lag. Selbst als er später las, dass es ihr besserging, gelang es ihm nicht, sich zu beruhigen. Truman spürt in diesen Wochen, wie zerbrechlich sein Traum von einem kleinen Glück ist. Mit der Ankunft in New York scheint seine Verwirklichung zum Greifen nah. Truman ist überzeugt, dass die amerikanische Wirtschaft nach dem Krieg, wenn das Geld nicht mehr in die Rüstung, sondern in den Konsum fließt, brummen wird. Auf dieser günstigen Prognose will Truman sein Glück bauen. Woher auch soll er wissen, dass der Aufschwung auf tönernen Füßen steht?

Im Februar 1919 kehrt Rudolf Höß nach mehrmonatiger Irrfahrt ins heimische Mannheim zurück. Während seines Militärdienstes ist kurz nach seinem Vater nun auch die Mutter gestorben. Sie hat ihn noch in einem Brief an die Anordnung des verschiedenen Familienoberhaupts erinnert, dass er ein Geistlicher werden müsse. Bei der Ankunft bestürmen ihn sein Onkel, der zu seinem Vormund ernannt worden ist, und seine gesamte Verwandtschaft, er müsse sofort in ein Priesterseminar gehen. Den Hausstand von Höß' Eltern haben die Verwandten bereits unter sich aufgeteilt; die Schwestern sind in Klosterschulen untergebracht. »Jetzt erst empfand ich den wahren Verlust meiner Mutter, ich hatte keine Heimat mehr! Verlassen und ganz auf mich gestellt stand ich da.«

Der Onkel besteht darauf, dass der Wille des Vaters geschehen müsse. Für keine andere Berufsausbildung will er das Erbe herausgeben. Doch Höß sind schon im Krieg Zweifel an seiner Berufung für den Priesterstand gekommen, und er will sich auf keinen Fall dem Willen seiner Familie beugen. Daher verzichtet er zugunsten der Schwestern kurzerhand auf seinen Erbteil und legt diesen Entschluss bei einem Notar nieder. »Ich würde mich schon allein durch die Welt schlagen können.«

Wenig später reist Rudolf Höß in den Osten des Deutschen Reichs, wo der Oberleutnant Gerhard Roßbach eine »Freiwilligen-Maschinengewehr-Kompanie« aufgestellt hat. Dieses »Freikorps« wird Anfang 1919 der »Vorläufigen Reichswehr« unterstellt, und es dient bei der Sicherung der Ostgrenze Deutschlands. Die Freikorpskämpfer halten Deutschlands Niederlage für die Folge eines Verrats, die neue Regierung tolerieren sie nur als Übergangsphänomen, und sie bleiben unter Waffen, um für den Moment der Revanche bereitzustehen.

Als Höß bei Roßbachs Korps eintrifft, scheinen plötzlich alle seine Probleme gelöst: Er hat jetzt einen Beruf und einen Sold, wieder gibt es eine Vaterfigur, einen politischen Glauben, fast so festgefügt wie eine Religion, und »eine Heimat, ein Geborgensein in der Kameradschaft der Kameraden. Und seltsam, ich, der Einzelgänger, der all das innere Erleben, all das Aufrührende mit sich selbst abmachen mußte, fühlte mich stets hingezogen zu einer Kameradschaft, in der sich einer auf den anderen in der Not und Gefahr unbedingt verlassen konnte.«

Für Virginia Woolf hatte das Jahr 1919 mit einem schmerzhaft pochenden Kiefer begonnen. Der Schriftstellerin war ein Zahn gezogen worden. Danach hatte sie heftiges Kopfweh bekommen und sich so müde gefühlt, dass sie zwei Wochen lang das Bett hüten musste, »eine lange mühsame Angelegenheit, die sich legte und wieder aufzog wie ein Nebel an einem Januartag«. Selbst als sie Ende Januar endlich wieder aufstehen konnte, gestand ihr Leonard nur eine Stunde Schreiben am Tag zu. Doch sogar in dieser kurz bemessenen Zeit fiel ihr das Tippen auf der Schreibmaschine schwer, da sich die Muskeln ihrer rechten Hand dabei verkrampften wie »die Hand eines Dienstboten«. »Sonderbarerweise habe ich die gleiche Steifheit beim Drechseln von Sätzen«, notierte sie resigniert.

Das Schreiben des Tagebuchs rechnete Leonard nicht in die eine Stunde täglicher Autorschaft ein, und überhaupt war er nicht immer zu Hause, so dass Virginia Woolf sich nicht immer streng an seinen Plan halten musste. Im Gegensatz zum Verfassen von literarischen Texten und Rezensionen, das sie auf der Maschine erledigte, füllte Virginia Woolf die Seiten ihres Tagebuchs mit dem Federhalter. Da gab es keine Steifheit und keine Blockaden; die Sätze sausten in »schnellem gewagten Galopp« daher. Selbst wenn bei so raschem Fließen der Buchstaben manche ungelenke Formulierung herauskam, die »unerträglich über das Kopfsteinpflaster ruckelt«, so sah sie es doch als Vorteil dieser Methode an, dass dadurch Angelegenheiten zu Papier gebracht wurden, die, hätte die Schriftstellerin innegehalten oder nachgedacht, niemals die Gnade ihres kritisch prüfenden Verstandes gefunden hätten. Genau diese unzensierten Beobachtungen schienen Virginia Woolf einen gleichermaßen unschätzbaren wie unerkannten Wert zu haben – wie »Diamanten unter einem Berg von Staub«.

Viel zu beschreiben gab es indes nicht in diesem Winter 1918/19, außer den Treffen mit Freunden und Bekannten, der schwierigen Suche nach geeignetem Personal und den Folgen einer nicht enden wollenden Streikwelle, die das Leben im England des Jahres 1919 in den Augen der Schriftstellerin mehr belastete als zuvor der Krieg. »Wenn ich Maler wäre, bräuchte ich nur einen in graubraune Farbe getauchten Pinsel, um den Farbton dieser elf Tage wiederzugeben. Ich würde ihn gleichmäßig über die gesamte Leinwand ziehen. Aber Malern geht das Feingefühl ab; es gab Lichtpunkte, Schattierungen unter der Oberfläche, die jetzt, vermutlich, nicht mehr zu entdecken sind.«

Tatsächlich gab es Bewegung unter der Oberfläche eines eintönigen winterlichen Graubrauns in der englischen Provinz. In jenem Winter nach dem Ende des Krieges machte sich Virginia Woolf auf einen Weg, von dem sie nur ahnen konnte, wo er sie einst hinführen würde. Reflexionen über die Richtung dieses Weges finden sich im Essay *Modern Novels*, den Woolf im April 1919 in der Literaturbeilage der *Times* veröffentlichte. Scharf kritisiert sie darin die englischen Schriftsteller ihrer Zeit als »Materialisten«, die sich an den Äußerlichkeiten ihrer Figuren und überlieferten Erzählkonventionen festhielten. »Das Leben ist keine symmetrisch angeordnete Reihe von Wagenlampen; das Leben ist ein leuchtender Nimbus, eine halb-durchsichtige Hülle, die uns vom Anfang unseres Bewußtseins an bis zum Ende umgibt. Ist es nicht die Aufgabe des Romanciers, diesen sich wandelnden, diesen unbekannten und unfaßbaren Geist samt all seinen Verirrungen und Vielschichtigkeiten mit möglichst wenig Zutat an Äußerlichem und Fremdem zu vermitteln?« Der Schriftsteller müsse dem Bewusstsein seiner Personen auf seinen bizarren Wegen folgen und dürfe dabei nicht fürchten, sich in Details zu verlieren. James Joyce, den sie vor kurzem noch als Autor für ihren Verlag verschmäht hatte, erschien ihr jetzt als einziges gültiges Beispiel der englischsprachigen Literatur für das Schreiben über den Strom des menschlichen Bewusstseins.

In ihren Erzählungen *The Mark on the Wall* und *Kew Gardens*, das im Mai 1919 im eigenen Verlag erschien, zeigten sich erste Keime der neuen Saat. Doch würde ihr Aufgehen überhaupt jemanden interessieren? Würde es überhaupt einen Unterschied machen, wenn es ihr gelänge, das wirkliche Leben zwischen zwei Buchdeckel zu bringen? Würde das Publikum den Roman einer schweigend Notizen aufnehmenden Psychiaterin überhaupt zur Kenntnis nehmen, in dem die Figuren auf der Couch ihren Gedanken freien Lauf lassen?

Vorerst blieb Virginia Woolf keine andere Möglichkeit, als ihren Lebensunterhalt weiter mit dem Schreiben von Rezensionen zu verdienen, Pflichten, deren sie sich – wenn sie in Form war – mit größtmöglicher Effizienz entledigte. Über einen Freund eröffneten sich für Virginia Woolf Kontakte zur Redaktion der angesehenen Zeitschrift *Athenaeum*. Beim Antrittsbesuch trank sie Tee mit der für Literatur zuständigen Redakteurin Mary Agnes Hamilton, die sie nötigte, sie »Molly« zu nennen. Deutlich fühlte Virginia Woolf Distanz zu dieser energischen Dame »mitsamt ihrer Fähigkeit, wie ein Mann zu denken, & ihrem kraftvollen verläßlichen Verstand & ihrem unabhängigen, selbstsicheren Leben«. Doch war das Gespräch mit der Redakteurin, auf deren Tisch sich Manuskripte stapelten, deren Büro vom Klatsch aus der literarischen Welt brummte und die sie nach ihren literarischen Projekten befragte, immerhin Anlass dafür, dass sich Virginia Woolf »eine Spur professionell fühlte«.

Im März legte die Schriftstellerin letzte Hand an das Manuskript des Romans *Night and Day*, an dem sie seit 1916 gearbeitet hatte – »kleinliche, lästige Korrekturen« –, bevor das Paket zum Verlag von Gerald Duckworth ging. Währenddessen war der Frühling gekommen: »Ich muß aber festhalten, daß, obwohl der Himmel schwarz ist wie Wasser, in dem man sich die Hände gewaschen hat, ein Vogel romantisch & ausgiebig am Fenster singt. Auf unserem Spaziergang heute kamen wir an Mandelbäumen in voller Blüte vorbei. Die Osterglocken sind im Begriff sich zu öffnen.« Die Monate bis zum Erscheinen des Buches, in dessen Mittelpunkt zwei Paare sowie die Sprachlosigkeit und Verkrustung der englischen Vorkriegsgesellschaft standen, verbrachte sie in innerer Anspannung. Während zweier Vormittage und Abende, als Leonard das Manuskript in einem Zug durchlas, schlich sie unruhig um ihren Ehemann herum, ihn ängstlich beobachtend, um mögliche Zeichen seiner Zustimmung oder seines Missfallens zu entdecken.

Als er dann, nach abgeschlossener Lektüre, sein lobendes Urteil verkündete, fiel Virigina Woolf ein Stein vom Herzen. Erst jetzt gestand sie sich die Hoffnung zu, dass das Buch gewisse Qualitäten und einen gewissen Erfolg haben und aus der mittelmäßigen literarischen Produktion ihrer Zeit herausstechen könnte. Doch gleichzeitig fühlte sie sich aufgerufen, ihren eigenen Optimismus zu bremsen: »Ich erwarte bestimmt keine zwei Auflagen.«

Im Gespräch mit Leonard verteidigte sie sich gegen seine Bemerkung, ihr Buch sei doch recht melancholisch: »Wenn man von den Menschen im Allgemeinen handelt & aussprechen will, was man denkt, wie kommt man um Melancholie herum? Ich verwahre mich jedoch dagegen, hoffnungslos zu sein – nur ist das Geschehen zutiefst befremdlich; & da die geläufigen Antworten nicht ausreichen, muß man sich zu einer neuen vortasten; & der Vorgang, bei dem man die alten verwirft, während man noch keineswegs mit Sicherheit weiß, was an ihre Stelle zu setzen wäre, ist ein trauriger.«

Als die größte Zumutung des Schreibens erschien es Virginia Woolf, dass es so vom Lob abhängig ist. »Ungelobt finde ich es schwer, am Morgen mit dem Schreiben anzufangen.« Wie sehr sehnte sie sich danach, sich vom Auf und Ab des Zuspruchs freimachen zu können, vom zweifelnden Wägen der Komplimente, des Wertes ihrer Verkünder und der möglichen verborgenen Intentionen, vom Rätseln über die Bedeutung eines Stillschweigens. Wenn sie sich doch nur auf die »zentrale Tatsache«, das »Faktum meines eigenen Vergnügens an der Kunst«, konzentrieren könnte!

Zu Pfingsten 1919, bei der Rückkehr von einem Frühlingsausflug nach Asham, finden Virginia und Leonard Woolf Stapel von Briefen auf dem Tisch in ihrer Diele vor. Überrascht beginnt das Paar, die vielen Schreiben nach und nach zu öffnen. Es handelt sich durchweg um Bestellungen von Virginia Woolfs Erzählung *Kew Gardens*. So viele Bestellungen sind es, dass sie das Sofa bedecken und die beiden immer wieder Pausen einlegen müssen, während sie den Stapel abarbeiten. Eine hymnische Besprechung in der Literaturbeilage der *Times* hat die Welle des öffentlichen Interesses ausgelöst. Der Abend der Woolfs beginnt mit freudiger Erregung und endet mit Streit, weil beide von »gegensätzlichen Gezeiten der Aufregung durchströmt« sind. Fast scheint es, als sei Leonard ein wenig eifersüchtig, während Virginia, die noch »10 Tage zuvor« bereit gewesen ist, »einer vollständigen Niederlage entgegenzusehen«, aufgekratzt ist und kein Wasser in den Wein des langersehnten Erfolges gießen möchte. Doch das ist schwierig, wenn man sich streitet und wenn neunzig Exemplare von *Kew Gardens* in Handarbeit hergestellt werden müssen. Dazu gehört es, die »Deckel zuzuschneiden, Titeleien zu drucken, Rücken zu kleben & sie schließlich zu verschicken«. Dennoch, »welch ein Erfolg hat mich in diesen Tagen überschüttet!« Wenn das herrliche Gefühl doch nur anhalten würde, wenn es nur häufiger, regelmäßiger, wohldosierter, in »kleinen Schlucken« käme! Denn »der Freudennerv stumpft schnell ab«, und »die Freunde knicken die erste Blüte«. Wird sie beim Erscheinen ihres Romans den nächsten Schluck vom prickelnden Getränk des Erfolges nehmen dürfen oder den bitteren Becher der Missachtung trinken müssen?

Im März 1919 wird Terence MacSwiney aus dem Gefängnis in England entlassen. Seine Strafe hat er noch nicht vollständig abgesessen, aber die Behörden haben ein Einsehen, weil seine Frau Muriel an der Grippe leidet und in kritischem Zustand ist. So kehrt der Widerstandskämpfer in das heimische Städtchen Cork zurück. In seiner Abwesenheit war er zu Ehren gekommen, zumindest in den Kreisen des irischen Widerstands gegen das Empire und der Mitglieder des neugewählten irischen Parlaments, des Dáil Éireann.

So reist MacSwiney bald nach der Heimkehr nach Dublin, um am 1. April 1919 an seiner ersten Sitzung als Abgeordneter des Dáil teilzunehmen. Die Sitzungen finden unter höchsten Sicherheitsvorkehrungen statt. Die britische Regierung erkennt den Dáil nach wie vor nicht an. Dennoch können sich die Unabhängigkeitskämpfer ihrem Traum von einem autonomen irischen Staat näher fühlen als je zuvor.

Terence MacSwiney beteiligt sich lebhaft an den Debatten des irischen Parlaments, doch am konsequentesten engagiert er sich für die finanziellen Belange der Geisterrepublik Irland. Deren »Finanzminister« heißt Michael Collins, gemeinsam arbeiten sie an der Planung und Durchführung einer immensen Spendenaktion, um die Kasse des Zukunftsstaates zu füllen. Die Aktion soll sich nicht nur auf Irland, sondern auch auf Nordamerika erstrecken, wohin seit dem 19. Jahrhundert viele Iren emigriert sind. Terence MacSwiney organisiert seinen Sammelbezirk Cork in gleichermaßen straffer wie umsichtiger Weise. Nur er und seine engsten Mitstreiter kennen die Leiter der fünf Hauptbezirke der Region, die untereinander keinerlei Kontakt haben dürfen. Ebenso ist die darunterliegende Ortsebene organisiert, so dass die Polizei es viel schwerer hat, das gesamte Netzwerk auf einen Schlag auszuheben. In Dublin wird eine Broschüre gedruckt, in der den potentiellen Spendern die gemeinnützigen Ausgaben erläutert werden, für die das Geld verwendet werden soll: Aufbau staatlicher Institutionen, Beendigung der verheerenden Emigration durch Land- und Arbeitsbeschaffung, Aufforstung der irischen Wälder, Ankurbelung von Industrie und Hochseefischerei, kurz alles, was Irland moralisch und materiell stärken kann. Erst nachdem der Boden derart durch Argumente bereitet ist, ziehen Abgesandte von Haustür zu Haustür, um Geld und Wertsachen einzusammeln.

Die Polizei ist den Verschwörern dicht auf den Fersen. Immer wieder kommen sie MacSwiney und seinen Kameraden gefährlich nahe. Mehrmals gerät er in Personenkontrollen, ist jedoch vorsichtig genug, keine verdächtigen Materialien mit sich zu führen. Als die MacSwineys in der zweiten Jahreshälfte 1919 in ein neues Haus umziehen, währt die Freude nur kurz. »Die Aufmerksamkeit ›alter Freunde‹ war so überwältigend«, schreibt er an einen Freund, »dass wir noch vor Weihnachten erneut evakuieren mussten. Die ›Freunde‹ wurden so anhänglich, dass einige von ihnen mir zu unserem alten Haus folgten und mich mal wieder auf einen ›Urlaub‹ jenseits des Wassers einluden. Aber auf solchen Urlauben habe ich wirklich zu viel Zeit verbracht in den letzten fünf Jahren; diesmal musste ich leider absagen.«

Trotz vieler Schwierigkeiten hat die Spendenaktion bis Anfang 1920 allein in MacSwineys Bezirk über fünftausend Pfund in Geldnoten und Gold eingebracht, die nach Dublin geschickt werden können. Die Kampagne ist insgesamt so erfolgreich, dass »Finanzminister« Michael Collins beginnt, an ein geheimes irisches Einkommenssteuersystem zu denken. So zeichnen sich am Horizont die Konturen eines neuen irischen Gemeinwesens ab – aber auch die Fronten eines unerbittlichen Kampfes, der schon bald seinen blutigen Höhepunkt erreichen wird.

Der Hartal, also der Arbeitsausstand, zu dem Gandhi die Inder aufgerufen hatte, beginnt am 30. März 1919. Zuerst legt die Bewegung Delhi für einen Tag lahm. Hindus und Muslime lassen die Arbeit ruhen und finden sich zu einer großen Prozession im Stadtzentrum ein. »All das war mehr, als die Behörden ertragen konnten. Die Polizei hielt die Hartalprozession auf, als sie sich auf den Bahnhof zu bewegte, eröffnete das Feuer, wobei es Tote und Verwundete gab, und die Herrschaft der Unterdrückung begann in Delhi.« Eine ähnliche Entwicklung nehmen die Dinge einige Tage später in Lahore und in ungleich schrecklicherem Ausmaß im bengalischen Amritsar. Dort ist die britische Oberschicht davon überzeugt, dass es angesichts der wachsenden Mobilisierung gelte, ein Exempel zu statuieren. Auf dem Jallianwala Bagh, einem Platz in Amritsar, hat sich am 13. April 1919 eine große Menschenmenge zu einer Demonstration versammelt. Als sich erste Zeichen einer Unruhe zeigen, befiehlt der britische Befehlshaber Reginald Dyer seiner Truppe, in die Menge zu schießen. Da der Platz von Mauern umgeben ist, gibt es kein Entrinnen, und vierhundert Demonstranten sterben im Kugelhagel.

Einige Tage zuvor, in Bombay, wird Gandhi selbst Zeuge der sich zuspitzenden Lage. Am 6. April nimmt eine große Menge zuerst ein Bad im Meer, um dann gemeinsam in einer Prozession zum zentralen Platz, dem Madhaw Bagh, zu marschieren. Gandhi hält in einer nahe gelegenen Moschee eine Ansprache. Als Akt zivilen Ungehorsams sind zuvor zwei seiner Bücher, die die Kolonialregierung verboten hat, gedruckt worden und werden jetzt in der Öffentlichkeit zum Kauf angeboten. Gandhi selber ist am Abend in den Straßen von Bombay unterwegs und verkauft die verbotene Ware. Viele Passanten geben ihm für die erstandene Ausgabe mehr, als er fordert, und alle Käufer unterdrücken für einen Augenblick ihre Angst vor dem Gefängnis. Die Behörden schreiten nicht ein, doch am Abend des folgenden Tages werden Gandhi Gerüchte von einer bevorstehenden Verhaftung zugetragen. Er befindet sich auf dem Weg nach Delhi und Amritsar, als ihn die schriftliche Verfügung erreicht, er dürfe die Grenze des Punjab nicht überschreiten. Am nächsten Bahnhof wird Gandhi von der Polizei in Gewahrsam genommen und auf Umwegen zurück nach Bombay gebracht. Dort angekommen, sieht er, dass sich in der südlichen Innenstadt eine riesige Menschenmenge versammelt hat. Als die Menschen Gandhi erkennen, ertönen Freudenrufe. Eine Prozession formiert sich, die jedoch von einer Reihe berittener Polizisten aufgehalten wird. Die Reiter galoppieren in die Menge hinein. Nur knapp entgeht Gandhi den peitschenden Lanzen der Ordnungshüter, während die Menge panisch auseinanderströmt. »Einige wurden niedergetrampelt, andere übel zugerichtet und verletzt«, doch die Reiter prügeln sich weiter den Weg durch die dichte Menschenmasse frei. Für einen Moment hat es geschienen, als würde der Traum von einer friedlichen Bewegung gegen die Kolonialherrschaft wahr, doch in kürzester Zeit verwandelt er sich in einen Albtraum. Ist eine Revolution ohne Gewalt und Blut überhaupt möglich?

George Grosz' Konzept für einen lustigen Abend scheint einer für einen Avantgardekünstler eher konventionellen Männerphantasie, gar einem feuchten Traum entsprungen zu sein. Für die richtigen Voraussetzungen sorgt der befreundete Fotograf Erwin Blumenfeld, der sechzig Flaschen Wein aus dem Keller seiner Eltern entwendet hat. Grosz stellt ein Poster her, auf dem zu lesen ist: »Wohlgebaute junge Damen der Gesellschaft mit Filmtalenten werden zum Atelierfest bei Maler Grosz gebeten, acht Uhr abends, Abendtoilette! Olivaerplatz 4.« Mit dem Plakat stolzieren Grosz und Blumenfeld als Sandwichmänner über den Kurfürstendamm. Die Aktion erweist sich als großer Erfolg. Am Abend gesellen sich zu den elf männlichen Gästen, allesamt

Künstlerfreunde von Grosz, über fünfzig aufgeregte junge Damen – alle in der Hoffnung, nun von der Filmindustrie entdeckt zu werden. Der Andrang ist so groß, dass der Eingang zu den Atelierräumen bald geschlossen werden muss. Um die Feierlichkeit in Schwung zu bringen, gibt Grosz die Parole aus, dass sich alle Gäste ihrer Kleider entledigen sollen. Die männlichen Künstler allerdings verschanzen sich in der Küche des Ateliers und beschließen, ihre Anzüge anzubehalten. Als sie die Küchentür wieder öffnen, sind die Filmstars in spe schon entblättert, und die »Orgie« beginnt: »Alles besoff sich, die leeren Flaschen flogen durchs Glas des Atelierfensters auf die Straße. Scherben, Schreie, Krach. Während alle jubelnd Takt schlugen, holte sich Grosz auf einer Chaiselongue in der Mitte des Studios bei Mascha Beethoven n Trippa«, schrieb Blumenfeld später. Zwei Tage nach dem Fest wacht Blumenfeld in Grosz' Badewanne auf, völlig durchgefroren und seines blauen Anzugs entledigt, den ihm jemand gestohlen haben muss.

»Es waren wilde Jahre«, resümiert George Grosz die Berliner Nachkriegszeit. Alle Fesseln scheinen in Berlin nach dem Kriegsende gelöst zu sein. »Eine Welle des Lasters, der Pornographie und Prostitution lief durch das ganze Land. ›Je m'en fous‹, sagte ein jeder, ›ick will mir endlich mal wieder amüsieren.‹« Aber tatsächlich ist die Zeit »müde und unlustig«. Heiter scheint nur der bunte Schaum von Nachtleben und Kunstbetrieb auf der Oberfläche, die Wogen darunter heißen Hunger, Zerstörung und Gewalt. Der sensible Grosz registriert die unverhohlene Aggressivität seiner Zeitgenossen. Während Saxophone und Banjos in die Berliner Nachtclubs Einzug halten, während die Körper beim »Shimmy« erotisch zucken, wächst die Spannung zwischen den sich zunehmend radikalisierenden politischen Polen: »Draußen marschierte eine Gruppe weißbehemdeter

Männer, die sangen in einem fort: ›Deutschland erwache! Juda verrecke!‹ Dahinter kam eine andere Gruppe, auch militärisch zu vieren marschierend, die schrie rhythmisch im Chor: ›Heil Moskau! Heil Moskau!‹ Nachher lagen dann immer welche herum mit eingehauenen Köpfen, zertrümmerten Schienbeinen und gelegentlichen Bauchschüssen.«

Aggression und Gewalt sind seit jeher Sujets in Grosz' Kunst. Die Zeitumstände bieten ihm reichlich Anschauungsmaterial dafür, dass auch die Republik in dieser Hinsicht keinen Neuanfang bedeutet. Angesichts der Niederlage, des Umbruchs, der Unzufriedenheit und der allgemeinen Gärung führt er mit seinen Künstlerfreunden »Meetings« in Kneipen und kleinen Theatern durch. Die Zuschauer zahlen ein paar Mark Eintritt, um sich dann von den Darstellern »die Wahrheit sagen« zu lassen. Die »Wahrheit« besteht in der Regel aus üblen Schimpftiraden, die sich über die Zuschauer ergießen: »Sie alter Haufen Scheiße da vorne – ja, Sie dort mit dem Schirm, Sie einfältiger Esel«, oder: »Lachen Sie nicht, Sie Hornochse …« Die Zuschauer krümmen sich vor Lachen über die Tabubrüche, und auch auf der Bühne geht man nicht zimperlich miteinander um. Der Krach ist umso schlimmer, wenn einige der Darsteller betrunken sind. »Wir waren der komplette, pure Nihilismus, und unser Symbol war das Nichts, das Vakuum, das Loch. (…) Wir verhöhnten einfach alles, nichts war uns heilig, wir spuckten auf alles, und das war Dada.«

Das Format der Dada-Darbietungen kann beliebig variiert werden, wie etwa bei der Aufführung eines »Wettrennens zwischen 6 Schreibmaschinen und 6 Nähmaschinen, verbunden mit einem Schimpfturnier«, das in einer Schlägerei endet. Die Frage, was »Dada« eigentlich bedeutet, wird von den Mitgliedern der Bewegung hitzig diskutiert. Die hohen Funktionäre der neuen Kunstrichtung tragen klangvolle Amtstitel wie »Oberdada«, »Propagandada« oder »Dada-Diplomat« und verbringen viel Zeit mit der Klärung der Grundsatzfrage. Ist »Dada« »die Kunst (oder auch die Philosophie) des Müllkastens«, wie es die als »Merzkunst« bezeichneten Collagen nahelegen, die Kurt Schwitters aus Abfall und Reklame zusammenkleistert? Selbst das »Dadacon«, gleichsam die Bibel der Bewegung, die aus zusammengeklebten Zeitungsausschnitten besteht, kann keine letztgültigen Auskünfte geben. Kurz nach dem Spartakusaufstand wird eine Zeitschrift gegründet, die das Zentralorgan des Berliner Dada werden soll. »Jedermann sein eigener Fußball« heißt das Blatt. Gleich in der ersten Ausgabe erscheint Walter Mehrings Gedicht *Der Coitus im Dreimädlerhaus*. Dieses Opus gipfelt in einer Parodie auf das nationalistische Lied *Die Wacht am Rhein*: »Es braust ein Ruf wie Donnerhall / Wie Schwertgeklirr und Wogenprall: / Ein deutsches Weib, ein deutscher Suff, / Ach Männe hak mir mal die Taille uff!« Der Dichter muss sich nach dem Erscheinen vor Gericht verantworten, und die frischgegründete Zeitung wird schon nach ihrer ersten Ausgabe verboten.

Marcel Duchamp, im selben Jahr aus New York nach Paris zurückgekehrt, bereichert die internationale Bewegung des Dada durch seine »Ready-mades«. Er komponiert Skulpturen aus gefundenen Gegenständen: ein Flaschentrockner, eine Fahrradgabel, ein Toilettenbecken. In Paris knöpft er sich, anlässlich des vierhundertsten Todestages von Leonardo da Vinci, die Reproduktion einer der bedeutendsten Ikonen der bildenden Kunst vor: *La Gioconda*. Der Dame mit dem rätselhaften Lächeln verpasst er einen Schnurr- und einen Spitzbart und verhöhnt mit diesem Streich im Stil eines Kunstvandalen nicht nur den Kunstkanon und seine Heiligen, sondern lädt dazu noch zu einem Vexierspiel von Männlichkeit und Weiblichkeit ein. In ähnlicher Absicht gibt er sich den Künstlernamen Rose Sélavy, eine Anspielung auf: »L'éros c'est la vie« (»Der Eros ist das Leben«), und stellt sich selbst als Frau dar. Der bärtigen Mona Lisa gibt er den Titel *L. H. O. O. Q.*, das Anagramm soll für »Elle a chaud au cul« (»Ihr ist heiß am Hintern«) stehen. In einem Interview deutet Duchamp selber den Titel als »Es gibt ein Feuer da unten«. Doch Dada ist nicht nur eine Verhöhnung der Tradition und der Dogmen, nicht nur eine Provokation von Anstand, Sitte und Moral. Die Dadaisten parodieren auch die Formen der revolutionären Bewegungen ihrer Zeit; doch gleichzeitig steckt in ihrer Unverblümtheit ein Befreiungsimpuls. Wovon sie frei sein wollen, das wissen die Dadaisten nur zu gut. Wofür sie frei sein wollen, das ist hingegen schwerer zu erkennen: Freiheit des künstlerischen Ausdrucks? Freiheit der Triebe und der anarchischen Seiten der menschlichen Natur? Eine neue Gesellschaft hätte man auf diesen Säulen wohl nicht errichten können, aber schon die Rückeroberung der Selbstbestimmung und der Lust nach Jahren der Unterwerfung des Individuums unter die zwanghafte Herrschaft des Krieges ist den Dadaisten ein lohnendes Ziel.

Am 6. Februar 1919 wäre Peters Geburtstag gewesen, der Sohn von Käthe Kollwitz wäre dreiundzwanzig Jahre alt geworden. In ihren Träumen hat sich der Tag, haben sich die Erinnerungen schon in der vorangehenden Nacht angekündigt. Kollwitz nimmt Blätter hervor, die sie im Krieg gezeichnet hat, um sie in Steindruck umzuwandeln. In der Zeichnung stellt sich die Künstlerin selber dar, mit ihren Kindern im Arm. Schützend schlingt die Mutter die Arme um Hans und Peter. Die Darstellung ist schlicht, geradezu karg und sehr ernsthaft. Von der spöttischen Attitüde des

Dada ist hier keine Spur. Während Käthe Kollwitz arbeitet, bricht in der Stadt wieder Gewalt aus, und wieder sterben Söhne und Väter.

Der einstige Matrose Richard Stumpf ist nach seiner Entlassung aus dem Militärdienst in Wilhelmshaven in seine Heimatstadt Nürnberg zurückgekehrt. Doch in der schlechten wirtschaftlichen Lage der Nachkriegszeit ist weder etwas in seinem alten Beruf als Klempner noch sonst eine Stelle zu finden, und so schließt sich Stumpf nach sechs Jahren Militärdienst dem wachsenden Heer der Arbeitslosen an. Als in München am 7. April 1919 eine Räterepublik ausgerufen wird, hält es Richard Stumpf für seine Pflicht, sich dieser entgegenzustellen. Zu ambivalent sind von Anfang an seine Erfahrungen mit der deutschen Revolution gewesen, die ihn um seinen Soldatenruhm gebracht hat. Zu wenig hat das neue Regime einem wie ihm zu bieten, der sich doch für das Vaterland aufgeopfert hat.

Stumpf schließt sich einem Freikorpsverband an, der zum Kampf gegen die Räterepublik nach München marschiert. Schon in den ersten Tagen des Mai 1919 unterliegen die Verteidiger der Republik gegen die Reichsarmee und die aus ganz Deutschland anrückenden Freikorps. Stumpf sieht mit eigenen Augen, wie blutig die siegreiche Konterrevolution gegen echte und vermeintliche »Spartakisten« vorgeht. Am 6. Mai werden Mitglieder des Katholischen Gesellenvereins St. Joseph in ihrem Vereinslokal in der Münchner Maxvorstadt von einer Patrouille aufgebracht, weil sie als Spartakisten denunziert wurden. Die Gesellen müssen sich auf der Straße aufstellen. Lautstark beteuern sie ihre Unschuld. Doch Hauptmann von Alt-Stutterheim wirft ihnen vor, das Versammlungsverbot gebrochen zu haben. Sieben der Gefangenen werden auf einem Hinterhof ohne jeden Prozess erschossen. Die anderen werden in einen Keller eingeliefert und dort von angetrunkenen Soldaten so grob misshandelt, dass vierzehn weitere von ihnen sterben. Ihre Leichen werden geplündert und ausgezogen. Zwei betrunkene Soldaten führen einen Siegestanz neben den verunstalteten Leichen auf. Nach den Erlebnissen dieses Tages meldet sich Stumpf vom Freikorps ab.

In der zweiten Maiwoche des Jahres 1919 kommt Alma Mahler mit ihrer Tochter Manon nach Berlin, um ihren Gatten Walter Gropius zu besuchen. Es ist ein Abschiedsbesuch, auch wenn die Eheleute sich dessen nicht bewusst sind. Schon die Anreise durch die gerade erst unabhängig gewordene Tschechoslowakei erweist sich als eine Herausforderung. Kaum sind Mutter und Tochter in Berlin angekommen, trifft eine fürchterliche Nachricht ein. Martin, der im August 1918 geborene Sohn aus Alma Mahlers Liaison mit Franz Werfel, ist in einem Wiener Krankenhaus verstorben. Wegen eines angeborenen Wasserkopfes musste er seit dem Februar in stationärer Behandlung versorgt werden. Sein Tod hatte sich schon seit längerem angekündigt; doch von den drei Eltern des neun Monate alten Kindes war in seinen letzten Stunden niemand bei dem Kleinkind. Gropius teilt Alma Mahler die traurige Nachricht mit und fügt leise hinzu, dass es ihm lieber wäre, er selber wäre gestorben. Doch Trauer und Mitgefühl der Erwachsenen mit dem kranken Kind halten sich offenbar in Grenzen, auch wenn Franz Werfel sich Vorwürfe macht, dass er durch einen allzu leidenschaftlichen Geschlechtsakt Martins frühe Geburt ausgelöst habe.

Stattdessen sind die Gropius in Weimar gefragt, wo Walter vor kurzem Direktor des von ihm neu gegründeten Staatlichen Bauhauses geworden ist. So warten gesellschaftliche

Verpflichtungen auf die beiden, die sie auch wahrnehmen. Aber die nicht enden wollende Serie von Gesellschaften zeigt ihnen, wie fremd sie einander geworden sind. Das Bauhaus mit seinen ärmlich gekleideten, politisch und künstlerisch radikalen Studenten interessiert Alma nicht. Die revolutionären Träume von einer neuen Welt, welche die Architektur des Bauhauses hervorbringen soll, sind ihr – wie alles Revolutionäre – suspekt.

Die Hitze ihrer ersten Begegnungen hat sich längst in kühle Distanz verwandelt. »Warum war die Ehe mit Walter Gropius nicht gegangen? Er ist ein schöner Mensch, in jedem Sinne, ein hochbegabter Künstler meiner Art, meines Blutes. (…) Er hatte mir doch so gefallen … ich war verliebt in ihn … hatte ihn sehr geliebt.« Ist es, wie Alma vermutet, tatsächlich sein mangelndes Verständnis für Musik oder ihre fehlende Leidenschaft für die Architektur, was zwischen ihnen steht? Oder hat der Krieg, die lange Trennung das Zusammenwachsen verhindert?

Walter Gropius bringt in einem Brief, dem er die Scheidungsunterlagen beilegt, noch eine andere Erklärung vor. An Werfel denkend, schreibt er: »Dein herrliches Wesen ist vom jüdischen Geist zersetzt worden. Einmal wirst Du zu Deinem arischen Ursprung zurückgehen, und dann wirst Du mich verstehen und in der Erinnerung suchen. Heute bin ich Dir fremd, weil Du vom anderen Pol der Welt wurdest angezogen.« Er weiß, dass er Alma mit diesem Gedanken tief treffen wird. Sie selbst hat Werfel vor Beginn ihrer Liaison als »krummbeinigen Juden« diffamiert.

Alma Mahler zögert selbst nach diesen Erlebnissen und Briefwechseln noch, die letzten Schritte zur Scheidung zu gehen, und sucht nach Kompromissen. Sie leidet unter depressiven Zuständen, ist in qualvoller Weise unentschlossen und versucht gar, Gropius von einer Lösung zu überzeugen, bei der sie die eine Hälfte des Jahres mit Werfel in Wien und die andere Hälfte mit Gropius in Weimar sein würde. Doch Gropius will davon nichts hören: »Die Krankheit unserer Ehe verlangt nach Operation.«

Der Schwebezustand hält für Monate an, es sind ebenjene Monate, in denen Gropius die Grundsteine für eine neue Schule des Bauens, Gestaltens und der Kunst, für das Bauhaus, legt. Im April 1919 erreicht ihn die sehnsüchtig erwartete Nachricht, dass die Umwandlung der ehemaligen Großherzoglich-Sächsischen Hochschule für Bildende Kunst sowie der Kunstgewerbeschule in eine Lehranstalt neuer Art von staatlicher Seite anerkannt ist. Nun gilt es, so schnell wie möglich erstklassige Professoren zu gewinnen, um die ersten eintreffenden Studenten zu unterrichten. Die Studiengänge basieren auf dem Prinzip, »daß die einzelnen ›Künste‹ aus ihrer isolierten Vereinsamung erlöst und wieder in innigere Berührung gebracht werden müssen unter den Flügeln einer großen Baukunst«. Daher soll jeder Student zunächst drei Jahre in den Werkstätten des Bauhauses ein Gewerbe lernen und erst danach ein Studium, etwa der Architektur, aufnehmen. Gropius ist in seinem Element: Theorie und künstlerische Praxis, Bildung junger Menschen und Visionen einer besseren Gesellschaft müssen miteinander in Einklang gebracht, aber auch viel politisches Kleinklein bewältigt werden, um das Bauhaus im Weimarer Kontext zu etablieren.

Alma Mahler ist in dieser Zeit nach wie vor zwischen ihren Männern hin- und hergerissen. Werfel, der seine Geliebte zur Scheidung zu bewegen versucht, hält weiterhin die Ehrenstelle als ihr Liebling. Wie für alle ihre Männer ist sie ihm zuerst und vor allem seine Muse. Sie versucht, die idealen Bedingungen für seine Kunst zu schaffen. Dazu gehört auch, dass sie alles unternimmt, um Werfel vom

Onanieren abzuhalten. Sie glaubt fest daran, dass er damit nicht nur seine männliche, sondern auch seine künstlerische Energie verschwende und dass er seine Gesundheit in Gefahr bringe. Dass es nach den Erfahrungen des Krieges die Vorstellung körperlicher Versehrtheit ist, die Werfel sexuell beherrscht, erschreckt sie hingegen nicht. »Je bedeutender ein Mann, desto kränker seine Sexualität«, stellt sie pragmatisch fest. Offenbar sind Werfels Vorstellungen sogar ansteckend, und Alma denkt nach einem intensiven erotischen Traum darüber nach, ob sie nicht eine »einbeinige Person« finden soll, um sich und ihrem Geliebten die Verwirklichung ihrer Phantasien zu ermöglichen. So ist der Krieg bis in das mahler-werfelsche Intimleben vorgedrungen.

Gleichzeitig will sich Alma Mahler von Gropius nach wie vor nicht endgültig lossagen, und alte Liebhaber tauchen aus der Versenkung auf. Mit Verve etwa der Maler Oskar Kokoschka, mit dem Alma einst eine stürmische Liaison verbunden hat. Er lässt sie über einen Mittelsmann wissen, dass er nichts sehnlicher wünsche, als zu ihr zurückzukehren. Sie reagiert empört, ist innerlich jedoch durchaus in Versuchung: »Seit ich wieder Nachricht von OK habe, bin ich voll Sehnsucht nach ihm, wünsche mir alle Hindernisse, die ja zum Schluss nur in mir liegen, beseitigt, um mit ihm das Leben zu Ende zu leben.« Gleichzeitig weiß sie, dass sich auch bei einem zweiten Anlauf die beiderseitige Leidenschaft rasch verbrennen würde. Zudem häufen sich Gerüchte, dass Kokoschka dabei sei, den Verstand zu verlieren. Seine Verehrung für Alma, die Sehnsucht nach ihrer mütterlich-sinnlichen und inspirierenden Zuwendung geht so weit, dass er sich eine lebensgroße Puppe nach Almas Vorbild schneidern lässt. Zwar ist er vom Ergebnis einigermaßen enttäuscht, doch sitzt die Alma aus Stoff eine Zeitlang auf seinem Sofa. Er kleidet sie in teure Kostüme und

Pariser Dessous und führt stundenlange Gespräche mit ihr. Nach einiger Zeit jedoch obsiegt die Verzweiflung darüber, dass die Puppe die wirkliche Geliebte nicht ersetzen kann, und Kokoschka versucht, sich von der Passion zu befreien. Auf dem trunkenen Höhepunkt eines weinseligen Gartenfestes hackt er der Puppe den Kopf ab. Am nächsten Morgen klingelt die Polizei. Kokoschka muss erläutern, was es mit der »Leiche« in seinem Garten auf sich hat. Am Ende kümmert sich die Müllabfuhr um die Reste der Alma-Puppe.

Seit langem ist der Komponist Arnold Schönberg mit Alma Mahler befreundet und kommt immer wieder zu ihr zu Besuch. Einmal hat er seine Frau und Tochter mitgebracht und einige Schüler, die auf dem Klavier vorspielen. Alma Mahler schämt sich angesichts der offensichtlichen Armut der Künstler ihres Wohlstands. Sie schenkt Schönbergs Tochter ein Platinarmband mit Brillanten und will »ihr wohl noch mehr, viel mehr schenken«.

Arnold Schönberg war bereits im Januar 1917, tief irritiert vom Kriegsdienst, in seine Wohnung in die Wiener Gloriettegasse 43 zurückgekehrt. Dabei hatte er den Ausbruch des Ersten Weltkriegs im August 1914 noch als »herrlich und groß« empfunden. Angesichts der Mobilmachung hatte ihn die Sehnsucht gepackt, sich »in Reih und Glied zu stellen und wirkliche Kämpfe mit tausend andern zusammen zu leisten«. Freiwillig hatte er sich zur königlichen und kaiserlichen Armee Österreich-Ungarns gemeldet. Als der Einberufungsbefehl erfolgte, war der Tonkünstler eingerückt, zufrieden, das »Geschimpfe der Öffentlichkeit«, die gellenden Pfiffe, schmerzenden Verrisse und hämischen Bemerkungen über seine Kunst hinter sich zu lassen. Tatsächlich hatte ein übelmeinender Künstlerkollege seine richtungweisenden Versuche in der Malerei als »grünäugige Wasserbrötchen mit Astralblick« geschmäht.

Doch der Enthusiasmus des Komponisten, Orchesterklänge gegen Schlachtenlärm einzutauschen, war nur von kurzer Dauer. Sein Antrag, wegen hervorragender künstlerischer Leistungen mit Dienstantritt in den Offiziersrang erhoben zu werden, war erfolglos. Schon bei der Einkleidung trieb es dem frischgebackenen Soldaten Tränen der Wut in die Augen, als der Fourier ihm ein schmutziges Käppi aushändigte, das noch vom Blut des Vorbesitzers befleckt war. Sein durch den ausgiebigen Genuss von Tabak und Alkohol gepflegtes Asthma und sein fortgeschrittenes Alter ließen keinen heroischen Einsatz an der Front zu. Statt Heldentaten zum Ruhme des Vaterlands wartete ein stumpfsinniger Dienst in einer Reserveoffiziersschule in Bruck an der Leitha: »Mit 42 Jahren als Lehrbub beim Militär (...) und sich von Idioten befehlen lassen«, so hatte er sich das Soldatenleben nicht vorgestellt. Schönberg, der sich als »Künstler über dem Volk« empfand, fand sich am unteren Ende der Befehlskette wieder. Wohlmeinend beschäftigten seine Vorgesetzten ihn mit der Instrumentierung von Märschen für die Armeekapelle.

Kaum in die Gloriettegasse zurückgekehrt, verfiel Schönberg sogleich in jene rastlose, alle Kunst- und Lebensbereiche umfassende Produktivität, die seine Existenz von jeher gekennzeichnet hatte. Seine Frau Mathilde sah ihn an den Schreibtisch verschwinden, wo er einen Aufsatz zu Papier brachte, der nichts Geringeres als seine Idee für einen »ewigen Frieden« enthielt. Drei Jahre Krieg hatten ihn zu der Überzeugung kommen lassen, dass die Menschen »furchtbar böse« seien, doch dass ein kleines Grüppchen »unsresgleichen«, also gebildeter und urteilsfähiger Männer, in einer Woche jenen Friedensschluss zustande bringen könnte, den Regierungen und Diplomaten der Welt, trotz der aufsehenerregenden Friedensbotschaft des amerikanischen Präsidenten Woodrow Wilson, nicht zustande gebracht hatten. Schönberg war der festen Überzeugung, dass es der »energische Wille der Mehrheit der Menschen« sei, »Kriege in Hinkunft zu vermeiden«. Sich weit aus dem Feld seiner musikalischen Kompetenz hinausbegebend, verfocht Schönberg die Idee eines internationalen Schiedsgerichts, dessen Entscheidungen durch eine multinationale »Armee von Wächtern« Nachdruck verliehen werden sollte. Er nahm mit diesen Vorschlägen geradezu prophetisch die Grundelemente des späteren Völkerbunds vorweg, doch die Zeitgenossen schenkten ihm kein Gehör.

Die Zustände in der gebeutelten Heimat zerrten an den zerrütteten Nerven des Komponisten. Trotz andauernder Geldnot arbeitete er in jenen Jahren vor und nach 1918 an der Niederschrift von Text und Musik eines Stückes, das wie wenige andere zeitgenössische Werke Wahrnehmung und Sehnsüchte der Kriegs- und Nachkriegsjahre widerspiegelt: Das Oratorium *Die Jakobsleiter* beginnt mit einem unerbittlichen, ostinaten Basslauf. Dynamisch, fast gewaltsam marschieren die Streicher voran, unbeeindruckt von den schmerzhaften Dissonanzen der Blech- und Holzbläser. Aus der Spannung der Eröffnungstakte erlöst die klare Tenorstimme des Erzengels Gabriel: »Ob rechts, ob links, vorwärts oder rückwärts, bergauf oder bergab – man hat weiterzugehen, ohne zu fragen, was vor oder hinter einem liegt.« Der Kriegsdienst spiegelt sich in diesen Worten, das Durchhalten in dunklen Zeiten. Doch die Passage endet im Imperfekt, Zeichen dafür, dass der Zustand des unaufhaltsamen Vorwärts der Vergangenheit angehört. Wie in der Bibel ist Schönbergs Engel der Verbindungsmann zwischen Erde und Himmel. Er verweist auf die höheren Sphären, eine bessere Welt, zu der die Sprossen heraufführen. Es ist ein Bild der Hoffnung, der Verheißung, ja der Erlösung. Der Wunsch nach Auflösung irdischen Leids in göttlicher Gnade. »Ich will«, so hatte Schönberg schon 1912 festgehalten, »(...) ein Oratorium schreiben, das als Inhalt haben sollte: wie sich der Mensch von heute, der durch den Materialismus, Sozialismus, Anarchie durchgegangen ist, der Atheist war, aber sich doch ein Restchen alten Glaubens bewahrt hat (in Form von Aberglauben), wie dieser moderne Mensch mit Gott streitet (...) und schließlich dazu gelangt, Gott zu finden und religiös zu werden. Beten zu lernen!«

In seiner mit dem Geld der Gönner angemieteten Wiener Stube hatte Arnold Schönberg zum Glauben gefunden, für ihn das einzige Mittel gegen die »Umstürzung all dessen, woran man früher geglaubt hat«. Die *Jakobsleiter* vertont beides, den Zusammenbruch und die Hoffnung auf die Renovierung alter Sinngebäude. In ihrer Komposition verbergen sich darüber hinaus die ersten tastenden Schritte zu einer ganz neuen und mathematisch-abstrakten Weise, Musik zu verstehen: der Zwölftontechnik. In ihrer Substanz weist sie, statt zu den Heilsversprechen der großen Ideologien, zu Gott.

Alvin C. York fällt auf die Knie, als er im Mai 1919 die kleine Hütte am Fuß der Berge in Pall Mall wiedersieht. Ein wenig ab vom Trubel, den seine Familie und Nachbarn veranstalten, dort, wo niemand ihn sehen kann, dankt er Gott für seine Heimkehr. Der hat in diesem Krieg die Hand über ihn gehalten und ihn vor allem Schaden beschützt. Er muss keine Worte an seinen Schöpfer richten, um seine Dankbarkeit auszudrücken. Er muss nur fühlen.

Als er zur heimatlichen Hütte zurückläuft, stürmen ihm seine Jagdhunde entgegen. Sie springen im Kreis, bellen und wedeln wild mit dem Schwanz. So aufgeregt sind sie, ihn wiederzusehen, dass sie ihn vor Freude fast umwerfen. York kniet sich zu seinen Gefährten hin, klopft ihnen die Flanken und streichelt ihnen die Köpfe, während sie ihm die Hände lecken. Bald wird er wieder mit ihnen durch die Wälder von Tennessee ziehen, die sich in seiner Abwesenheit kein bisschen verändert haben. Nach wie vor schnüffeln die Wildschweine im Waldboden nach Eicheln, die Kuhglocken läuten, der Hartriegel blüht wie jeden Frühling. Doch York sieht alles mit anderen Augen. Denn während hier alles beim Alten blieb, ist er ein anderer geworden. Er hat die Welt gesehen, hat um Leben und Tod gekämpft. Seine alte Existenz scheint weit hinter ihm zu liegen, als gehörte sie einer anderen Epoche an. York fühlt sich rastlos, aufgewühlt von Träumen, von schemenhaften Bildern. Die Erlebnisse der letzten Monate müssen einen Sinn haben; sie können nicht umsonst gewesen sein. York setzt sich an einen Berghang und grübelt, was er, der Überlebende des Weltkriegs, mit seinem Leben anfangen möchte.

Nach der großen Parade der Harlem Hellfighters scheint es Arthur Little fast unerträglich, weiter die Uniform zu tragen. Warum dauert es so viel länger, die Armee zu verlassen, als in sie aufgenommen zu werden? So viele Untersuchungen und Berichte. Für jeden Mann muss ein Zeugnis ausgestellt und ein Entlassungsbefehl unterzeichnet werden. Das Ganze begleitet von einer nicht enden wollenden Reihe von Ansprachen und Zeremonien.

Drei Tage nach der Parade kehrt auch endlich der Soldat Henry Johnson ins Camp zurück. Nach seinem Triumphzug durch Manhattan hat er seine Geschichte wieder und wieder den aufgeregten Reportern erzählen müssen. Als das Regiment am Abend ins Camp zurückverlegt wurde, fehlte von Henry Johnson jede Spur. Nun, nach dessen Rückkehr, ist es Littles Aufgabe, den Deserteur zu bestrafen. Zur Rede gestellt, berichtet Johnson, dass ihn eine Gruppe von feinen Herren zu einem Ausflug eingeladen habe. Sie waren großzügig und führten ihn in die Clubs und Restaurants der 5th Avenue. Dort gab es köstliches Essen und erlesene Getränke. Die Herren steckten dem Soldaten Geldnoten zu. Nach den Feiern sei er sehr müde gewesen und habe eine ganze Zeit in einem weichen Hotelbett schlafen müssen. Wie hätte er ein so großzügiges Angebot ausschlagen können? Hätte er nicht die Höflichkeitsstandards des Regiments verletzt? Um seinen Bericht mit Beweisen zu unterfüttern, zeigt er Little ein Bündel von Dollars, insgesamt über sechshundert. Der Offizier drückt beide Augen zu und schickt den Deserteur zu seiner Einheit zurück.

Einige Tage später, Little sitzt an seinem Schreibtisch und erledigt nicht enden wollenden Papierkram, klopft es an seiner Tür. Es ist wieder Johnson. Diesmal hält er seinen Entlassungsbescheid in der Hand. »Ich gehe nach Hause«, sagt Johnson, »ich geh' in meinen alten Beruf zurück. Ich bin gekommen, um mich von Ihnen zu verabschieden.« Little weiß, dass die restliche Truppe bereits in einen Zug nach New York gesetzt wurde. Johnson muss sich also von seinen Kameraden davongestohlen und die gute Meile von der Eisenbahnstation auf seinen verkrüppelten Füßen zurückgelaufen sein. Als Arthur Little ihm in die Augen schaut, spürt er einen Kloß in der Kehle. Er blickt aus dem Fenster auf das leergefegte Lager, das verlassen in der Sonne liegt. In diesem Augenblick ist Little klar, dass Johnson, der Kofferträger von der Albany-Eisenbahnstation, gerade dabei ist, ihm eine Nachhilfestunde in Kameradschaft zu geben. Little steht auf und tritt vor Johnson, der nach wie vor in Habtacht am Eingang steht. Seine Augen sind feucht und seine Lippen zittern, als er sich von Johnson verabschiedet: »Auf Wiedersehen, Henry, vergessen Sie mich nicht.« »Sie vergessen!«, antwortet Johnson, »wie könnte ich! Sie haben einen Mann aus mir gemacht.«

Harry S. Truman sieht seine geliebte Bess in Kansas wieder. Zunächst erspäht er sie nur aus der Ferne, denn das 129. Feldartillerieregiment muss in Kansas noch eine letzte Parade vorführen. Drei Tage später, am 6. Mai 1919, werden die Soldaten endlich offiziell entlassen.

Nach der Wiedervereinigung des Paares entbrennt der erste und letzte Streit, den Bess und Harry in ihrem Leben haben werden. Es geht um die Frage, ob die beiden nach der Hochzeit bei ihrer Mutter einziehen sollen, die Bess' Bräutigam für eine schlechte Partie hält. Harry ist dagegen, doch Bess behält schließlich die Oberhand. Wenige Wochen später kommt endlich der Moment, auf den die beiden schon so lange gewartet haben. Der 28. Juni 1919, der Tag der Unterzeichnung des Friedensvertrages von Versailles, ist in Kansas so heiß, dass in der Kirche die Blumen welken. An diesem Tag stehen Harry S. Truman und Bess Walace vor dem Traualtar. Auf den Hochzeitsfotos macht Truman ein feierliches Gesicht, das kaum verbergen kann, wie unendlich glücklich er ist.

Nach der Hochzeit muss Harry S. Truman seine Zukunft als Zivilist in die Hand nehmen. Gemeinsam mit seinem Kriegskameraden Edward Jacobson hat er einen Plan. Er verkauft Vieh von seiner Farm und nimmt darüber hinaus einen Kredit auf. Die beiden Männer wollen ein Geschäft für Herrenmode in der Innenstadt von Kansas City aufmachen. Die Geschäftsidee ist einfach: So viele Männer kommen jetzt aus dem Krieg zurück und brauchen etwas zum Anziehen. »Truman & Jacobson« soll in der Ladenetage des *Hotel*

Muehlebach eröffnen, eine gute Adresse. Die frischgebackenen Unternehmer wollen feine Herrenmode anbieten: Hemden, Socken, Krawatten, Gürtel, Unterwäsche und Hüte für den gehobenen Geschmack. Noch im selben Jahr findet die Eröffnung des neuen Geschäfts statt. In bunten Lettern prangt der Firmenname über dem Eingang, der Kachelboden ist glänzend gewienert, und große elektrische Ventilatoren drehen sich über den Auslagen. Der Laden öffnet morgens um acht und schließt erst abends um neun. Truman und sein Partner teilen sich die Zeit hinter dem Tresen auf. Von Anfang an kommen die alten Kameraden vorbei. Fast scheint es, als trauerten sie dem Krieg hinterher oder zumindest der Führung durch ihren ehemaligen Kommandeur, dem sie zur Erinnerung einen Pokal geschenkt haben, in den sein Name graviert ist. Überhaupt hört die »Battery D« auch nach dem Krieg nicht auf, Trumans Leben zu bestimmen. Seine Haare lässt er sich von einem ehemaligen Kameraden schneiden, der ihn schon unter einem Baum in der Nähe von St. Mihiel geschoren hat.

Nicht alle Träume jenes Frühjahrs 1919 lassen sich so leicht in die Wirklichkeit übersetzen, und manchem erscheinen nicht Bilder einer besseren, friedlicheren Zukunft, sondern fürchterliche Albträume. So ergeht es Soghomon Tehlirian, der – so erklärt er zumindest später vor Gericht – unerträgliche Bilder nicht aus seiner Erinnerung verbannen kann: die lange Kolonne der Vertriebenen aus seiner Heimatstadt Erzincan im Osten Anatoliens, die türkischen Soldaten, die den Marschierenden ihre Wertsachen wegnehmen wollen und die Schwester fortschleppen, Schüsse, Schreie, die zu Boden stürzende Mutter, das Beil, das seinem jüngsten Bruder den Schädel spaltet, der Schlag auf den Kopf, der ihn bewusstlos macht, das Erwachen unter der Leiche seines älteren Bruders. Wenn die Bilder in seinem Kopf lebendig werden, wird sein Körper von Krämpfen geschüttelt, und er verliert das Bewusstsein. Tehlirian ist im Februar 1919 von Tiflis nach Konstantinopel gekommen, in der Hoffnung, dort Mitglieder seiner Familie zu finden. In der Hauptstadt des vom Weltkrieg zerschlagenen Osmanischen Reiches schaltet er Anzeigen in verschiedenen Zeitungen, um Freunde und Verwandte auf sich aufmerksam zu machen. Soghomon Tehlirian ist Armenier, und er gehört zu den Überlebenden der Massaker an dieser Bevölkerungsgruppe, von der viele hunderttausend der Gewalt türkischer Soldaten und Zivilisten zum Opfer fielen. Tehlirians Annoncen bleiben unbeantwortet. Sind in den Massakern von 1915 wirklich alle gestorben?

V Ein trügerischer Friede

»Das Traumland der Waffenstillstandsperiode,
wo jeder sich (...) die Zukunft phantastisch,
pessimistisch oder heroisch ausmalen konnte,
ist geschlossen.«

Ernst Troeltsch, *Spectator-Briefe*, 26. Juni 1919

Curt Herrmann, *Flamingo*, 1917

Im April 1919 kehrt Milan Štefánik nach Paris zurück. Wie lange hat Louise Weiss diesen Moment herbeigesehnt! »Blasser als eine Leiche« tritt ihr Geliebter in ihr Redaktionsbüro, lässt sich auf einen Stuhl fallen, und die Erlebnisse der letzten Monate brechen aus ihm heraus. Aus Sibirien hat er sein Leben und das eines großen Teils seiner Männer retten können. Bei minus 35 Grad Kälte war ihm dafür das Kreuz der französischen Ehrenlegion verliehen worden, im Rahmen einer Zeremonie, während deren dem französischen General Maurice Janin die Ohren abfroren. Danach hatte die Rückreise über den Pazifik begonnen. Im japanischen Kōbe hatte Milan Štefánik vom Waffenstillstand erfahren. In Tokio erreichte ihn dann die Nachricht, dass er zum Kriegsminister der ersten Regierung der Tschechoslowakischen Republik ernannt worden war. Umso dringlicher war sein Wunsch gewesen, so schnell wie möglich nach Europa zurückzukehren. In seiner neuen Funktion wollte Milan Štefánik eine glanzvolle Rolle bei den internationalen Friedensverhandlungen spielen, die inzwischen in Paris und im Schloss von Versailles begonnen hatten. In den Gesprächen ging es auch um die internationale Anerkennung der tschechischen Unabhängigkeit. Doch als Štefánik Paris endlich erreichte, waren die Verhandlungen längst in vollem Gange, andere Politiker, allen voran der neue tschechoslowakische Premier Karel Kramář und der Außenminister Edvard Beneš, hatten längst am Tisch der Mächtigen Platz genommen. Nicht einmal Štefániks Versuchen, den französischen General Foch zu einer Rettungsaktion für die noch in Sibirien befindlichen Kameraden zu bewegen, ist ein Erfolg beschieden. So hat sich der General – nach den unendlichen Anstrengungen und Gefahren des letzten Jahres – seine Rückkehr nach Europa nicht vorgestellt! Hier in Paris kann er nichts bewirken. Kaum angekommen, möchte er so schnell wie möglich nach Prag reisen, um wenigstens dort den einem Kriegshelden angemessenen Empfang zu bekommen. Am besten wäre es, so träumt Štefánik, wenn er, gleichsam aus dem Himmel in sein Heimatland herabsteigend, Prag in einem Flugzeug erreichen könnte.

Diese Berichte und Überlegungen interessieren Louise Weiss brennend, bis ins kleinste Detail. Sie hat kein bisschen von ihrer Leidenschaft für die tschechoslowakische Sache und für den Mann verloren, der diese für sie verkörpert. Ist jetzt endlich der Moment gekommen, an dem sie mit ihm Seite an Seite kämpfen und helfen kann, die tschechische Unabhängigkeit zum Erfolg zu führen? Als Louise Weiss bei einem Besuch in Milans Wohnung in der Rue Leclerc das Gespräch vorsichtig von der politischen auf ihre persönliche Zukunft lenkt, verdunkelt sich Milans Miene, und er sieht ihr fest in die Augen. Louise Weiss spürt, dass er ihr ein Geständnis machen will. Nach kurzem Zögern eröffnet er ihr die niederschmetternde Wahrheit: Bereits im April 1918, beim »Kongress der unterdrückten Nationen Österreich-Ungarns« in Rom, habe er eine junge Frau, die italienische Marquise Giuliana Benzoni, kennengelernt und sich in sie verliebt. Wenig später habe er sie ein zweites Mal gesehen. Bald darauf sei sie seine Verlobte geworden.

Louise will ihren Ohren nicht trauen: »Und ich?«, fragt sie ihn, den sie für den Mann ihres Lebens hält. »Du?«, antwortet er, zum ersten Mal mit der vertraulichen Anrede in der zweiten Person Singular. »Ich wünsche mir, dass du mir sagst, dass ich frei bin. Ich schulde dir viel. Zu viel! Außerdem werde ich niemals dein Herr und Meister sein können.« Louise ist taub vor Schmerz, während Milans kalte Argumente wie Faustschläge auf sie eintrommeln: »Außerdem bist du nicht unschuldig, wie diese Perle, die ich meiner Verlobten schenken will.« Er öffnet ein Kästchen und zeigt ihr ein malvenfarbenes orientalisches Schmuckstück. Milan sieht Louises Tränen, doch er findet keine Worte, die sie trösten könnten. »Deine Erfahrung in politischen Dingen ist unvergleichlich, erstaunlich«, setzt er neu an. »Du benimmst dich wie ein alter Staatsmann (...). Du denkst ohne Unterlass. Aber ich möchte meinem Volk eine Jungfrau präsentieren, mit einem jungfräulichen Körper, vor allem aber einer jungfräulichen Seele. Seele! Verstehst du.« Schweigen breitet sich aus. Louise spürt, dass sie trotz all ihrer Talente nichts hat, was sie gegen die andere in die Waagschale werfen könnte. Sie versucht es nicht einmal; denn ihr ist klar, dass die schöne junge Aristokratin längst gewonnen hat und dass sie, mehr als Louise es je könnte, zu Štefániks Legende beitragen würde, die der Journalistin ebenso wichtig ist wie ihm. Doch Milan ist mit seinen Grausamkeiten noch nicht am Ende: »Ich werde ihr von dir als meiner besten Freundin sprechen. Ich habe ihr geraten, dass sie sich zuerst an dich wenden soll, wenn sie jemals in Schwierigkeiten sein sollte. Du wirst ihr helfen. Versprichst du es mir?« Louise weint. »Du bist unverzichtbar für mich«, murmelt Štefánik. Plötzlich fühlt Louise Zorn in sich aufsteigen: »Niemals werden Sie Giuliana heiraten«, wirft sie ihm an dem Kopf. »Nicht sie, nicht mich, niemanden. Sie gehören nur sich selber.« »Vielleicht, ma chérie«, antwortet Milan mit leiser Stimme und verabschiedet sich. Wenig später reist er nach Italien ab.

Der Frühling 1919 ist nicht nur die Zeit erblühender, sondern auch die Ära der zerplatzenden Träume. Das gilt insbesondere für unzählige Wunschvorstellungen, die an die Verhandlungen der Kriegsparteien in Paris und Versailles geknüpft sind: die Allmachtphantasien der Siegermächte, die Träume von nationaler Freiheit und Unabhängigkeit, den Glauben an die Entstehung einer gerechten und friedlichen Weltordnung, die stille Hoffnung der Verliererländer, dass die Folgen des Krieges milder ausfallen mögen als befürchtet. Der Überschuss an Zukunft verbraucht sich zusehends, je näher in den Sommermonaten des Jahres 1919 das Ende der Friedensverhandlungen rückt, jener entscheidenden Weichenstellung der Nachkriegszeit. In dem Maße, wie sich das Spektrum der Möglichkeiten verengt, müssen die Menschen der Wirklichkeit ins Gesicht sehen. Dort, wo die Verhandlungsergebnisse als Betrug an der Hoffnung empfunden werden, schlagen vielfach enttäuschte Erwartungen in Wut um. So sind die Friedensverträge, die den Weltkonflikt beilegen sollen, vielerorts Anstoß für neue Händel.

Der Berliner Künstler Curt Herrmann hat im Jahr 1917 einen Flamingo mit weiß-rosa leuchtendem Gefieder gemalt. Doch der prächtige Vogel stolziert nicht mehr auf seinen langen eleganten Beinen, sondern liegt mit nach hinten gebogenem Hals tot neben seinem leeren Fressnapf. An seinem Schnabel hat sich eine dunkelrote Blutlache gebildet. Im dritten Jahr des Krieges entstanden, scheint das Bild zunächst für das Ende der Hoffnung auf einen glorreichen Sieg und im weiteren Sinn für den Untergang der Belle Époque, für das Ende der alten Welt, der alten Eliten und ihrer glanzvollen Zeit zu stehen. Doch das Hinscheiden eines schönen Geschöpfes ist – weit über den engeren historischen Kontext hinaus – Sinnbild für das Scheitern von etwas Prächtigem, etwas Graziösem, das zu filigran ist, um in der rauen Wirklichkeit zu bestehen. Das war das Schicksal manchen Traumgespinstes im Frühjahr und Sommer 1919.

Im Weltkrieg waren so viele Opfer gebracht, so viele Versprechungen gemacht worden. Entsprechend hoch waren die Erwartungen, seit am 18. Januar 1919 im Uhrensaal des französischen Außenministeriums am Ufer der Seine die Verhandlungen eröffnet worden waren. In deren erster Phase, bei der sich zunächst nur die westlichen Gegner Deutschlands und ihre Verbündeten miteinander abstimmten, waren immerhin Vertreter von zweiunddreißig Ländern beteiligt. Großbritannien, Frankreich, Italien und die USA, die den »Rat der Vier« bildeten, gaben den Ton an. Um Amerikas neue Rolle in der Welt zu unterstreichen, war der amerikanische Präsident Woodrow Wilson schon im Dezember 1918 nach Paris gereist; eine über tausendköpfige amerikanische Delegation folgte ihm in die französische Hauptstadt. Mit den »14 Punkten« vom Januar 1918, die nach wie vor das Credo des amerikanischen Präsidenten waren, hatte Wilson schon fast ein Jahr zuvor neue Standards für die internationale Politik gesetzt: Das Selbstbestimmungsrecht der Völker solle Grundsatz der Weltpolitik werden und sogar für die kolonialen Reiche gelten, und alle Nationen der Welt sollten sich in einem Völkerbund zusammenschließen, der in Zukunft internationale Händel friedlich beilegen solle. Nur wenn solche Lehren gezogen würden, könne aus dem Ersten Weltkrieg wirklich ein Krieg werden, »der alle Kriege beendet«. Mit solchen Gedanken, die eine massive Pressekampagne in die ganze Welt trug, wurde Wilson zum Zentrum globaler Hoffnungen und zu einer geradezu messianischen Figur. Louise Weiss hat den amerikanischen Präsidenten und seine Gattin am 14. Dezember 1918 bei einer persönlichen Begegnung erlebt. Bei ihr hat der amerikanische Messias einen gemischten Eindruck hinterlassen. Wie ein »protestantischer Papst«, gar wie ein »Savonarola ohne Vergangenheit« habe er gewirkt, schreibt die Journalistin in ihren Memoiren. »Er schnitt durch das menschliche Magma entsprechend von Normen, die nur in seiner Philosophie existierten, während die armen Europäer, einschließlich der Engländer, in ihre Traditionen, ihre Interessen, ihre Protégés, ihre Vasallen verwickelt, dabei waren, mehr oder weniger lebensfähige Lösungen hervorzubringen.« Der französische Blick, nicht nur der von Louise Weiss, auf Wilsons Politik ist auch im weiteren Verlauf der Verhandlungen nüchtern; wichtiger als die hohen Ideale sind für das vom Krieg erschöpfte Frankreich Fragen der Entschädigung. Dass Wilsons vierzehn Punkte insbesondere die Hoffnungen der Menschen an den Peripherien der Kolonialreiche wecken, ist für das Mutterland des *Empire républicain* ein Grund zur Sorge und zur Verärgerung.

Nguyen Ai Quoc hält sich während der Friedensverhandlungen nach wie vor in Paris auf und versucht, seinen Lebensunterhalt als Fotograf zu verdienen. In einer Ausgabe der Zeitschrift *Vie Ouvrière* hat er eine Anzeige geschaltet: »Wenn Sie ein lebendiges Andenken an Ihre Eltern wollen, lassen Sie Ihre Photos bei Nguyen Ai Quoc retouchieren. Schönes Portrait, schöner Rahmen für 45 Francs.« Doch die Nachfrage ist gering. Nguyen lebt nach wie vor von der Hand in den Mund.

Die täglich eintreffenden Meldungen über den Fortgang der Friedenskonferenz versetzen Nguyen, so wie viele andere Einwanderer aus den Kolonien Frankreichs und Großbritanniens, in fiebrige Stimmung. Der Vietnamese hat – wie so viele Gegner des kolonialen Systems – Wilsons programmatische Schriften mit besonderer Aufmerksamkeit gelesen. In Versailles und Paris wird über die Geschicke der Welt entschieden. Wenn jetzt, so wie es Wilson angekündigt hat, die Stunde der Selbstbestimmung schlägt, dann darf sein Heimatland, die französische Kolonie Indochina, davon nicht ausgeschlossen sein. Nguyen sieht diesen Pariser Frühling als eine historische Chance an, die auf keinen Fall ungenutzt bleiben darf.

Gemeinsam mit anderen Aktivisten setzt er eine Petition im Namen einer »Gruppe von vietnamesischen Patrioten« auf. In Anlehnung an Wilsons vierzehn Punkte werden hier acht Forderungen aufgelistet. Von »Selbstbestimmung« oder gar Unabhängigkeit ist in der Petition keine Rede. Die Forderungen zielen lediglich darauf ab, den Vietnamesen mehr Rechte zuzugestehen: eine faire Justiz, Presse-, Bildungs- und Versammlungsfreiheit, eine bessere demokratische Vertretung Vietnams in der französischen Nationalversammlung. Auch sollen die politischen Gefangenen freigelassen werden. All dies sind Forderungen, die für das Mutterland der Menschenrechte eigentlich eine Selbstverständlichkeit sein sollten. Doch Frankreich hat seit der Großen Revolution den von ihm beherrschten Völkern auf der ganzen Welt ebenjene Errungenschaften vorenthalten, auf denen sein Stolz und seine Identität beruhen. Jetzt jedoch wird die Welt von einer Erschütterung heimgesucht, welche die Kolonialreiche zum Einstürzen bringen könnte, einem Weltbeben, das neue unabhängige Staaten entstehen lässt und Unruhen in Ländern hervorruft, die weit voneinander entfernt liegen: Ägypten, Japan, Indien, Korea, Mexiko. In einer solchen Epoche könnte auch das französische Weltreich erschüttert oder gar in den Abgrund gerissen werden.

Nguyen unterzeichnet die Forderungen für sein Heimatland Vietnam nicht nur mit seinem Namen, sondern er möchte persönlich dafür sorgen, dass sie ihre Adressaten erreichen. So sieht man ihn in den Fluren des Schlosses von Versailles, wo er den Büros jeder einzelnen Delegation die Forderungen eigenhändig ausliefert. Er versucht sogar, einen persönlichen Gesprächstermin mit Woodrow Wilson zu bekommen, und leiht sich dafür einen guten Anzug. Doch Nguyen scheitert am Vorzimmer des Präsidenten. Antwortschreiben verschiedener Delegationen beweisen allerdings, dass die Forderungen nach einer Milderung der Kolonialherrschaft in Indochina von den Verhandlern durchaus wahrgenommen werden. Am 18. Juni 1919 gelingt es Nguyen darüber hinaus, die Forderungen für Vietnam in der Zeitung *L'Humanité* zu veröffentlichen und damit einem großen französischsprachigen Publikum zugänglich zu machen.

Dies ist der Moment, als die französische Polizei auf den im Untergrund lebenden Migranten aufmerksam wird. Nicht nur aus dem Schloss von Versailles wird Nguyen von Sicherheitskräften herausgeworfen; von diesem Moment an ist ihm der französische Geheimdienst auf den Fersen. Ein Spion wird in die vietnamesischen Widerstandskreise in Paris eingeschmuggelt, ein Beobachtungsposten vor Nguyens Haustür aufgestellt. Die Sorgen und Maßnahmen der Polizei stehen allerdings in gewissem Widerspruch zu den ausbleibenden Erfolgen der vietnamesischen Zelle: Das Schicksal Indochinas spielt während der Verhandlungen in Versailles keine Rolle. Frankreich, Siegermacht des Ersten Weltkriegs, lässt sich von den schönen – und nicht ganz uneigennützigen – Ideen eines Woodrow Wilson weder von seinem Hauptinteresse ablenken, den Erbfeind Deutschland bitter für den Krieg zu bestrafen, noch von seinem Ziel, seine Herrschaft in der Welt zu festigen und auszubauen. Für Woodrow Wilson selbst ist die koloniale Frage keineswegs zentral. Er fürchtet sogar, dass die Aktivitäten der Unabhängigkeitskämpfer die Anstrengungen um die Entstehung einer neuen Weltordnung torpedieren könnten. Im ersten Entwurf der Völkerbundsatzung, den Wilson der Konferenz am 14. Februar 1919 vorlegt, kommt das Wort »Selbstbestimmung« nicht mehr vor.

»Alle scheinen derzeit hier zu sein«, schreibt Thomas E. Lawrence im Januar 1919 an seine Mutter. »Hier« ist in diesem Fall Paris, wo die Delegationen zur großen Friedensaushandlung eintreffen. Sogar Prinz Faisal, Sohn von Hussein I., König des Hedjaz und Kampfgefährte von Lawrence, ist in die französische Hauptstadt gekommen. Lawrence geht mit ihm auf der Seine rudern, um den Heeren von Reportern zu entgehen, die ihre Kameras voll Eifer auf den haschemitischen Prinzen mit seinen wallenden weißen Gewändern richten. Schon um 6 Uhr morgens stehen die beiden Männer auf, die auf den Schlachtfeldern des Mittleren Ostens so viele Gefahren gemeinsam durchgestanden haben. Von ihrem Hotel aus, dem *Continental* in der Rue de Rivoli, lassen sie sich in den Bois de Boulogne am Rand von Paris bringen, wo sie ihre Ruderpartie beginnen.

Dass Faisal als Vertreter der arabischen Völker an den Verhandlungen teilnehmen darf, ist ein Erfolg, den Lawrence den Engländern abgerungen hat. Er hat sich in den inneren Zirkeln und auch in der Öffentlichkeit für die arabische Sache eingesetzt. An den Herausgeber der *Times* schreibt er am 17. November 1918: »Die Araber sind dem

Krieg beigetreten, ohne zuvor einen Vertrag mit uns abzuschließen, und sie haben stets verstanden, den Versuchungen durch andere Mächte zu widerstehen. Sie hatten niemals einen Presseagenten, noch haben sie versucht, öffentlich für ihre Sache zu werben, aber sie haben so erbittert gekämpft, wie sie nur konnten (darauf würde ich schwören), und in drei Kampagnen Härten ertragen und Verluste hingenommen, die erfahrene Truppen zum Aufgeben gezwungen hätten.« Zu alldem habe sie nur ein Motiv getrieben: Arabien frei zu sehen.

Bei den Briten stößt Lawrence mit solchen Worten auf eine gewisse Offenheit, die Franzosen aber sehen allein Faisals Anwesenheit mit großer Skepsis. Der arabische Prinz muss einem französischen Unterhändler erklären: »Ich bin nicht hergekommen, um zu feilschen, sondern um der Welt zu zeigen, dass wir Araber nicht den Türken entkommen sind, um in eine neue Sklaverei einzutreten oder um aufgeteilt zu werden. Ich setze Sie davon in Kenntnis, dass ich gekämpft habe, um frei und souverän zu sein, und dass wir für diese Prinzipien sterben werden. Ich bin nicht bereit, irgendeinen Teil meines Landes an England auszuhändigen!« Doch Frankreich besteht darauf, dass die britisch-französische Vereinbarung aus dem Jahr 1916 eingehalten wird, ohne dem arabischen Unabhängigkeitskampf gegen das Osmanische Reich Rechnung zu tragen. Das sogenannte Sykes-Picot-Abkommen sieht vor, dass die Vorherrschaft über den Nahen Osten zwischen England und Frankreich geteilt wird. Doch Lawrence und Faisal hoffen auf amerikanische Unterstützung, um die Selbstbestimmung der arabischen Völker und die Gründung Syriens zu erreichen.

Tatsächlich erschreckt Präsident Wilson die Franzosen mit dem Vorschlag, eine Kommission nach Syrien zu entsenden, um den Willen der dortigen arabischen Bevölkerung zu ergründen. Frankreich setzt alles daran, die Umsetzung dieses Vorschlags zu verhindern. Lawrence gelingt es, ein Treffen zwischen Clemenceau und Faisal zu organisieren, in der Hoffnung, dass dabei die Meinungsverschiedenheiten ausgeräumt werden können. So ernst nimmt Lawrence das Engagement in dieser Sache, dass er Paris nicht einmal verlässt, als ihn per Telegramm die Nachricht vom Tod seines Vaters erreicht. Erst als er sicher ist, dass das erwünschte Treffen zustande kommen wird, nimmt er sich eine Woche Urlaub, um zu seiner Mutter zu reisen und sie zu trösten.

Das Treffen zwischen Faisal und Clemenceau findet Mitte April statt, und es ist die Mühe nicht wert, die Lawrence und Faisal darauf verwendet haben. Clemenceau macht ein vermeintliches Zugeständnis, indem er sich bereit erklärt, die syrische Unabhängigkeit zu gewähren, sofern Faisal anerkenne, dass das unabhängige Syrien unter französischem Mandat stehen werde. Aber eine Mandatsherrschaft ist keine Unabhängigkeit, und Faisals Hoffnungen auf Erfolg sind damit zunichtegemacht. Er verlässt Paris – nicht ohne vorher sein Testament verfasst zu haben – in einem Flugzeug der französischen Luftwaffe.

Wenig später, im Mai, besteigt Thomas E. Lawrence seinerseits eine britische Maschine, um persönlich in Kairo nach Dokumenten des Arab Bureau zu fahnden, dem er während des Krieges gedient hat. Auch er ist frustriert und formuliert in seinen Erinnerungen: »Die Jugend konnte siegen, aber sie hatte nicht gelernt, den Sieg zu bewahren; und sie war erbärmlich schwach gegenüber dem Alter. Wir dachten, wir hätten für einen neuen Himmel und für eine neue Welt gearbeitet, und sie dankten uns freundlich und machten ihren Frieden.«

Bei der Zwischenlandung in Rom gelingt es dem Piloten nicht, die Maschine, in der Lawrence sitzt, auf der Landebahn rechtzeitig abzubremsen. So gibt er notgedrungen wieder Gas, verfängt sich aber beim erneuten Abheben in den Zweigen eines Baumes. Das Flugzeug schlägt krachend auf dem Boden auf. Der Pilot stirbt an Ort und Stelle, der Kopilot einige Tage später an einem Schädelbruch. Thomas E. Lawrence kann aus den rauchenden Trümmern gezogen werden. Wie durch ein Wunder hat er sich nur ein Schulterblatt gebrochen und einige Zerrungen zugezogen. Nach einigen Tagen setzt er die Reise nach Kairo fort. An den Techniker Frederik J. Daw, der ihm das Leben gerettet hat, schickt er im Juli einen Brief mit einem Scheck über zehn Pfund: »Würden Sie sich bitte eine Kleinigkeit kaufen, um sich an unsere eher rauhe gemeinsame Landung in Rom zu erinnern? Es war mir gar nicht angenehm, in diesem Wrack zu hängen. War Ihnen sehr dankbar, dass Sie mich ausgegraben haben!«

Die Situation im Nahen Osten ist zu dieser Zeit alles andere als ruhig. Der arabischen Bevölkerung wird zunehmend bewusst, dass es in den Pariser Verhandlungen nicht um die Durchsetzung ihrer Interessen geht. Es mehren sich die arabischen Angriffe nicht nur gegen die nach wie vor in der Region stationierten britischen Truppen, sondern auch gegen die jüdischen Siedler in Palästina. Zwar hatte Faisal seine Haltung gegenüber den Zionisten in Paris deutlich gemacht und im Januar mit deren Führer Chaim Weizmann sogar ein Abkommen unterschrieben, das den Juden die Gründung eines eigenen Staates in Palästina zusicherte. Dieses Abkommen hatte jedoch keinen Rückhalt in der arabischen Bevölkerung und trat niemals in Kraft. Faisal hatte seine Zusage an die internationale Anerkennung der arabischen Unabhängigkeit gekoppelt.

Während Lawrence' und Faisals Abwesenheit beginnen sich die französischen, britischen und amerikanischen Positionen anzunähern. Eine Übergangslösung wird geschmiedet, die für die arabische Seite zumindest nach einem Teilerfolg aussieht: Während sich die Briten nach Palästina zurückziehen, erhält Frankreich die Kontrolle über Beirut und die syrische Küste, die Araber aber die Herrschaft über das Binnenland von Syrien. Das im Kampf befreite Damaskus könnte Hauptstadt eines neuen arabischen Staates werden. Als die ersten Nachrichten über die Einigung eintreffen, kann Lawrence es kaum fassen, und er entwirft einen Dankesbrief an den britischen Premierminister David Lloyd George, in dem er seine Überraschung deutlich zeigt: »Ich muss Ihnen eingestehen, dass ich im innersten Herzen immer davon überzeugt war, dass Sie die Araber im Stich lassen würden: Daher finde ich es jetzt sehr schwierig zu wissen, wie ich Ihnen danken soll. Die Sache betrifft mich persönlich, denn ich habe ihnen während der Kriegszüge zugesichert, dass unsere Versprechen gehalten werden, und habe darauf mein Wort gegeben, wie viel es auch immer wert sein möge. Jetzt haben Sie in Ihrem Abkommen über Syrien alle unsere Versprechen eingehalten und ihnen vielleicht sogar mehr gegeben, als sie verdienen, und meine Erleichterung, mit sauberen Händen aus der Sache herauszukommen, ist sehr groß.« Für einen kurzen historischen Moment scheint die arabische Unabhängigkeit zum Greifen nahe.

Gandhi quält sich mit dem Vorwurf, dass er einen »himalayagroßen Fehler« gemacht habe, als er die Inder zum zivilen Ungehorsam gegen das Kolonialregime aufgerufen hat. Aufruhr, Polizeieinsätze und Gewalt hat seine Kampagne gegen die Notstandsgesetze hervorgebracht. Gandhi fühlt sich mitschuldig an den Todesopfern, am Leid ihrer Angehörigen und gibt dies – zum Erstaunen und Missfallen seiner Zuhörer in verschiedenen indischen Städten – auch öffentlich zu. Wie können seine Anhänger nur Steine werfen, Züge blockieren und sogar Menschen verletzen, wenn er sie zum gewaltlosen Widerstand aufruft? Inzwischen quält ihn die Sorge, dass er durch sein Engagement die Inder dazu gebracht hat, den zweiten Schritt vor dem ersten zu machen. Nach den Ausschreitungen ist er mehr und mehr davon überzeugt, dass vor dem Widerstand ein innerer Reifungsprozess stattfinden muss. Erst wenn die Menschen Gehorsam und Selbstdisziplin gelernt hätten, erst wenn sie bereit wären, die Gesetze des Staates und der Moral zu befolgen, könnten sie auch gezielte und gut geplante kollektive Aktionen zivilen Ungehorsams gegen einzelne, wohl ausgewählte Maßnahmen der Obrigkeit durchführen. Nur so, glaubt Gandhi nun, kann verhindert werden, dass Proteste aus dem Ruder laufen und damit der anderen Seite den Vorwand zur Gewalt liefern. Gandhis Kritik an den kolonialen Behörden ist deutlich, doch ihm ist zugleich bewusst, dass er das Regime nur verändern kann, wenn er seine Bewegung und deren Fähigkeit zur politischen Mobilisierung perfektioniert. Ein Schritt in Richtung auf dieses Ziel ist die Bildung einer Gruppe von reiferen Aktivisten, die ihm helfen sollen, die Massen zur »Satyagraha«, zum gewaltlosen Widerstand, zu erziehen. Auch wählt er den Weg über das gedruckte und massenhaft verbreitete Wort, vor allem als Herausgeber der Zeitschrift *Young India*.

Nicht nur Gandhi gibt sich die Schuld an den Gewaltausbrüchen des Jahres 1919, auch die Gegenseite macht ihn für die Geschehnisse verantwortlich. Vor der Hunter-Kommission, welche die Umstände des Massakers von Amritsar aufklären soll, bezeichnet der Brigadegeneral Reginald Dyer Gandhi sogar als Hauptschuldigen an den Ausschreitungen – obwohl dieser viele hundert Kilometer vom Ort des Geschehens entfernt war. Der Mann, der den Schießbefehl auf Zivilisten gegeben hat, zeigt in seiner Vernehmung keinerlei Reue. Weder die Tatsache, dass er das Feuer so lange aufrechterhielt, bis die Menge vollständig zerstreut war, noch die Entscheidung, nach dem Massaker keine Maßnahmen zur Versorgung der Verletzten ergriffen zu haben, erscheinen ihm rückblickend als falsch. Letzteres sei nicht seine Aufgabe gewesen, dafür gebe es schließlich Krankenhäuser. Dyer wird schließlich falscher Pflichtauffassung für schuldig erklärt und aus dem Dienst entlassen. Dennoch kann sich die Unabhängigkeitsbewegung nicht mit den Ergebnissen der Hunter-Kommission abfinden, denn die Opfer sind nicht gehört worden. Gandhi trägt dazu bei, dass eine Gegendarstellung veröffentlicht wird.

Einige Monate später wird Gandhi in einer Rede vor Muslimen in Delhi zum ersten Mal das Wort »Non-Cooperation« benutzen. Er spürt die Wut und die Angst in der Menge. Er weiß, dass seine Zuhörer nicht nur über die Zustände in Indien frustriert sind, sondern auch über den Verlauf der Friedensverhandlungen in Versailles, die keinerlei Hoffnung darauf machen, dass sich die Situation der indischen Muslime verbessern könnte. Der Begriff »Nicht-Kooperation« scheint gegen diese Frustrationen zu mobilisieren. Er ist Gandhi während der Rede in den Sinn gekommen, ohne dass er schon eine klare Vorstellung davon hat, was er damit genau meint. Aber das Wort scheint die Zuhörer zu inspirieren. Als er es ausspricht, brandet Applaus auf. Erst im Verlauf der Rede und in der folgenden Zeit wird das Konzept mehr und mehr an Gestalt gewinnen und ebenjene Präzisierung und Disziplinierung des zivilen Widerstands ermöglichen, die Gandhi zuvor vermisst hat. Zentrale Bestandteile der »Nicht-Kooperation« sind die Dienstverweigerung der indischen Angestellten in der Kolonialverwaltung und der Verzicht auf englische Waren zugunsten von einheimischen Produkten. Darüber hinaus engagiert sich Gandhi für die Verbreitung von Webrahmen, die es erlauben sollen, mit einfachen Mitteln indische Stoffe herzustellen und so Menschen vom unteren Rand der indischen Gesellschaft ein Einkommen zu ermöglichen. Es ist der Beginn der »Khadi«-Bewegung.

Paris scheint von Delhi aus betrachtet gleichzeitig sehr weit entfernt und ganz nah: Gandhi und andere Vertreter der indischen Nationalbewegung hätten im Januar 1919 bei der Eröffnung der Friedenskonferenz anwesend sein sollen. So war es auf einer Sitzung des Indischen Nationalkongresses vom Dezember 1918 beschlossen worden. Tatsächlich hatte jedoch die Kolonialregierung von Britisch-Indien eine Delegation nach Paris geschickt, die dort die Interessen des Empire vertreten und auf einen Platz Indiens im Völkerbund hinwirken sollte. Die Delegation wurde vom britischen Staatssekretär Edwin Samuel Montagu geleitet. Es war zwar auch ein Vertreter des Nationalkongresses Mitglied der Delegation. Er gehörte jedoch dessen gemäßigtem Flügel an, der aber immerhin darauf pochte, dass 1,2 Millionen Inder aufseiten des Empire im Weltkrieg gekämpft hatten und dafür eine Gegenleistung erwarten könnten.

Dass Gandhi sich nicht nach Europa aufmachte, mag daran gelegen haben, dass er ahnte, dort weitaus weniger ausrichten zu können als in den Kämpfen zu Hause. Er gehörte nicht zu denjenigen indischen Freiheitskämpfern, die sich Wilsons Rhetorik der »Selbstbestimmung« zu eigen machten, sondern er versuchte, eigene Konzepte zu schmieden, mit denen er sich von den westlichen Ideologien insgesamt unabhängig machen könnte. Abgesehen von solchen taktischen Überlegungen war ein Grund für Gandhis Verzicht auf eine Reise womöglich auch der Umstand, dass sich einer seiner langjährigen Kampfgefährten, Bal Gangadhar Tilak, bereits seit Oktober 1918 in London befand und von dort aus versuchte, in Paris Einfluss zu nehmen. Tilak war inzwischen zweiundsechzig Jahre alt, ein erfahrener Politiker, der seit Jahrzehnten maßgeblich an der Entstehung der indischen Autonomiebewegung beteiligt war.

Im Januar 1919 wendet sich Tilak an die Führer der Alliierten, an Lloyd George, an Clemenceau, vor allem aber an den amerikanischen Präsidenten Wilson, dessen Versprechen in Indien ein breites positives Echo ausgelöst haben: »Die Hoffnung der Welt auf Frieden und Gerechtigkeit ruht auf Ihnen, dem Verkünder des großartigen Grundsatzes der Selbstbestimmung.« Sein Flugblatt »Selbstbestimmung für Indien« legt er dem Brief bei. Es ist mit der Karikatur eines großen Ozeanriesen illustriert. Menschen aller Kontinente sind an Bord, um sich auf die Reise von der »Autokratie zur Freiheit« zu machen. Der Erste Offizier trägt die Züge von Lloyd George. Indien, dargestellt als Frau im Sari, möchte mit auf die Reise gehen. Doch der Offizier hat keine Fahrkarte für sie.

Von Wilsons Privatsekretär kommt als Antwort lediglich ein Brief mit Dankesworten und einigen lauwarmen Zusagen. Bis zu seiner Rückkehr nach Indien, im November 1919, gelingt es Tilak nicht einmal, von der britischen Regierung einen Pass zu erhalten, der ihm die Reise von London nach Paris ermöglicht hätte. Das Ziel der offiziellen indischen Delegation, Indien einen Platz im Völkerbund zu verschaffen, wird allerdings erreicht. Das Ergebnis ist paradox: So können Vertreter Indiens über die Unabhängigkeit anderer Völker abstimmen, ohne selber aus einem unabhängigen Land zu kommen.

Im Büro von Louise Weiss geben sich die Delegationen der Versailler Verhandlungen die Klinke in die Hand. Gewiss kommen die großen Männer der internationalen Politik nicht persönlich in ihr Büro. Angelockt vom Namen der Zeitung und vom Ruf seiner Herausgeberin, begeben sich jedoch Heerscharen von Beratern, Mitarbeitern und Fachleuten zu ihr, um an neueste Informationen zu gelangen und über das Blatt die öffentliche Meinung zu beeinflussen. Man zeigt ihr Landkarten, enthüllt wagemutige Pläne, lädt zu Abendessen in verschwiegene Restaurants ein. Louise Weiss ist ohne Frage eine Persönlichkeit von einem gewissen Gewicht im politischen Paris geworden, eine der wenigen Frauen, die mitreden dürfen. Allein ihre Mutter hat mit dem Aufstieg ihrer Tochter Schwierigkeiten: »Wenn sie meine Initiativen unterstützte, dann immer nur aus Überzeugung, nie aus Zuneigung. Sie hätte gewollt, dass ich mein Leben lang in einer Hierarchie festsitze, und ertrug schlecht, dass mein Name, der zu strahlen begann, auch der ihre war.« Es ist die Fortsetzung eines lebenslangen Mutter-Tochter-Dramas, das plötzlich jedoch von einem deutlich größeren überschattet wird. Louise Weiss erfährt die Schreckensnachricht aus der Zeitung.

Am 4. Mai hat Milan Stefanik ein Flugzeug von Italien in die Tschechoslowakai bestiegen. Er hat die böhmische Grenze schon überflogen. Doch bei der Landung gerät die Maschine außer Kontrolle, zerschellt, und Milan stirbt in den Trümmern. Trotz der bitteren Vorgeschichte bricht für Louise eine Welt zusammen. Für wen soll sie jetzt die nicht enden wollende Arbeit erledigen, die Nächte in der Druckerei verbringen, die Sonntage bei politischen Empfängen? Wie soll sie ohne die Idee eines Freundes existieren, möge er sie auch noch so sehr enttäuscht haben? Während sie um Milan weint, weint Louise auch um sich selbst. Sie hat ihr

Leben in seinen Dienst gestellt, in den Dienst seines Werkes. Was soll ihrer Existenz jetzt noch Sinn geben? Ihr erster Impuls ist, sich wie so viele Frauen ihrer Zeit nur noch um ihr privates Glück zu kümmern. All der Ehrgeiz, der sie über Jahre angetrieben hat, scheint wie weggeblasen. Die Politik ist mit einem Mal uninteressant geworden. Louise fühlt sich deklassiert. Aber soll sie sich für immer in ihrem Kummer einsperren und »statt des Planeten nur noch sich selber verschlingen«? Dann wäre sie ein anderer Mensch geworden. Vorwärts also? Aber wofür, in wessen Namen? Louise gibt sich einen Ruck und sich selber die Parole: Im Namen der Erinnerung! »Entschlossen und unglücklich, legte ich mich auf diese innere Rechtfertigung fest.«

Am selben Abend, Louise Weiss kann keinen Schlaf finden, spricht eine Fremde bei ihr vor. Ein feines Wesen mit glänzenden schwarzen Augen betritt den Salon. Sie wirft sich in Louises Arme und flüstert in gebrochenem Französisch: »Ich bin Giuliana. Milan hat mir gesagt, dass ich zu dir kommen soll, wenn ich Kummer habe. Ich bin extra aus Rom gekommen. Ah! Ich habe ihn geliebt.« Sie weiß sofort, wer da vor ihr steht. Eigentlich müsste sie sie fortschicken. Doch der Anblick der trauernden jungen Frau erweicht ihr Herz. Louise Weiss bietet ihr Unterkunft an, schenkt ihr Gehör. Giuliana zeigt ihr Geschenke, die Milan aus Japan mitgebracht hat. Niemals, so beteuert die Italienerin, würde sie sich über Milans Tod hinwegtrösten können.

Marina Yurlowa hat auf ihrer Reise mit der Transsibirischen Eisenbahn nach Osten Bekanntschaft mit drei jungen russischen Damen gemacht. Sie sind in elegante Kleider mit tiefen Decolletés gekleidet und geben sich als Schülerinnen des feinen Petersburger Smolny-Instituts aus. Bereits auf der Zugfahrt haben sich die angeblichen Zöglinge der Bildungsanstalt für adelige Mädchen ohne jedes Bedenken von einem reichen Russen aushalten lassen, und auch nach der Ankunft im russisch-chinesischen Harbin gilt ihr erstes Interesse der örtlichen Männerwelt.

»Es ist schon neun«, ruft Katja eines Abends aus, und wie auf Befehl springen die drei auf die Füße und beginnen sich umzuziehen. So feine Unterwäsche hat Marina in ihrem ganzen Leben noch nicht gesehen. Während sie sich in verführerische Luxuswesen verwandeln, stoßen die drei gar nicht feine russische Flüche aus. »Komm mit«, sagt Nadia, »wir sind zu einem chinesischen Abendessen eingeladen. Jede Menge Spaß.« Marina hat keine Lust, die ganze Nacht allein in der kargen Bleibe zu verbringen, in der sie mit ihren neuen Bekanntschaften abgestiegen ist. So erhebt auch sie sich von ihrem Bett und beginnt, sich anzuziehen, doch sie hat keine andere Kleidung als ihre Kosakenuniform.

Durch die dunklen Straßen des nächtlichen Harbin gelangen die vier jungen Frauen zu einem ansehnlichen Restaurant. Der Türsteher geleitet sie in einen eleganten Esssaal, wo ein Tisch bereits reich gedeckt und mit Blumen dekoriert ist. Ein Vorhang gleitet zur Seite, und fünf elegant gekleidete chinesische Herren betreten den Raum. Marina fühlt sich unwohl in ihrem schweren Armeemantel. Ein Kellner reicht scharfen Alkohol, die Konversation wird auf Französisch geführt, und schließlich beginnt das Abendessen, das aus einer nicht enden wollenden Folge von kleinen Schüsseln mit chinesischen und europäischen Spezialitäten besteht. Marina kann kein Französisch, Zigarettenrauch füllt ihre Lungen, und der Alkohol macht sie schwindelig. Langsam sinkt ihr müder Kopf zwischen zwei Teetassen auf die Tischplatte.

Als Marina nach einiger Zeit die Augen öffnet und sich schwankend auf ihre Füße stellt, hat sich die Szene gründlich geändert. Nadia spielt einen Tango auf dem Klavier, die Männer sitzen auf Kissen, an die Wand gelehnt, und Katja ist dabei, sich zum Klang der Musik ihrer Kleider zu entledigen. Lasziv bewegt sie sich in ihrem rosa Unterrock, ein Seidenstrumpf ist bereits zu Boden geglitten, ihre offenen Haare umspielen ihr vom Tanz gerötetes Gesicht, während die Männer ihr anfeuernd Geldnoten zuwerfen.

Als Sonia Marina bemerkt, kommt sie in der bemüht konzentrierten Art, die sehr betrunkenen Menschen eigen ist, zu ihr herüber. Sie nimmt Marina an die Hand, führt sie zu einem dicken Mann und drückt sie auf dessen Schoß. Der Mann beginnt, Marina von den Schultern bis zu den Knien zu begrabschen, während vom Klavier her ein Marsch ertönt. Ein zweiter Mann kommt hinzu und beginnt, am mittleren Knopf von Marinas Uniform zu nesteln. So lange hat sie jetzt die Männerrolle gespielt, dass sie nicht damit gerechnet hat, dass ein Mann sie als Frau wahrnehmen könnte. Es ist dieser Moment der erzwungenen Rückverwandlung, in dem die Kosakin plötzlich stocknüchtern wird. »Ich will dich nicht«, schreit sie und springt auf. »Bringt mich hier raus«, flüstert sie ihren Reisebegleiterinnen zu. »Du kleine Schlampe weißt wirklich nicht, was gut für dich ist!«, flucht Sonja. Aber sie bugsiert sie zu einem Ausgang, wo sie eine Rikscha findet. Nur fort von hier, mit dem nächsten Zug nach Wladiwostok.

James Reese Europe verfällt nach der Entlassung aus dem Militärdienst in fieberhafte Aktivität. Er weiß, dass er den Moment des Ruhms in den Monaten nach der Demobilisierung nutzen muss. Noch sind die Harlem Hellfighters gleichermaßen die Idole des schwarzen wie des weißen Amerika, noch gilt ihre Kapelle als Fanfare des Sieges. Im März 1919, wenige Wochen nach der großen Siegesparade in New York, beginnt die einstige Regimentskapelle der 369ten eine zehnwöchige Tour an der amerikanischen Ostküste und im Mittleren Westen. Das Eröffnungskonzert findet in vornehmer Kulisse in Hammersteins Manhattan Opera House statt. Der beliebte Sänger Noble Sissle übernimmt eine Reihe von Soli. Das Konzert ist ein gewaltiger Erfolg. Das Publikum tobt und verlangt eine Zugabe nach der anderen; die Zeitungen überschlagen sich vor Begeisterung über jene »Echos des Lagerlebens«. Von New York geht es nach Philadelphia, von dort nach Boston, wo der Empfang ebenso begeistert ist. Danach reist die Kapelle in zwei Bussen nach Westen, um unter anderem in den Städten Chicago, Buffalo, Cleveland und St. Louis aufzutreten. Überall im Mutterland des Jazz lösen die trickreichen Kompositionen, die quakenden Töne der gestopften Blechblasinstrumente, das schiere Können und die Spielfreude der Bigband Stürme der Begeisterung aus. Das Repertoire ist breit: von französischen Märschen über amerikanische Volkslieder bis hin zum von Reese komponierten Kriegshit *On Patrol in no Man's Land*, der mit Licht- und Soundeffekten das Donnern der Bomben und das Rattern der Maschinengewehre aufnimmt. Sogar synkopierte Versionen klassischer Kompositionen wie der *Peer Gynt Suite* werden dem Publikum geboten. Der *Chicago Defender* jubelt: »Die Arbeit der ›Hellfighter‹ muss den Vergleich mit den besten Orchestern nicht scheuen. In vielerlei Hinsicht lassen sie alle hinter sich: Denn fraglos kann sich keine andere Formation in der Welt mit dieser in der Interpretation von ›Blues‹, ›Jazz‹ und ›Negro folk‹ messen.« Bei einem Auftritt im Örtchen Terre Haute allerdings mischen sich Misstöne in den gewaltigen Erfolg der Tour. Der Leiter des örtlichen Opernhauses besteht darauf, dass – wie in seinem Haus üblich – schwarze und weiße Zuschauer getrennt voneinander sitzen müssen. Die Öffentlichkeit reagiert zornig auf diese Anordnung, die im Widerspruch zu ebenjener Botschaft steht, die mit der Unterhaltungsmusik der Regimentskapelle transportiert wird: der Emanzipation der schwarzen Amerikaner. Am Abend der Vorstellung versammeln sich wütende Frauen vor dem Opernhaus und verteilen Flugblätter gegen die »Schande der Rassentrennung«. Am Ende spielt James Reese Europe mit seiner Kapelle vor zweihundert weißen und zwei schwarzen Zuhörern, die in der Presse als »Verräter« tituliert werden. Für den 10. Mai 1919 ist das Abschlusskonzert der Tour in Harlem geplant. James Reese Europe kann sich über einen gewaltigen Erfolg freuen. Mit neununddreißig Jahren steht der Komponist und Bandleader auf dem Höhepunkt seines Ruhms, sein kometenhafter Aufstieg während des Krieges setzt sich im Frieden fort. Doch es ist der Erfolg des schwarzen Unterhaltungskünstlers, nicht des schwarzen Soldaten und schon gar nicht des schwarzen Bürgers.

Auch für Henry Johnson wird nach seiner Rückkehr und nach der großen Parade in New York der rote Teppich ausgerollt. Amerika will den »Black Death« sehen, der auf den französischen Schlachtfeldern der amerikanischen Armee zum Sieg verholfen hat. Ein Agent bietet ihm 10 000 Dollar für eine Vortragsreise durch Amerika. Doch Johnson lehnt ab. Er hat kein Vertrauen zu einem weißen Agenten.

Der Ruhm jedoch gefällt ihm. Im März 1919 begleitet er Colonel Hayward, den Befehlshaber seiner Einheit, zu einer Veranstaltung, bei der »Liberty Bonds« verkauft werden. Wenig später lässt er sich für 1500 Dollar nach St. Louis einladen. Dort soll vor großem Publikum der Beitrag schwarzer Amerikaner zum Sieg gefeiert werden. Johnson holt sich erst einmal seine Gage ab, während auf der Bühne bereits ein Prediger die Menge beschwört. Der feiert die Heldentaten schwarzer Soldaten als einen Neuanfang für ganz Amerika, nicht nur im Krieg, sondern auch im Frieden. Er zeichnet das Bild einer Zukunft, in der schwarze und weiße Amerikaner harmonisch, in Anerkennung ihrer jeweiligen Verdienste zusammenleben.

Als Johnson, mit Orden behängt, auf die Bühne humpelt, empfängt ihn frenetischer Jubel. In diesem Moment scheint er der Inbegriff des neuen Amerika zu sein. Er tritt an das Mikrophon. Doch schon nach den ersten Sätzen wird jedem Zuschauer klar, dass Johnson keineswegs vorhat, in den Wohlklang der Harmonie einzustimmen. Er will Klartext reden über den Krieg. So beginnt er, dem Publikum seine Erfahrungen zu schildern, von der Einberufung an: die schlechte Ausbildung, die mangelnde Ausrüstung, die Verachtung der weißen Soldaten, die nicht neben den schwarzen im Schützengraben sitzen wollten. Auch an der Front habe es keine Solidarität zwischen Weiß und Schwarz gegeben. Die Soldaten aus Harlem seien als minderwertig behandelt worden, gerade gut genug für Hilfsarbeiten und als Kanonenfutter. Sie seien nur dann zum Kämpfen eingesetzt worden, wenn es für die weißen Soldaten zu gefährlich geworden sei: »Schick die Nigger an die Front, dann gibt es weniger von ihnen in New York«, habe er einen weißen Offizier sagen hören. Die angestaute Wut, die Erniedrigungen und Traumata des gesamten Feldzugs brechen aus ihm heraus: »Ja, ich habe tote Menschen gesehen. Ich habe so viele tote Körper aufgestapelt gesehen, dass ich, wenn ich einen lebendigen sah, nicht glauben konnte, dass er echt ist.«

Er sieht sich als Helden, aber er will nicht der verlogene Held der Weißen sein, und er hat Zweifel, dass Amerika ihm sein Opfer danken wird: »Wenn ich ein Weißer wäre, dann wäre ich jetzt Gouverneur von New York«, wirft er den Zuhörern entgegen. Je länger er spricht, desto größer wird der Unmut im Publikum. Erst hört man Raunen, dann Zwischenrufe und Pfiffe. Als Johnson endet, braust lautstarke Empörung auf. Die versammelten Würdenträger der Stadt und die Priester versuchen, die Menge zu beruhigen. Sie entschuldigen sich für den zornigen Redner, versuchen zu vermitteln.

Erst nach dem Ende der Veranstaltung können die Stimmen laut werden, die im Saal zuvor kaum zu hören waren. Am Ausgang wird Johnson von donnerndem Applaus und Jubel empfangen. Hände greifen nach ihm, er wird auf die Schultern gehoben und wie eine Trophäe durch die ganze Stadt getragen. Frauen überhäufen ihn mit Blumen und Küssen. Im Saal war er der Verräter, doch in den Straßen von St. Louis ist er ein Held. Am nächsten Tag wird Johnson von der Presse beschuldigt, »Rassenunruhen« in St. Louis ausgelöst zu haben.

Es sollte Henry Johnsons letzter großer Auftritt in der Öffentlichkeit sein. Nach den Pfiffen von St. Louis will kein Veranstalter ihm mehr eine Bühne bieten. Er lebt von Gelegenheitsjobs. Die Schmerzen, die seinen geschundenen Körper und seine traumatisierte Seele heimsuchen, beginnt er mit Alkohol zu betäuben. 1923 verlässt ihn seine Frau. Von diesem Tag an ist Henry Johnson, der »Schwarze Tod«, allein mit seinen Erinnerungen und Verletzungen.

Eines der letzten Konzerte der Tournee, die James Reese Europe quer durch Nordamerika geführt hat, findet am 9. Mai in Boston statt. Kälte und Regen überziehen die Ostküste. Da das Boston Opera House schon gebucht ist, muss die Band in der alten und zugigen Mechanics' Hall auf der Huntington Avenue auftreten. Schon seit einigen Tagen fühlt James Reese Europe die Symptome einer Grippe aufsteigen, doch er ist entschlossen, die letzten Auftritte der Erfolgstournee zu absolvieren. Die Matinee geht gut über die Bühne, und Europe kann sich auch für das Abendkonzert noch einmal aufrappeln.

Was an jenem Abend geschieht, ist in einem Schreibmaschinenmanuskript des Tenors Noble Sissle überliefert: Das Konzert läuft bis zur Pause wie geplant. Doch während die Musiker die Bühne verlassen, begeben sich zwei Schlagzeuger, die Zwillinge Steve und Herbert Wright, direkt in die Garderobe von James Reese Europe. Sie sind zornig, und Europe versucht, sie mit den richtigen Worten zu beruhigen. Stille, dann platzt es aus Herbert heraus: »Ich arbeite hart für Sie. Schauen Sie meine Hände an, sie sind geschwollen, weil ich alles daransetze, den Takt zu halten. Aber Steve macht am laufenden Band Fehler, und Sie sagen nie etwas zu ihm.« Herbert lässt sich herauskomplimentieren, kommt jedoch kurz danach völlig außer sich zurück. Er wirft seine Trommel in die Ecke von Europes Garderobe und schreit: »Ich bringe jeden um, der mich schlecht behandelt, Jim Europe, ich bring dich um!« Alle sehen wie gelähmt zu, wie Herbert ein Taschenmesser hervorzieht. Europe bewahrt die Ruhe und sagt fest zum erzürnten Schlagzeuger: »Herbert, verschwinde jetzt!« In diesem Augenblick wirft sich Wright auf Europe und sticht ihm das Messer in den Hals.

James Europes Uniformhemd färbt sich blutrot, die Wunde wird notdürftig mit einem Handtuch umwickelt und ein Krankenwagen gerufen. Der Bandleader gibt noch die Anweisung, dass das Konzert unter der Leitung seines Assistenten zu Ende gespielt werden solle: Sissle solle dafür sorgen, dass die Vorbereitungen für das nächste Konzert reibungslos abliefen. Bis der Vorhang sich am nächsten Tag öffnen werde, sei er zurück.

Doch dazu wird es nicht kommen. Den Ärzten gelingt es nicht, die Blutung zu stillen. Als Noble Sissle nach dem Ende des Konzerts ins Städtische Krankenhaus kommt, werden die Bandmitglieder gebeten, Blut für ihren Dirigenten zu spenden. Doch einige Minuten später stellt sich heraus, dass selbst das nicht mehr helfen kann. James Reese Europe ist tot.

Bei seiner Hochzeit wird Alvin York klar, dass er auch in seiner bergigen Heimat so etwas wie ein Held geworden ist. Über tausend Gäste kommen zur Feier und sitzen an der längsten Festtafel, die das Dörfchen Pall Mall je gesehen hat. Die Menschen der ganzen Gegend sorgen dafür, dass sich die Tische unter Bergen von Ziegen-, Schweine- und Truthahnbraten, Eiern, Maisbrot, Milch, Marmelade und Kuchen biegen.

Als alle Gäste wieder abgereist sind, macht sich Alvin York an die Arbeit. Er hat jetzt lange genug nachgedacht und weiß, was er will. Er hat verstanden, dass er nicht vom Zufall in den Krieg und in die weite Welt gerufen wurde, dass er nicht umsonst überlebt hat. Der einstige Pazifist ist zu der Überzeugung gekommen, dass der Krieg einen Sinn hatte. Nicht den Sinn allerdings, den die Politiker und Schlachtenlenker plausibel zu machen versuchen, sondern seinen ganz persönlichen: Gott hat ihn in Gefahr gebracht und daraus errettet, um ihm einen Auftrag zu übermitteln: York sollte den Tod sehen, um zu begreifen, wie wertvoll das Leben ist. Er sollte die große Welt bereisen, um zu lernen, wie beschränkt und abgeschlossen die Welt ist, aus der er stammt. Er sollte verstehen, wie wenig er verstand, und er sollte daraus die Konsequenzen ziehen.

Als Erstes stattet York dem Straßenamt des Bundesstaats Tennessee einen Besuch ab und überzeugt die Verantwortlichen davon, eine Straße nach Pall Mall zu bauen. Bisher hatte er immer gedacht, dass die Berge die Bewohner der Täler vor den Gefahren der Welt beschützten. Jetzt ist ihm klargeworden, wie viele wichtige Einflüsse seinen Landsleuten dadurch auch vorenthalten blieben. Die Straße, deren Bau schon bald begonnen wird, soll der Anfang einer Öffnung sein.

Noch schwerer wiegt für Alvin York das Eingeständnis darüber, wie verloren er gewesen war, als er die enge Welt seiner Heimat verließ. Alvin York hat im Krieg das Ausmaß seines Unwissens und seiner Unbildung erkannt und möchte, dass die Kinder seines Ortes es besser haben. Er sammelt Geld für den Bau einer neuen Schule und die Beschäftigung neuer Lehrer. Einige Monate später stehen tatsächlich neue Gebäude, Lehrer und Unterrichtsmaterialien bereit. Alvin York lädt die Kinder der Gegend in seine Schule ein, von denen viele weder lesen noch schreiben können. Später möchte er noch eine Berufsschule gründen, einen Spielplatz anlegen, eine Bibliothek einrichten und die ärztliche Versorgung sichern. Die Kinder sollen Wissen erwerben, sie sollen lernen, wie man sich mit qualifizierter Arbeit ernähren kann. Eines Tages würden sie das Leben in den Bergen verändern: mit Straßen, modernen Häusern, sanitären Anlagen und elektrischem Strom. Es sollte ihnen besser gehen als ihm, der sich klein und dumm gefühlt hat angesichts der Größe des Krieges, angesichts der Vielfalt der Menschen, die er im Krieg getroffen hat, angesichts von Boston und Paris und New York. So will er Gottes Zeichen, das dieser ihm im Krieg gegeben hat, in die Tat umsetzen.

Im Weimarer Residenzschloss, wo die Regierung der deutschen Republik ihren Sitz hat, gelingt es Matthias Erzberger derweil, sich noch unbeliebter zu machen, als er es seit der

Unterschrift von Compiègne ohnehin schon ist. Zwar ist er in seinem schwäbischen Wahlkreis im Januar 1919 zum Abgeordneten der Nationalversammlung gewählt und als Minister ins Kabinett von Philipp Scheidemann aufgenommen worden, doch seine Haltung zu den Pariser Friedensverhandlungen löst sowohl in den inneren Kreisen der deutschen Politik als auch in der deutschen Öffentlichkeit massive Empörung aus. Erzbergers Initiativen sind von einem für einige unerträglichen Realismus geprägt. Ihm war spätestens seit der Begegnung mit Ferdinand Foch klar gewesen, dass Deutschland in den Friedensverhandlungen nicht auf Milde zählen durfte. Was ihm von amerikanischen Gewährsmännern aus Paris zugetragen wird, bestätigt seine schlimmsten Befürchtungen. Es zeichne sich ab, so Erzberger in seinen Erinnerungen, dass Deutschland den Siegermächten »ewige Sklavendienste« werde leisten müssen.

Im Mai 1919 werden der deutschen Delegation in Paris die Bedingungen für einen Friedensschluss übergeben. Mit diesem Dokument im Gepäck, das Deutschland die alleinige Kriegsschuld zuspricht, reisen die Abgesandten nach Weimar: »Nachdem die feindlichen Friedensbedingungen (…) bekannt wurden, wirkten sie im ersten Augenblick geradezu lähmend; dann aber ertönte ein Schrei der Empörung über die Verletzung der feierlichen Zusagen, einen Rechtsfrieden auf den Wilsonschen Grundsätzen zu gewähren.« Die Frage, wie Deutschland auf das Angebot aus Paris reagieren soll, spaltet die Weimarer Regierung. Die eine Seite, zu der auch Reichskanzler Scheidemann gehört, will verlautbaren lassen, dass die Bedingungen für Deutschland »unannehmbar« seien. In der Nationalversammlung sagt es der Kanzler noch undiplomatischer: »Welche Hand müsste nicht verdorren, die sich und uns in solche Fesseln legte?«

Erzberger hingegen setzt sich für die Bezeichnung der Bedingungen als »unerträglich und undurchführbar« ein. Er befürchtet, dass das Wort »unannehmbar« in der deutschen Öffentlichkeit zwar einen »gewaltigen Tageserfolg« erzielen könnte, dass man dafür aber in einigen Wochen einen hohen Preis zu zahlen haben würde, wenn – mangels politischer Alternativen – eine Unterschrift unter den Frieden unvermeidlich wäre.

Erzberger wirft sein gesamtes politisches Gewicht in die Waagschale und droht für den Fall, dass der Friedensvertrag nicht unterzeichnet würde, seinen Rücktritt an. In einer Denkschrift legt er die Gründe dar, warum er für die Unterzeichnung ist: Deutschland sei auf keinen Fall in der Lage, den Krieg wiederaufzunehmen. Mit der Unterzeichnung, so Erzberger, würde sich die wirtschaftliche Lage bessern und der Hunger eingedämmt. Nur wenn Deutschland sich heute in Paris einsichtig zeige, könnten morgen wieder Verhandlungsspielräume entstehen, sowohl für die Reparationen als auch für die Rolle Deutschlands in der Welt, etwa im Völkerbund. In den tagelangen hitzigen Debatten an der Staatsspitze betont Erzberger die Alternativlosigkeit seiner Position: »Wenn jemand von mir bei gefesselten Armen und unter Vorhalten des Revolvers auf die Brust die Unterzeichnung eines Stückes Papier fordere, wonach ich mich verpflichten müsse, in 48 Stunden auf den Mond zu klettern, so würde jeder denkende Mensch – um sein Leben zu retten – dies unterzeichnen, aber offen sagen, dass er diese Forderung nicht erfüllen könne.«

Die politischen Entscheidungsträger im Weimarer Schloss stehen unter gewaltigem Druck, nicht nur vonseiten der rechten Presse. In der Nacht bevor die Delegation aus Paris eintrifft, brechen Gefangene aus einem Weimarer Gefängnis aus und versuchen, in das Residenzschloss einzudringen. In letzter Minute kann das Schlosstor gesichert werden. Die Ausbrecher beginnen daraufhin, mit Gewehren auf die Fenster des Schlosses zu schießen. Sie treffen die Schlafzimmer der Minister Noske und Bauer, die direkt unter Erzbergers Wohnung liegen. Dabei brüllen sie, dass alle Minister aufgehängt werden müssten.

Am 19. Juni 1919 löst Scheidemann das zerstrittene Kabinett auf, unter dem ehemaligen Arbeitsminister Gustav Bauer wird eine neue Regierung gebildet, der Erzberger als Finanzminister angehört. Er ist sich bewusst, dass dies ein Aufstieg in das wohl undankbarste Amt der gesamten deutschen Politik ist. Denn in der neuen Rolle wird er den Deutschen das Geld für die Zahlung der Reparationen abverlangen müssen. Bis zuletzt hofft Erzberger auf zumindest kleine Milderungen des Vertrages – so wie es ihm auch in Compiègne gelungen war, in letzter Minute noch Verbesserungen zu erzielen. Doch in die angespannte Stimmung platzen zwei verheerende Nachrichten.

Die erste kommt aus dem Norden Europas, von den Oakney Inseln, genauer aus einer Bucht namens Scapa Flow. Dort war die im November 1918 ausgelieferte deutsche Flotte von den Siegermächten unter Aufsicht gestellt worden. Am 21. Juni 1919 um 11 Uhr gibt der nach wie vor die Flotte kommandierende deutsche Konteradmiral Ludwig von Reuter seinen Offizieren den Befehl zur Versenkung der Schiffe. Die Seeventile werden geöffnet und danach zerstört, die Sicherheitsschotts geöffnet und blockiert. Während die Schiffe im flachen Wasser auf Grund laufen, rudern die Besatzungen in Rettungsbooten ans nahe Ufer. Reuter reagiert mit seinem trotzigen und eigenmächtigen Befehl auf die Neuigkeiten über den Inhalt des Friedensvertrags und auf dessen bevorstehende Unterzeichnung. Wenn der Krieg erneut ausbricht, sollen die Engländer nicht über die deutsche Flotte verfügen können. Der Moment hätte nicht schlechter gewählt sein können.

Die zweite aus Erzbergers Sicht katastrophale Nachricht kommt aus Berlin und verbreitet sich in Windeseile in der ganzen Welt: Als Reaktion auf die Nachrichten aus Versailles werden in der ehemaligen Reichshauptstadt französische Flaggen, die einst im Deutsch-Französischen Krieg von 1870/71 erobert worden waren, öffentlich verbrannt. Angesichts solcher Meldungen verkünden die Siegermächte, dass nun die Bedenkzeit zu Ende sei. Deutschland müsse den Vertrag sofort akzeptieren, oder die Kriegshandlungen würden unverzüglich wiederaufgenommen.

In der Weimarer Regierung bricht angesichts der drohenden feindlichen Intervention fieberhafter Aktivismus aus. Würden die Alliierten nicht als Erstes Angriffe auf Berlin und Weimar fliegen? Gleichzeitig erhält Erzberger Signale vom Offizierscorps, dass die Reichswehr nicht bereit sei, die Regierung zu schützen, wenn diese den Vertrag annehme. Es bleiben kaum vierundzwanzig Stunden für eine Entscheidung. Am 22. Juni fasst die Nationalversammlung schließlich den Beschluss, den Frieden zu akzeptieren. Kurz zuvor wird eine Handgranate in ein Fenster geworfen, hinter dem man Erzbergers Schlafzimmer vermutet. Der neue Finanzminister wird zu seiner Sicherheit aus dem Weimarer Hexenkessel fortgebracht.

Nach Milans Tod beginnt Louise Weiss, den Verlust in der ihr eigenen Art zu verarbeiten: Sie stürzt sich in Arbeit. Insbesondere der Ausgabe von *L'Europe nouvelle*, die den Friedensvertrag zum Thema hat, widmet sie sich mit größter Gewissenhaftigkeit. Die Ausgabe soll so werden, wie Milan es gewollt hätte. Er war einer der Taktgeber eines neuen Europa gewesen, das tatsächlich zu entstehen schien. »Mei-

ne Arbeit wird seine schönste, wenn auch geheime Trauer-
ansprache sein. Vielleicht würde sie sogar eines Tages meine Wunden vernarben lassen?« Doch Louise Weiss ist nicht
naiv. Während sie sich einerseits mit ganzer Kraft in das
europäische Projekt stürzt, weiß sie andererseits, dass die
Männer, die letzte Hand an die Verträge legen, keine Heiligen sind. Sie kämpfen für die Interessen ihrer Länder, ihrer
Regierungen, für den Erfolg sind sie bereit, die Ideale einer
besseren Welt zu ignorieren. In ihrer Zeitung greift sie auch
diese inneren Spannungen auf, welche die Verhandlungen
vom ersten Tag an überlagert haben.

Um jeden Preis will Louise Weiss persönlich anwesend
sein, wenn im Spiegelsaal von Versailles, in dem der preußi-
sche König Wilhelm I. vor fast fünfzig Jahren in einem Akt
der Erniedrigung das Deutsche Reich proklamiert hatte,
der Friedensvertrag mit dem Deutschen Reich unterzeichnet wird. Am 28. Juni 1919 nimmt Louise Weiss die Bahn
ab Paris, die entlang der Seine nach Versailles fährt. Das
Wetter ist wechselhaft, weiße Wolken, einzelne Lichtstrah-
len und Regentropfen ziehen über den Palast Ludwigs XIV.
hinweg, der – aus Respekt vor den Verlierern – ohne jede
Beflaggung gehalten ist.

Ferdinand Foch ist bei der Zeremonie nicht zugegen.
Er ist mit einigen der zentralen Punkte des Vertrags nicht
einverstanden. Für ihn ist es unverzeihlich, dass Frankreich nicht den Rhein zu seiner Ostgrenze gemacht hat.
Die nicht enden wollende Serie von Ehrungen, mit denen
er nach Kriegsende überhäuft wurde, hat an seiner Haltung gegenüber Deutschland nichts geändert. Aus Protest
erscheint der Ingenieur des alliierten Sieges nicht in Versailles, obwohl es dem Vertragswerk nicht an Härte gegenüber Frankreichs Hauptfeind Deutschland mangelt. Der
Artikel 231 des Vertrags legte fest, dass das Deutsche Reich

die alleinige Schuld am Ausbruch des Krieges trage. In den weiteren Absätzen sah der Vertrag die Rückgabe des Elsass und Lothringens an Frankreich vor sowie die Erweiterung Polens um Westpreußen und Posen. Das Saargebiet mit seinen Kohlevorkommen wurde unter Völkerbundsmandat gestellt, das Rheinland von alliierten Truppen besetzt. Die Berufsarmee wurde auf 100 000 Mann begrenzt. Reparationen in noch festzusetzender Höhe sollten Deutschlands Kriegsgegner für ihre Verluste entschädigen.

Louise Weiss erscheint der Friedensschluss nicht als Schritt zum Ausgleich, sondern als die Fortsetzung des Krieges mit anderen Mitteln. Wie neu ist diese neue Weltordnung überhaupt, von der so viel geredet wird? Ist nicht die alte Interessenpolitik, das Schachern um Einfluss und Kolonien in der ganzen Welt erhalten geblieben? Waren es nicht nach wie vor die alten Weltmächte, die im maßgeblichen Völkerbundsrat die Fäden in der Hand hielten? Würde die schwerfällige, ohne echte Exekutivorgane ausgestattete Konstruktion jemals in der Lage sein, einen Krieg zu verhindern?

»Die Spiegel spielten ihre alte Rolle, indem sie einen Moment in die Ewigkeit vervielfältigten, in diesem Fall: die Gesten der ephemeren Weltregierung.« Die Vertreter des Deutschen Reichs, die den Vertrag als Erste unterschreiben müssen, tun ihr leid. Sie hätten, angesichts der wachsenden deutschen Wirtschaftskraft, nur warten müssen, diese »Idioten«, und die Führung Europas wäre ihnen ohne Krieg in den Schoß gefallen. Aber auch der französische Premierminister Clemenceau, der den Vorsitz führt, erweckt ihr Mitleid. Trotz seines Triumphes würde er niemals Präsident werden. Sogar Wilson bekümmert sie. Im Krieg, als man seine Soldaten brauchte, hatte man noch auf ihn gehört. Doch jetzt wird er mitsamt seiner hochfliegenden

Pläne von England und Frankreich ignoriert. Schließlich erstreckt sich das Mitleid von Louise Weiss auch auf den englischen Premier David Lloyd George. Ist er nicht gerade dabei, seine Insel vom Kontinent zu trennen, statt sie zum Teil eines neuen Europa zu machen?

In dem »Mitleid«, das Louise Weiss empfindet, spiegelt sich die Ambivalenz des Friedensschlusses: die kaum verhohlene Interessenpolitik der Sieger; der Schock der Verlierer, die spätestens jetzt einsehen müssen, dass die Niederlage fatale Folgen für sie haben wird; die betrogenen Hoffnungen all der Nationen, die an Wilsons »Recht auf Selbstbestimmung« geglaubt haben. Waren so nicht auch die Sieger des Krieges in gewissem Sinne Verlierer, selbst diejenigen, die Entschädigungen erhielten und ihre Weltmachtstellung ausbauen konnten? Immerhin hatten sie eine Chance vergeben, nach dem Ende der Kampfhandlungen in einem neuen, konstruktiven Geist des Ausgleichs aufeinander zuzugehen. Der Traum von einer gerechteren und friedlicheren Weltordnung war auf dem Altar der Staatsräson geopfert worden. Starke Mechanismen zum Schutz des Friedens gab es auch nach dem Vertrag von Versailles nicht, dafür aber schwelende Konflikte, aus denen einst die Flammen eines neuen Krieges schlagen sollten.

Fasziniert beobachtet Virginia Woolf, wie Waren, die gegen Ende des Krieges aus den Auslagen der Geschäfte verschwunden waren, in den Monaten nach dem Waffenstillstand zurückkehren: glasierte Kuchen, Rosinenbrötchen und Berge von Süßigkeiten. Noch ist das Angebot allerdings, im Vergleich zur Vorkriegszeit, lückenhaft. Wird nun der Friedensschluss die endgültige Rückkehr zur Normalität markieren? Woolf erwähnt die Vorgänge in Versailles in ihrem Tagebuch nur en passant und mit einiger Verspätung. Auch die Friedensfeiern inspirieren die Schriftstellerin wenig; sie zweifelt daran, dass es sich lohnt, »dafür eine neue Feder zu nehmen«. Den Festumzug in ihrem Heimatörtchen Richmond, der unter prasselndem Regen stattfindet, sieht sich Viriginia Woolf von ihrem Fenster aus an. Sie fühlt sich »verlassen, staubig & desillusioniert«. Erst nach dem Dinner rafft sie sich auf, um ein wenig die Nase aus der Haustür zu stecken. Inzwischen hat es aufgehört zu regnen. In der Kneipe an der Ecke drehen sich betrunkene, singende Paare. Von einem Hügel aus betrachten Virginia und Leonard Woolf das Feuerwerk oder besser das, was die Regenfeuchte davon übrig gelassen hat. »Rote & grüne & gelbe & blaue Bälle erhoben sich langsam in die Luft, zerplatzten, erblühten in einem Oval von Lichtern, die in winzigen Punkten niedersanken & erloschen. (...) Wie sie sich so über die Themse erhoben, zwischen den Bäumen, sahen diese Raketen schön aus.«

Von den Londoner Feierlichkeiten hält Virginia Woolf sich fern. So registriert sie nur den »Saum von Abfällen in den Außenbezirken«, die nach den Zeremonien zurückbleiben. Ansonsten berichten ihr die Dienstmädchen begeistert von ihren Erlebnissen auf der Vauxhall Bridge, wo »Generäle & Soldaten & Panzer & Krankenschwestern & Musikkapellen« zwei Stunden benötigten, um vorbeizumarschieren. »Es war, sagten sie, das großartigste Schauspiel ihres Lebens.« Auf Virginia Woolf wirkt es wie ein »Dienstbotenfest; etwas, was man auf die Beine gestellt hat, um ›das Volk‹ zu befriedigen & zu beschwichtigen (...). Diese Friedensfröhlichkeiten haben etwas Kalkuliertes & Politisches & Unaufrichtiges. Außerdem werden sie abgewickelt ohne auch nur ein Moment von Schönheit & kaum irgendwelcher Spontaneität. Flaggen hier & da (...). Gestern in London, die übliche klebrige, klumpatschige geballte Masse von Menschen, verschlagen & stumpf wie eine Traube naß gewordener Bienen, die über Trafalgar Square dahinkroch & in den Nebenstraßen auf dem Pflaster hin- & herschaukelte.« Die Schriftstellerin fühlt sich durchaus unwohl mit ihrer miesepetrigen Krittelei angesichts eines so wichtigen Ereignisses. Aber soll man gute Miene zum bösen Spiel machen wie bei einem »Kindergeburtstag«?

Währenddessen vertreibt sich der einstige Kronprinz von Preußen die gleichförmigen Tage im holländischen Exil mit Schmiedearbeiten. Der Dorfschmied Jan Luijt, der ihn in sein Handwerk einweist, ist eine seiner ersten Bekanntschaften auf der Insel Wieringen, wo der Hohenzoller nun schon mehr als ein halbes Jahr verbracht hat. Auch mit der Pastorenfamilie, in deren Haus Wilhelm untergebracht ist, sind erste freundliche Kontakte entstanden. Der Kronprinz liest und schreibt ein wenig, badet im Meer, hin und wieder kann er Besuch empfangen. Die schroffe Ablehnung der Inselbewohner, die dem Prinzen anfangs entgegenschlug, lässt allmählich nach. Der Kronprinz gibt sich volkstümlich, er trägt sogar Klompjes, die holländischen Holzschuhe, und weiß, dass diese beim Eintreten in ein Haus vor der Tür bleiben müssen. Die Langeweile ist für Wilhelm der größte Feind, sie wird nur unterbrochen von der Sorge, dass es den Alliierten gelingen könnte, den Niederlanden gegenüber seine Auslieferung durchzusetzen.

Dass der ehemalige deutsche Thronfolger dennoch kein Badegast wie jeder andere ist, zeigt die Tatsache, dass sich die Souvenirjäger für die Ergebnisse von Wilhelms Schmiedekunst interessieren. Zuerst ist es ein Amerikaner, der dem Schmied fünfundzwanzig Pfund für ein Hufeisen anbietet, dass der Kronprinz angefertigt und mit einem W versehen hat. Der Schmied hat sogleich ein neues Geschäftsfeld erkannt; bald muss er nachts heimlich Wilhelm-Hufeisen schmieden, um die wachsende Nachfrage zu befriedigen. Der Kronprinz quittiert es mit Kopfschütteln: »Die Menschen sind doch unveränderlich bereit, unsereinem den Größenwahn zu suggerieren – sogar wenn wir fern ihrem Jahrmarkt auf einer kleinen Seegrasinsel sitzen. Früher haben sie meine fortgeworfenen Zigarettenstummel aufgelesen, und jetzt bietet ein Snob eine Summe, mit der man in der Heimat einem armen Menschen aus dem Elend helfen könnte. (…) Mich wundert's nicht, daß mancher so geworden ist, wie er bei diesem Kult am Ende werden mußte!« Doch der Souvenirhandel ruft die Kritiker auf den Plan: Muss der verwöhnte Hohenzollernsohn, der sein ganzes Leben auf den Rücken der Untertanen geprasst hat, sich sogar nach seiner Absetzung noch in dieser Weise bereichern? Erst später erfährt die Öffentlichkeit, dass der Erlös der Hufeisen zur Hälfte dem Schmied und zur Hälfte bedürftigen Familien in Wieringen zugutekommt.

In die sommerliche Stille der Nordseeinsel brechen die Nachrichten vom Versailler Frieden ein wie ein Gewitter. Wilhelm ist verzweifelt über das »Versailler Diktat«, über das Vertragswerk, das wie eine »Zuchtrute« sei, »die blinde Rachsucht uns da gebunden hat. (…) Maßlose Forderungen, die auch für den besten Willen unerfüllbar sind, brutale Drohungen, die hinter jedes Versagen der Kräfte den Würgegriff stellen. Zu all dem eine Dummheit ohne Beispiel – ein Dokument, das Krieg und Haß und Bitterkeit verewigt.« Wenn es dennoch etwas zu hoffen gibt, dann nur, dass der Versailler Vertrag die Grundlage dafür sein könnte, dass der Exilant endlich wieder in die Heimat zurückkehren kann. Zwar war der einstige Kronprinz im November 1918 freiwillig nach Holland gegangen; doch die Entscheidung über die Rückkehr hängt vom guten Willen der Holländer sowie der neuen Regierung in Deutschland ab. Wie lange wird er noch auf der Insel festsitzen? Und was wartet in der Heimat auf ihn? Realistisch betrachtet, wird er in der neuen Ordnung nur geduldet sein, wenn er auf jede öffentliche Rolle verzichtet.

Käthe Kollwitz ist dem Mai 1919 dankbar für die Vorboten des Frühjahrs, doch verzweifelt über die Vorboten des Friedens: »Die Schwalben sind da! Von einer Akademiesitzung kommend ging ich die Linden runter. (...) Wunderschön war alles, der Himmel voller Licht, das Grün noch zart, alles wie verklärt. Da fühlte ich Berlin wieder mal als Heimatstadt, die ich liebe. Wie lang kenn ich das alles (...) Und jetzt wo ein so furchtbarer Frieden uns droht. Das Schloß ist noch immer nicht ausgebessert, der Balkon, von dem der Kaiser damals sprach, ist halb zerschossen, die Portale schlimm beschädigt. Symbol für den zertrümmerten Glanz.« Die Neuigkeiten aus Versailles bringen neue Unruhe nach Berlin, das sich gerade ein wenig Alltag zurückerobert hat. Im Mai ziehen wieder Menschenmassen durch die Innenstadt. Die öffentliche Meinung ist keineswegs einhellig. Es gibt Demonstrationen für und Märsche gegen die Annahme der von den Alliierten diktierten Friedensbedingungen, und in dieser Situation der Spaltung und emotionalen Aufladung sind Konfrontationen unvermeidlich.

Die Berliner Künstlerin beteiligt sich nicht an den öffentlichen Meinungsbekundungen. Sie versucht, die Erfahrung der Zeit in der Kunst festzuhalten: Verlust, Tod, Trauer und Hunger sind ihre Themen. Doch das Arbeiten fällt ihr unsagbar schwer. Früher konnte sie sich stundenlang konzentrieren, im Schaffen regelrecht versinken. Jetzt spürt sie Unruhe, Sorge, und jedes Werk scheint ihr unzulänglich, bevor sie es auch nur beendet hat.

Am 29. Juni 1919 verkünden die Zeitungen, dass die neue Reichsregierung den Friedensvertrag unterzeichnet hat. Wie lange hat sie diesen Tag herbeigesehnt, und wie bitter erscheint er ihr jetzt. »Wie habe ich mir früher den Tag gedacht! Fahnen aus allen Fenstern. Ich überlegte immer, was für eine Fahne ich raushängen wollte, und kam zu dem Schluß, es sollte eine weiße Fahne sein, auf der sollte groß mit roten Buchstaben stehen: Frieden. Und um den Schaft und die Spitzen sollten Girlanden und Blumen hängen. Denn ich dachte es würde ein Verständigungsfrieden sein, und der Tag, an dem er verkündet werden sollte, sollte der Tag des ›schluchzenden Erkennens‹ sein, das weinende Glück, daß *Frieden* sei.« Zum Weinen ist ihr jetzt auch zumute, aber nicht vor Glück.

Doch was bleibt ihr anderes übrig, als weiterzumachen. Ihr Mann muss sich um die wachsende Zahl seiner Patienten kümmern, von denen viele mehr an Not als an Krankheit leiden. Sie hat Aufträge. Das Leben muss weitergehen. Sie beginnt, die Stube ihres toten Sohnes auszuräumen, damit ihre demenzkranke Mutter dort einziehen kann. »Das ist eine so wehmütige Arbeit.« Im roten Schrank findet sie Peters Malsachen, seine Skizzenbücher, Zeugnisse seiner Wachheit, seiner Lebendigkeit, seines Talents. »Heilig war seine Stube.« Jetzt wird sie profan.

Spätestens seit der Unterzeichnung des Friedensvertrags ist Matthias Erzberger zum »bestgehaßten aller deutschen Politiker« geworden, wie es ein Zeitgenosse, der Theologe und Philosoph Ernst Troeltsch, formuliert. Der Kunstsammler Harry Graf Kessler berichtet, wie während einer Zugfahrt ein älterer Herr lautstark auf Erzberger geschimpft und gedroht habe, er wolle dem Reichsfinanzminister »ein paar Handgranaten unter den Wagen packen«. Die penetrantesten Angriffe kommen allerdings von einem Abgeordneten der Deutschnationalen Volkspartei namens Karl Helfferich, der in der konservativen *Kreuzzeitung* eine lange Serie von Artikeln veröffentlicht. Darin rechnet er nicht nur mit den politischen Entscheidungen der letzten Jahre ab, an denen Erzberger beteiligt war, sondern wirft ihm überdies vor, sich als Politiker in hohen Ämtern persönlich bereichert zu haben. Erzberger, der als Finanzminister seine gesamte Energie auf die größte Finanzreform der deutschen Geschichte konzentrieren muss, wehrt sich nach Kräften gegen Helfferichs Darstellung, in der er als Hauptverantwortlicher des »Schandfriedens«, als Inbegriff aller Übel der neuen Republik charakterisiert, als »Reichsverderber«, gar als »Krebsschaden« tituliert wird. Im August 1919 erscheinen Helfferichs Tiraden in einer Broschüre mit dem Titel »Fort mit Erzberger!«.

Kurz nach der Unterzeichnung des Friedensvertrags erreicht Arnold Schönberg in seiner Wohnung im Wiener Bezirk Mödling ein Brief eines gewissen Monsieur Fromaigeat aus dem Schweizer Winterthur, der den Wiener Komponisten einlädt, Teil einer von Paris ausgehenden Bewegung zu werden. Ziel dieser Bewegung sei die Wiederherstellung jener »Internationale des Geistes«, die durch die künstlerischen und intellektuellen Mobilisierungen des Krieges zerstört worden sei. Schönbergs Antwort ist ausführlich und von jener zynischen Schärfe gekennzeichnet, mit der der Komponist immer dann schrieb, wenn ihm etwas gründlich gegen den Strich ging – also sehr häufig. Mit scheinbarer Freundlichkeit drückt Schönberg in seinem Antwortschreiben seine Freude darüber aus, dass die Versöhnungsbewegung von Paris ausgehe, weil »eben von dort aus mit den aggressivsten Bewegungen vom Kriegsbeginn bis zum

Kriegsende, ja noch darüber hinaus, alles dazu getan wurde, um, soweit sie Deutschland betrifft, diese Internationale zu zerstören«. Doch die Wiederherstellung sei durchaus nicht einfach. Man könne nicht so tun, als sei nichts geschehen, und eine einfache Einladung aussprechen, »die fast wie die berühmte ›Zulassung‹ zum Völkerbund aussieht. Denn es ist etwas geschehen! Es ist geschehen (…), daß Saint-Saens und Lalo sich in unfaßbarer Weise über deutsche Musik ge-äußert haben; daß ein Claudel nach dem Waffenstillstand noch von ›Boches‹ redete.« Schönberg räumt ein, dass auch in Deutschland »gesündigt« worden sei. »Aber nie und nirgends ist man annähernd so weit gegangen« wie in Paris. Er sei nur bereit, sich an einer Initiative von solchen Intellektuellen zu beteiligen, die sich von den Verirrungen der jüngeren Vergangenheit deutlich distanzieren. Alle anderen müssten ausgeschlossen werden »aus einer Gemeinschaft, in der es nur einen Krieg geben darf: den Krieg gegen die Gemeinheit, und nur eine Methode des Kampfes: die Abwendung«. Von Monsieur Fromaigeat hat Arnold Schönberg danach nie wieder gehört.

Als Louise Weiss im Anschluss an die Unterzeichnung des Friedensvertrags den leeren Spiegelsaal und das Gewirr der inzwischen verlassenen Stühle sieht, ist ihr klar, dass nicht nur für die Welt, sondern auch für sie persönlich etwas zu Ende gegangen ist. Nach diesem enttäuschenden Abschluss eines Frühjahrs voller Hoffnungen kann sie sich plötzlich nicht mehr vorstellen, den Rest ihrer Tage in den engen Räumen der Redaktion zu verbringen. Sie will Paris verlassen, den europäischen Kontinent mit eigenen Augen erkunden, über den sie so viel geschrieben hat. Sie will die Welt verstehen und für jenen Frieden arbeiten, an den sie glaubt und an den Milan geglaubt hat.

Louise Weiss hat kaum Ersparnisse, doch das soll ihren Reiseplänen keinen Abbruch tun. Sie ist inzwischen als Journalistin geachtet und hat gute Verbindungen. Die Zeitung *Le Petit Parisien* verkauft täglich eine Auflage von über einer Million Stück, ihre Unterstützung eines Politikers kann Wahlen entscheiden. Louise Weiss spricht beim Chefredakteur Élie Joseph Bois vor, dem sie vom neuen tschechischen Außenminister Edvard Beneš empfohlen worden ist. Bois blickt nur ungern von seinem mit Papieren übersäten Schreibtisch auf: »Wie kann ich Ihnen zu Diensten sein?« Louise Weiss ist bewusst, dass sie nicht viel Zeit hat und direkt zur Sache kommen muss: »Machen Sie mich zu Ihrer Korrespondentin in Prag, und der *Petit Parisien*, der hier schon das erste Blatt ist, wird es dort auch sein.« Bois erhebt sich von seinem Stuhl, geht auf und ab. Dann packt er sie bei den Schultern: »Das kommt nicht in Frage!« Er könne doch keine Reporterin in Röcken in ein Kriegsgebiet schicken. »Aber ich habe Talent«, insistiert Louise Weiss. Das muss der Chefredakteur zugeben. Sie soll also in Gottes Namen fahren. »Aber ich kann Ihnen nichts versprechen. Schicken Sie mir einige Artikel. Wenn sie dem Chef gefallen, dann veröffentliche ich sie.«

Die große Siegesparade vom 14. Juli 1919 gehört zu den letzten Eindrücken, die Louise Weiss aus der französischen Hauptstadt mit auf die Reise nimmt. Die alliierten Verbände paradieren vom Arc de Triomphe her kommend die Champs-Élysées entlang in Richtung des Louvre. Es ist die Apotheose der Marschälle Joffre und Foch. Doch Louise Weiss empfindet Scham angesichts der schwarzen Soldaten aus den Kolonien, angesichts der indischen Truppen, die nach Europa gerufen wurden, um für eine Sache zu töten und getötet zu werden, die nicht die ihre war. Sie weiß nicht wie, aber sie weiß, dass sich alles ändern muss. Den Krieg einzuhegen, »ihn zu kodifzieren, ihn zu begrenzen, die Verletzten zu pflegen, die Toten zu feiern, den Krieg zu ›humanisieren‹, was für eine Komödie! Der Krieg ist inakzeptabel. Er muss abgeschafft werden.«

An einem warmen Augustabend steigt Louise Weiss am Pariser Gare de l'Est in einen Zug nach Prag, dessen Waggons zum Teil noch gepanzert sind. Die Journalistin ist mit nichts bewaffnet als mit »fünfzehnhundert Francs Ersparnissen, sechsundzwanzig Jahren und ihrem Glauben«. Niemand begleitet sie zum Bahnhof; nicht einmal ihre Eltern sind gekommen, um ihr eine gute Reise zu wünschen.

Am 21. Oktober 1919 findet Viriginia Woolf sechs Belegexemplare von *Night and Day* in der Post. »Bin ich nervös? Erstaunlich wenig; mehr aufgeregt und stolz als nervös. Zunächst einmal, da ist es nun, heraus & basta; dann las ich ein wenig darin & es gefiel mir; dann habe ich ein gewisses Vertrauen, daß die Menschen, deren Urteil mir etwas bedeutet, es wahrscheinlich mögen werden; was verstärkt ist durch das Wissen, daß selbst wenn dem nicht so ist, ich doch wieder anfangen & eine neue eigene Geschichte schreiben werde.«

Die ersten Reaktionen, die Virginia Woolf in Briefen erreichen, geben Anlass zur Hoffnung: »Zweifellos ein Werk höchster Genialität«, schreibt ihr Schwager Clive Bell. »Ich gestehe, ich bin erfreut; doch nicht überzeugt, daß es so ist, wie er sagt. Dennoch, es ist ein Zeichen, daß ich recht habe, keine Angst zu haben.« Dass ihr Stern im inneren Zirkel der Literatur zu steigen beginnt, merkt Virginia Woolf auch daran, dass sie sich vor Rezensionsanfragen kaum noch retten kann. Sie tippt im Akkord, erledigt manchmal einen Roman pro Tag, während ihre Hände wie von Rheumatismus schmerzen. Die ersten Rezensionen treffen ein, Lobeshymnen, aber auch Verrisse, die ihr vorwerfen, nicht auf der Höhe ihrer eigenen literarischen Ansprüche zu schreiben. Wird sie jemals aufhören können, einer »Brotarbeit« nachzugehen?

Während Leonard einen Schub der Malaria auskuriert, mit der er sich einst in Ceylon infiziert hatte, und Virginia Woolf einmal wieder deutlich wird, »wie vollständig mein Gewicht auf seiner Stütze ruht«, protokolliert die Schriftstellerin Schritt für Schritt, gewürzt mit Ironie und Selbstzweifeln, ihren eigenen Aufstieg. Später wird sie bei Lord und Lady Cecil ihren »ersten Auftritt als kleine Berühmtheit« haben. Anwesend sind außer dem Sohn der Gastgeber auch Fürst Antoine Bibesco und seine Gattin Elizabeth, die Tochter des ehemaligen Premierministers Herbert Henry Asquith. Sie möchten die Schriftstellerin, über die man so viel liest, einmal kennenlernen. Die Tochter aus allerbestem Haus ist regelrecht nervös, als sie sich mit Virginia Woolf zum Plaudern in einen Erker zurückzieht. Sie gibt sich keine Mühe, besonders kluge Bemerkungen zu machen, obwohl sie über einen hochtrainierten Verstand verfügt und eine ihrer Tanten ebenfalls Schriftstellerin ist. Sie wagt nicht, Virginia Woolf zu widersprechen, als wolle sie es sich mit »den Intellektuellen« nicht verscherzen. Virginia Woolf kann sich des zufriedenen Gefühls der Überlegenheit nicht erwehren. Das muss der Erfolg sein.

Im selben Herbst 1919 macht sich Rudolf Höß mit etwa tausend Kämpfern des Freikorps Roßbach auf dem Weg ins Baltikum. Die Reichsregierung hat im Oktober 1919 zwar ausdrücklich verboten, dass sich zusätzliche deutsche Verbände an den Kämpfen südlich der Ostsee beteiligen. Reichswehrminister Noske hat sogar angedroht, auf jeden schießen zu lassen, der die Grenze zum Baltikum überschreitet. Doch die illegalen Verbände ignorieren die Anordnung. Als sie an die Ostgrenze des Reiches kommen, richten sie Maschinengewehre auf die Grenzposten, woraufhin diese salutieren und die Soldaten durchziehen lassen. Solche Eigenmächtigkeiten führen später zur Auflösung des Freikorps Roßbach, das danach im Untergrund weiterbesteht.

Im Baltikum schließen sich die Freikorps den russischen, baltendeutschen und reichsdeutschen Verbänden der »Westrussischen Befreiungsarmee« an, die gegen die neugegründete Republik Lettland kämpfen und gegen die russische Revolution marschieren wollen. An die Kämpfe im Baltikum erinnert sich Höß bis an sein Lebensende wegen ihrer Grausamkeiten gegen die Zivilbevölkerung, die er natürlich nur dem Gegner zuschreibt. Die Gefechte seien von einer »Wildheit und Verbissenheit, wie ich sie weder vorher im Weltkrieg noch nachher in all den Freikorpskämpfen erlebt habe. Eine eigentliche Front gab es kaum, der Feind war überall. Und wo es zum Zusammenstoß kam, wurde es eine Metzelei bis zur restlosen Vernichtung.« Höß sieht, wie Häuser in Brand gesetzt werden und die Bewohner bei lebendigem Leib verbrennen. Das Bild von ausgebrannten Hütten und verkohlten Leibern verfolgt Rudolf Höß bis an sein Lebensende. »Damals konnte ich noch beten und tat es.«

VI Das Ende des Anfangs

»Wir waren krank an Deutschland. Wir empfanden
den Prozeß der Wandlung wie einen körperlichen
Schmerz ... Wir standen immer im Flackerschein
der Entladung, wir standen immer da, wo der Akt
des Verbrennens sich vollzog (...) Und so gestellt
zwischen zwei Ordnungen, zwischen die alte, die
wir vernichten, und zwischen die neue, die wir
schaffen halfen (...) wurden wir ruhelos, heimatlos,
verdammte Träger furchtbarer Kräfte, stark durch
den Willen zur Schuld.«

Ernst von Salomon, *Die Geächteten*, 1930

Walter Gropius, *Denkmal für die »Märzgefallenen«*, 1922

Am 26. Januar 1920 gegen 14 Uhr 30 verlässt Matthias Erzberger das Landgericht I im Justizpalast in Berlin-Moabit, wo unter großer öffentlicher Aufmerksamkeit die von Karl Helfferich gegen ihn erhobenen Vorwürfe verhandelt werden. Erzberger lässt sich in den Fond seiner Karosse fallen, als ein junger Mann auf das Trittbrett des Wagens springt und aus unmittelbarer Nähe zwei Schüsse auf den Finanzminister abfeuert. Eine Kugel trifft Erzberger in die Schulter, eine zweite prallt von seiner Uhrkette ab. Nach einer Schrecksekunde schlagen Umstehende den Täter nieder und halten ihn fest. Erzberger wird stark blutend ins Krankenhaus gebracht. Er überlebt den Anschlag, aber das Trauma, das Bewusstsein seiner Verletzlichkeit, wird er nicht mehr los.

Am 12. März 1920 wird im Landgericht I in Berlin-Moabit das Urteil des Verleumdungsprozesses verkündet, den Matthias Erzberger gegen Karl Helfferich angestrengt hat. Helfferich wird wegen übler Nachrede zu einer Geldstrafe von dreihundert Mark verurteilt. Der eigentliche Verlierer des Prozesses aber ist Erzberger, denn das Gericht stellt fest, dass die sachlichen Vorwürfe, die Helfferich gegen den Finanzminister erhoben hat, zum größten Teil auf Wahrheit beruhen. So steht Erzberger jetzt als ein Politiker da, der aus seiner Position Vorteil für sich und ihm nahestehende Unternehmen gezogen hat. Erzberger entschließt sich, sein Amt ruhen zu lassen, bis die Vorwürfe durch ein neuerliches Gerichtsverfahren überprüft worden sind. Sein vorläufiger Rücktritt ist ein Fest für die rechte Presse. Auch Käthe Kollwitz glaubt, dass »Erzberger sich als Schieber zu entpuppen scheint«.

Mit dem Schritt vom Sommer 1919 zum Jahresbeginn 1920 verlassen wir Troeltschs »Traumland der Waffenstillstandsperiode«, wir verlassen den Kern des Kometen, in dessen Gluthitze Visionen geboren wurden und verglühten. In vielen Tagebüchern, Korrespondenzen und Memoiren verändert sich nach der Unterzeichnung der Friedensakte in Versailles die Stimmung. Langsam kehrt so etwas wie Alltag zurück. Doch insbesondere in den Ländern, in denen das Kriegsende tiefe Umbrüche mit sich gebracht hat, ist es ein Alltag unter unsicheren, ja gefährlichen Umständen. Es scheint, als würden die harten Zeiten nie zu Ende gehen.

Immer deutlicher treten jetzt die schwarzen Hoffnungen hervor – destruktive, hasserfüllte Visionen, deren Umsetzung auf neuer und immer neuer Gewalt beruht. Die totalitären Ideologien, die einander mit Vernichtung drohen, nehmen ihre tödliche Frontstellung ein. Das Zeitalter der Extreme kündigt sich an.

»Umsturz – Tote … Lärm und Angst«. Im März 1920 besucht Alma Mahler ihren Noch-Ehemann Walter Gropius in Weimar. Sie ist im Hotel *Elephant* abgestiegen, von dessen Fenster aus sie am 13. des Monats beunruhigende Szenen beobachten muss: »Vor mir der Marktplatz, Dämmerung, ungeheure Erregung. Die jungen Pickelhaubenmänner der Kapp-Partei werden von den Arbeitern angespuckt. Sie rühren sich nicht. Die Menge brüllt.« In Weimar, dem Sitz der deutschen Nationalversammlung, kann sie aus nächster Nähe den Putschversuch gegen die junge deutsche Republik verfolgen. Nicht nur dort, sondern auch in Berlin haben Freikorps die Kontrolle über die Stadt übernommen. Die Marinebrigade Ehrhardt ist in die einstige Hauptstadt marschiert, viele der Soldaten haben sich mit weißer Farbe ein Hakenkreuz auf den Helm gemalt. Die Reichsregierung unter Ebert beschließt, aus der Hauptstadt zu fliehen, während sie gleichzeitig zum Generalstreik aufruft. Einer der Führer des Putsches, der Verwaltungsbeamte Wolfgang Kapp, wird von den Putschisten zum Reichskanzler erklärt.

Vom Fenster des *Elephant* aus sieht Alma Mahler auch den erfolglosen Versuch eines Abgesandten der Regierung, zwischen rechten Putschisten und linken Gegendemonstranten zu vermitteln. Die Nacht bricht herein: »Kein Licht brennt. Die Masse im Finstern ist noch unheimlicher als am Tage. Da und dort flammt ein Zündhölzchen auf, für eine Zigarette. (…) Die Angst vor Plünderung sitzt uns in der Kehle. Wir wagen kaum, laut zu sprechen.«

Offenbar bekennt man sich nicht nur auf der Straße in diesen Tagen zu seiner Gesinnung. Alma Mahler muss sich von dem russischen Exilkünstler Wassily Kandinsky, der wenig später als Lehrer ans Bauhaus berufen wird, wegen ihrer »Judenliebe« zu Franz Werfel beschimpfen lassen. Kandinsky und seine Frau »nannten mich einen Judenknecht und ähnliches«. Es ist paradox, dass gerade ihr das passiert, die – genau wie Walter Gropius – aus ihren Ressentiments gegen das Judentum kein Hehl macht, während sie gleichzeitig nicht nur mit vielen Juden befreundet ist, sondern im Laufe ihres Lebens sogar mit zwei Juden – Gustav Mahler und später Franz Werfel – verheiratet war.

Schon am folgenden Tag beginnt der Generalstreik, der größte in der deutschen Geschichte, seine Wirkung zu zeigen: »Die Kanäle werden nicht geleert, ein scheußlicher Geruch liegt über den Straßen. Das Wasser muß man sich von weit her holen. Aber das Ärgste ist, daß die Arbeiter es verhindern, daß die Toten begraben werden. Studenten, die in der Nacht heimlich zur Friedhofsmauer schlichen, wo man die Leichen einfach abgeladen hatte, wurden durch die Übermacht der Arbeiter, die dort Wache standen, vertrieben. Und so lagen die Leichen unbeerdigt einige Tage im Freien. Heute war das Leichenbegräbnis der im Kampf gefallenen Arbeiter. Der Zug zog vor meinem Fenster vorbei. Eine unendliche Reihe von Emblemen mit Aufschriften: Es lebe Rosa Luxemburg! Es lebe Liebknecht! – Das Bauhaus war vollständig vertreten, und Walter Gropius, der einige Minister im Zuge gehen sah, bedauerte es, daß er sich von mir hatte bereden lassen, da nicht mitzutun. Ich aber wollte nur, daß er nicht politisiere. Die erschlagenen Offiziere wurden eingescharrt gleich räudigen Hunden. Sie waren ja auch nur bezahlte Sklaven. Ja, die Welt ist voller ›Gerechtigkeit‹.« Nach fünf Tagen, Wolfgang Kapp ist bereits nach Schweden geflohen, bricht der Putsch in sich zusammen. Nicht nur in der Bevölkerung hat der Rückhalt gefehlt, sondern vor allem im Staatsapparat. Doch die Märztage in Deutschland haben gezeigt, dass nicht nur die Linke von Revolution träumt. Die revolutionäre Energie, die mitreißende Wirkung, die Kraft einer stramm koordinierten Bewegung, die Mobilisierung der Massen, der Wille zum Umsturz – all das findet sich an beiden Polen des politischen Spektrums, genau wie die Überzeugung, dass unerbittliche Gewalt als Mittel zur Vernichtung der Gegner zulässig ist. Immerhin hat die Weimarer Republik eine weitere Zerreißprobe bestanden, doch es sollte nicht ihre letzte sein.

Käthe Kollwitz erlebt den Putsch gegen die Weimarer Republik in Berlin: »Nun hat die Gegenrevolution eingesetzt. Heut früh sind königstreue Truppen mit schwarz-weiß-roten Fahnen von Döberitz eingezogen. Die Regierung ist flüchtig, die öffentlichen Gebäude besetzt, Vorwärts und Freiheit verboten. Auf den Straßen stehn die Leute in Rudeln zusammen, jeder ist wie verdonnert. Wie wirds nun werden? Wieder März, der unruhige Monat!« Die Künstlerin lebt in Angst vor neuerlichen »Bruderkämpfen«. »Wie Blei legte es sich mir auf die Brust, als ich das hörte, schrecklich schwer.«

Einige Tage später spricht sie mit Helene, einer jungen Frau aus dem Freundeskreis. Selten hat sie so klar, so offen mit einer Jüngeren über die Brüche in der gemeinsamen Lebenswelt sprechen können. Helene gehört nicht zu jenen jungen Menschen, die in Begeisterung verfielen, als das alte Reich in Krieg und Revolution zusammenbrach. Sie bedauert, in diesen unruhigen Zeiten keinen Mann und keine Kinder zu haben. Sie reagiert mit Fatalismus, will sich treiben lassen, vielleicht reisen, zum Spielball der Zeitströmungen werden. »Selten hat mich ein Mädchen dieser Generation so getroffen wie diese«, notiert Kollwitz in ihr Tagebuch. »Wie suchen alle verschieden den Weg durch das komplizierte krampfige jetzige Leben zu finden.« Für sie als alte Frau ist es nicht anders, aber wenigstens, so denkt sie bei sich, hat sie Erinnerungen an ein besseres Leben. Der Krieg hat Käthe zur Pazifistin gemacht, der Ausbruch der Revolution hat ihr eine aufflackernde Hoffnung auf ein gleichermaßen sozialistisches, republikanisches wie humanes, auf ein gerechteres Deutschland gegeben. Doch davon ist nun nichts mehr übrig; es bleibt die Sehnsucht nach der Vergangenheit.

Für den einstigen Kronprinzen Wilhelm zerstört die Nachricht vom Kapp-Putsch alle Hoffnungen auf eine bevorstehende Heimkehr. Am Jahresanfang 1920 schien sich die deutsche Politik so weit beruhigt zu haben, dass seine Anwesenheit im Deutschen Reich als Privatmann akzeptabel hätte sein können. Doch mit der Neuigkeit vom Putsch platzt dieser Traum. Es ist eine gewaltige Enttäuschung, obwohl der Kronprinz es besser hätte wissen können. Für die Rechte in Deutschland ist er nach wie vor eine Symbolfigur. Wie sonst wäre es zu erklären, dass die Drahtzieher des Kapp-Putsches schon lange im Vorfeld des Umsturzversuchs mit ihm Kontakt aufgenommen hatten? Sie hatten sondiert, ob er nach gelungenem Putsch als Führer einer wiederhergestellten deutschen Monarchie zur Verfügung stünde. Wilhelm war – wie die Putschisten – davon überzeugt, dass die Republik die falsche Regierungsform für Deutschland sei. Er glaubte daran, dass es ein Zentrum der Stabilität oberhalb des Parteienstreits geben müsse, eben einen König oder Kaiser. Auch hielt er sich, mehr als seinen Vater, für geeignet, dem monarchischen Staat ein neues Gesicht und neue Legitimität zu geben. Doch gleichzeitig war ihm nach den Erfahrungen von Krieg und Revolution bewusst, dass eine neue Monarchie nicht gegen den Willen des Volkes geschaffen werden dürfte. So hatte er eine klare Antwort an die Verschwörer formuliert und wohl insgeheim auch gedacht, dass deren Plan nicht zur Tat reifen würde.

Die Alliierten und Wilhelms holländische Gastgeber schätzten das politische Risiko, das der Prinz verkörperte, als durchaus nicht gering ein. Seine Rückkehr nach Deutschland wurde als konkrete Gefahr angesehen, denn es kursierten Gerüchte von Fluchtplänen, sei es per Schiff, per U-Boot oder Flugzeug. Als sich die Nachricht vom Kapp-Putsch in Europa verbreitet, wird sogar ein Torpedoboot vor der Küste Wieringens stationiert. Während des Putsches in Deutschland nimmt die Besatzung dann tatsächlich ein sich näherndes Flugzeug unter Beschuss und bringt es zum Absturz. Am Ende stellt sich jedoch heraus, dass es sich um eine niederländische Maschine handelte, die in »freundliches Feuer« geraten ist. Das Zerstieben der Hoffnungen auf baldige Rückkehr empfindet der Kronprinz als die »härtesten Prüfungszeiten meines Lebens«.

Nachdem er vom Kapp-Putsch erfahren hat, sieht der einstige Thronfolger den kleinen Garten vor der Pforte seines Exilheims mit anderen Augen. Bislang hat er sich überhaupt nicht um das kleine Viereck gekümmert und dort einfach alles wuchern lassen. So fällt die erste Frühjahrssonne auf Gestrüpp und ungepflegte Beete. Jetzt, da er weiß, dass er vielleicht noch Jahre hier ausharren muss, empfindet Wilhelm das Bedürfnis, den Garten zu beackern. Er greift sich einen Spaten und sticht ihn in den Boden, »bis das Kreuz mich schmerzte«.

Am 20. März 1920 erfährt Terence MacSwiney, dass einer seiner engsten Mitstreiter, sein langjähriger Freund Tomás MacCurtain, von Sicherheitskräften exekutiert worden ist. In den frühen Morgenstunden waren Männer mit geschwärzten Gesichtern in sein Haus eingedrungen. Sie hielten MacCurtains Frau fest, während sie – exakt an seinem sechsunddreißigsten Geburtstag – das Feuer auf den Gesuchten eröffneten. Von Kugeln durchsiebt, stürzte der Lord Mayor von Cork die Treppe herunter und war tot.

MacSwiney wird sein Nachfolger. Er weiß, dass er sich damit noch mehr exponiert als zuvor und dass er sich auch an den Racheaktionen beteiligen muss, die die Unabhängigkeitsbewegung gegen die Mörder MacCurtains plant. Es ist, wie Michael Collins später feststellt, der Beginn eines »Teufelskreises, eines mörderischen Wettrennens«, in dem die irischen Unabhängigkeitskämpfer nicht nur gegen Briten, sondern auch gegen englandtreue Iren ins Feld ziehen.

Am 10. April 1920 notiert Virgina Woolf in ihr Tagebuch, sie »habe vor, mit Jacob's Room anzufangen«. Es soll nun endlich der Roman entstehen, der den von ihr gesteckten hohen Maßstäben an die »moderne Romankunst« entspricht – ein Roman, der wirklich das Leben einfängt. In einem extra dafür begonnenen Notizbuch nimmt sie sich vor: »Der Hauptpunkt ist, glaube ich, daß es frei sein muß.« Unter diesem Satz notiert sie einen Entwurf für die erste Szene des Romans, in welcher der Leser die Hauptfigur, Jacob, als Kind kennenlernt. Jacob ist mit seiner Mutter und seinem Bruder in einem Badeort. Das Kind will Sand und Meer, Muscheln und Krabben erkunden, zum Missfallen der Mutter, die es, voller Sorge und entrüstet über sein Ausrücken, gemeinsam mit dem Bruder sucht. Schon in der Strandidylle tauchen bedrohliche Zeichen auf, schäumende Wellen, schwarze Felsen, der weiße Schädel eines toten Schafes. Im Verlauf der Erzählung entfaltet sich Jacobs Leben als eine nicht enden wollende Reihe von Einhegungen durch Familie, Erziehungsanstalten und Armee. 1914 schließlich verliert sich die Spur des jungen Mannes, dessen Nachname nicht zufällig »Flanders« ist, im Weltkrieg. In der Schlussszene des Romans trauert seine Mutter in seinem leeren, aufgeräumten Zimmer, wo nur noch ein Paar Schuhe von Jacobs Existenz zeugt. Zeitlebens hat es ihm an Raum, an Platz, an Auslauf gefehlt, und die verschiedenen »Räume«, die er auf seinem kurzen Weg bewohnt hat, sind enge Gefängnisse gewesen. Am Ende haben sie ihn überdauert.

Am 7. März 1920 wird Faisal I. in Damaskus zum König von Syrien gekrönt, nachdem zuvor der syrische Nationalkongress die arabische Monarchie für unabhängig erklärt hat. Doch zu diesem Zeitpunkt wissen die informierten Beobachter bereits, dass sich das Fenster der Hoffnung, das sich nach der Pariser Einigung für die syrische Unabhängigkeit kurz zu öffnen schien, bereits wieder zu schließen beginnt.

Thomas E. Lawrence ist schon bald nach seinem enthusiastischen Schreiben an den britischen Premier klargeworden, dass seine Hoffnungen trügerisch waren. Nach seiner Abreise aus Paris hält er sich zumeist im heimischen Oxford auf. Doch seine Mutter, bei der er logiert, macht sich Sorgen um ihn. Nach den Anstrengungen des Krieges und des unruhigen Friedens verfällt Lawrence immer häufiger in eine elegische Stimmung. Nach dem Frühstück sitzt er bewegungslos und ohne die geringste Regung im Gesicht an der immergleichen Stelle. Im All Souls College liest er immer und immer wieder ein langes Gedicht von Charles Montagu Doughty mit dem Titel *Adam Cast Forth*. Es handelt von der Vertreibung Adams und Evas aus dem Garten Eden.

Zu Lawrence' instabilem Zustand trägt überdies bei, dass seine Mutter ihn nach dem Tod des Vaters in ein bis dahin gut gehütetes Familiengeheimnis eingeweiht hat. So erfährt er, was er schon lange geahnt hat: dass sein Vater nicht der war, für den er sich ausgab. Dessen tatsächlicher Name war Thomas Robert Tighe Chapman. Die Chapmans waren eine Familie aus dem anglo-irischen Adel mit umfangreichem Landbesitz unweit von Dublin. Als Stammhalter hatte der Vater als junger Mann auf eine Zukunft in Wohlstand hoffen können. Er heiratete Edith Sarah Hamilton, die ihrerseits aus guter Familie stammte, und bekam mit ihr vier Töchter. Die Ehe war jedoch nicht glücklich. Während die Ehefrau das Haus mit ihrem religiösen Eifer in Atem hielt, begann Chapman sich dem Alkohol zuzuwenden. Immer mürrischer wurde der Hausvater, und seine Miene hellte sich nur auf, wenn das schottische Kindermädchen der Familie, Sarah Lawrence, das Zimmer betrat. Die beiden begannen eine Affäre, und im Jahr 1885 wurde die Bedienstete schwanger. Chapman versuchte, die Sache zu vertuschen, indem er für Sarah und das Neugeborene ein Zimmer in Dublin mietete, wo er sie immer wieder besuchte. Doch als seine Frau vom Ehebruch und dem illegitimen Kind erfuhr, stellte sie ihn vor die Wahl. Chapman kann die Entscheidung nicht leichtgefallen sein, am Ende verließ er jedoch sein vornehmes Haus und begann ein einfaches Leben mit dem einstigen Kindermädchen, das aus der Unterschicht stammte. Die beiden heirateten nie, lebten unerkannt und bescheiden an verschiedenen Orten und bekamen neun Kinder, von denen sechs das Erwachsenenalter erreichten. Eines von ihnen war Thomas E. Lawrence, der im Jahr 1919 endlich verstand, warum sein Vater selten gearbeitet hatte, gern jagte, fließend Französisch sprach und auch sonst vielfältig gebildet war. Lawrence sieht nun die Quelle seiner inneren Spannungen: die Tatsache, dass er zugleich Adelsspross und Bastard ist.

In diesem Gemütszustand erreichen ihn schockierende Neuigkeiten aus dem Nahen Osten. Das Schicksal des Königreichs Syrien wird auf der im April 1920 tagenden Konferenz von San Remo besiegelt, bei der die künftige Herrschaftsstruktur des östlichen Mittelmeerraums festgelegt wird. Instrument dazu ist das sogenannte »Mandatssystem«, das der frisch gegründete Völkerbund ins Leben gerufen hat. Letztlich stellt es einen Kompromiss dar zwischen der von Wilson formulierten (und von vielen Völkern der Welt aufgegriffenen) Forderung nach nationaler Selbstbestimmung und dem Machtanspruch der Großmächte. Einerseits wird dadurch vermieden, die Kolonien der zusammengebrochenen Reiche einfach unter den Siegern des Ersten Weltkriegs aufzuteilen. Andererseits erhalten sie aber auch nicht ihre Unabhängigkeit. Vielmehr sollen sie unter dem Schutzschirm des Völkerbunds langsam die »Reife« für eine eigenständige Existenz entwickeln. Für die Kontrolle der betroffenen Länder verteilt der Völkerbund sogenannte »Mandate«, die von einzelnen Staaten ausgeübt werden: Das Mandat für Syrien und Libanon soll Frankreich erhalten. Großbritannien hingegen wird die Verantwortung für Palästina und Mesopotamien, den späteren Irak, übertragen. Frankreich macht kein Hehl daraus, wie es seine Schutzfunktion auszuüben gedenkt. Bald nach dem Beschluss von San Remo interveniert es in Syrien und greift den neu gegründeten arabischen Staat an, der aus der Sicht der internationalen Gemeinschaft illegitim ist. In der Schlacht von Maysalun erringt Frankreich den entscheidenden Sieg. Der eben erst gekrönte König Faisal wird von seinem Thron vertrieben und flieht nach Großbritannien ins Exil. Es ist eine entscheidende Weichenstellung für den Mittleren Osten, für jene Konstellation gegenläufiger Hoffnungen und Begehrlichkeiten, die bis heute Bestand hat. Wenn Thomas E. Lawrence noch Hoffnungen auf die Verwirklichung des arabischen Traums hatte, dann zerrinnen sie in diesem Moment.

Inzwischen ist es Sommer geworden auf der niederländischen Insel Wieringen. Wilhelm von Preußen bleibt Gefangener des Eilands und Eremit in seiner Hüttenstube. In die Trägheit der heißen Tage bricht eine weitere bittere Nachricht aus dem heimischen Potsdam ein: Wilhelms jüngerer Bruder Joachim hat sich in der im Schlosspark Sanssouci gelegenen Villa Liegnitz das Leben genommen. Nach dem Scheitern des Kapp-Putsches hat der ohnehin zu Depressionen neigende Prinz alle Hoffnung auf eine Rückkehr der Hohenzollernherrschaft verloren und damit keine lebenswerte Zukunft mehr gesehen. Mit seinem Revolver, den er am 18. Juni 1920 gegen sich selbst richtet, fügt er sich eine schwere Verletzung zu, der er kurz darauf erliegt. Wilhelm aber muss auch angesichts dieser Schreckensnachricht empfunden haben, dass er leben möchte. Selbst ein Leben unter den Bedingungen der neuen Zeit ist immer noch besser, als alles hinzuwerfen. Selbst nach dem Umbruch zur Republik ist ja nicht alles, was die Hohenzollern einst hatten, verloren. Der Familie sind erhebliche Teile des alten Besitzes verblieben, und tief im Inneren existiert noch der Funken einer Hoffnung auf andere Zeiten. Vielleicht war die Revolution von 1918 nicht die letzte?

Im August 1920 wird den engsten Vertrauten von Terence MacSwiney klar, dass der neue Lord Mayor von Cork mit seinen Kräften nahezu am Ende ist. Die Arbeit für das unabhängige irische Parlament, das gleichzeitige Engagement in seiner Heimatregion und die ständige Angst vor Verhaftungen und Angriffen auf sein Leben haben ihn ausgezehrt. Seit Monaten hat er keine einzige Nacht mehr in seinem Bett geschlafen. Vor seinem Büro stellt die IRA eine Schutztruppe ab. Für seine Tochter Maíre ist er vor allem eine Stimme am Telefon; die Kleine greift jedes Mal entzückt nach dem Hörer, wenn der Apparat klingelt. Die Bedrohung aber kommt immer näher. Schließlich wird MacSwiney sogar das Gerücht von seinem eigenen Tod zugetragen. Seine Ärzte raten ihm zu einem Erholungsurlaub.

Doch dazu soll es nicht mehr kommen. Am 12. August 1920 umstellen Armeeeinheiten, mehrere hundert Mann, die Stadthalle von Cork, wo sich auch Terence MacSwineys Büro befindet. Er versucht, durch einen Hintereingang zu entkommen, wird jedoch beim Verlassen des Gebäudes verhaftet und in die Victoria-Kaserne gebracht. Dort werden ihm seine privaten Habseligkeiten abgenommen, angeblich wird ein Dechiffriercode der örtlichen Polizei bei ihm gefunden. Dieser wird als der Beleg für seine illegalen Aktivitäten angesehen. Wenig später sieht Muriel MacSwiney ihren Mann auf der Ladefläche eines Armeelasters, der ihn zu seinem Prozess vor einem Kriegsgericht bringen soll. Muriel hat von entlassenen IRA-Kämpfern gehört, dass ihr Mann seine Mitgefangenen gleich nach der Verhaftung aufgefordert hat, in einen Hungerstreik zu treten. Sie kennt ihn gut genug, um zu wissen, dass er selber seitdem – unabhängig davon, ob die anderen seiner Aufforderung nachkommen – jede Nahrung verweigert hat. Es ist schrecklich für sie, sein ausgezehrtes Gesicht zu sehen und ihm nicht helfen zu können. Selbst wenn sie ihm ein Stück Brot zuwürfe, würde er es nicht essen. »Von dem Tag an, als ich hörte, dass mein Mann im Hungerstreik war, glaubte ich, dass er sterben würde.«

Am 16. August 1920 beginnt unter großer Aufmerksamkeit der irischen und britischen Presse der Prozess gegen Terence MacSwiney, der inzwischen zu einer prominenten Figur geworden ist. Muriel kann in den Prozesspausen kurz auf Irisch mit ihm sprechen. Obwohl der Hungerstreik nach fünf Tagen bereits deutlich an seinen Kräften zehrt, scheint sein Wille ungebrochen. Wenn er sich von seinem Stuhl erhebt, um auf die Anklagen zu reagieren, dann tritt er seinen Richtern ohne jede Angst entgegen und macht deutlich, dass er das ganze Verfahren gegen ihn für illegal hält. »Die

Irische Republik existiert«, lautet sein *Ceterum censeo*, und darum dürften sich die Repräsentanten des alten irischen Regimes nicht anmaßen, den Vertretern der Republik den Prozess zu machen.

Als das Urteil verkündet wird, immerhin zwei Jahre Gefängnishaft, erhebt MacSwiney erneut seine Stimme: »Was auch immer Ihre Regierung entscheidet, in einem Monat werde ich frei sein.« Er habe die Bedingungen seiner Gefangenschaft selber bestimmt, indem er vor fünf Tagen in den Hungerstreik getreten sei, und damit auch das Ende seiner Haft selber festgelegt.

Am 18. August 1920 sieht Moina Michael eine Notiz in der Zeitung *The Atlanta Constitution*, die ihr Leben verändern soll. Seit ihrem Abschied aus New York und seit den ersten Erfolgen ihres Engagements für die *Remembrance Poppy* sind schon achtzehn Monate vergangen. Doch trotz ihrer unermüdlichen Anstrengungen und der Initiativen des Designers Lee Keedick, der viel Geld in eine nationale Kampagne gesteckt hat, ist der Mohn nicht erblüht. Moina Michael ist kurz davor, den Mut sinken zu lassen und sich statt den Kriegsveteranen nur noch ihrem Beruf zu widmen.

Doch die Zeitungsnotiz gibt ihr neue Hoffnung. Sie hat bis dahin nicht gewusst, dass die amerikanischen Veteranen bereits auf französischem Boden begonnen hatten, sich in der American Legion zu organisieren. Aus der Zeitung erfährt Moina Michael, dass die Abteilung Georgia der Legion im gut hundert Meilen von ihrer Heimatstadt Athens entfernten Augusta tagen soll – ein Hoffnungsschimmer am Horizont! Sie zögert nicht einen Moment, sondern nimmt eine Kiste mit Mohnblüten aus Stoff sowie die illustrierten Gedichte von John McCrae, die sie einst inspiriert hatten, und fährt nach Atlanta, wo sich drei

Abgeordnete der American Legion gerade auf ihre Abreise vorbereiten. Einen von ihnen vermag sie zu überzeugen, eine von ihr vorbereitete Resolution bei der bevorstehenden Sitzung einzubringen.

Die folgenden Tage verbringt Moina Michael in höchster Anspannung, bis sie schließlich die überwältigenden Neuigkeiten aus Augusta erfährt: Die Abteilung Georgia der American Legion hat die Mohnblüte als ihr offizielles Symbol zur Erinnerung an die Opfer des Ersten Weltkriegs akzeptiert. Die Versammlung hat darüber hinaus beschlossen, bei der kommenden Sitzung des nationalen Kongresses der American Legion den Antrag zu stellen, die *Poppy* zum Symbol für ihre landesweiten Aktivitäten zu erklären. Gleichzeitig werden Brücken in die ganze Welt geschlagen. Denn auf der Sitzung ist die Französin Anna Guérin anwesend, die Gründerin der Amerikanisch-Französischen Kinderliga. Diese sammelt seit dem Kriegsende in den USA Spenden für die Kinder in den verwüsteten Gebieten Frankreichs. Anna Guérin hat das Potential des Mohns erkannt. Sie lässt von französischen Kindern rotblühende Anstecker fertigen, die dann in Amerika verkauft werden. Die Gewinne kommen den Bedürftigen in Frankreich zugute.

Anna Guérin macht die Mohnblütenkampagne zu einem globalen Erfolg: Im Folgejahr entsendet sie französische Frauen zu einer Verkaufsaktion nach London. Sie überredet zudem Douglas Haig, den Vorsitzenden der Royal British Legion, den Briten die Blüte schmackhaft zu machen. Über Abgesandte gelingt es ihr schließlich, die Dominions des britischen Commonwealth, zunächst Kanada, Australien und Neuseeland, für die Blume von Flanderns Schlachtfeldern zu mobilisieren. Bald ist das Gros der englischsprachigen Welt, zumindest im Rahmen der seit 1921 jährlich stattfindenden Novemberfeiern, durch das Mohnsymbol vereint. Moina Michaels Vision vom November 1918 ist Wirklichkeit geworden. Der Siegeszug der *Remembrance Poppy* hat begonnen.

Terence MacSwiney wird über Wales und London zum Brixton Prison gebracht, wo er als Gefangener 6794 auf eine Krankenstation verlegt wird. Die Reise ist ihm schwergefallen, nach einer Woche des Hungerstreiks, in der er lediglich Wasser zu sich genommen hat. Bereits kurz nach seiner Ankunft meldet eine Zeitung, es sei nicht sicher, ob MacSwiney eine weitere Nacht überleben würde. Das Gefängnispersonal bringt regelmäßig appetitliche Speisen an sein Bett. Doch Terence MacSwiney rührt nichts davon an. Die meiste Zeit verbringt der Gefangene im Bett, um seine Kräfte zu schonen. Er möchte so lange wie möglich am Leben bleiben. Denn einerseits ist es möglich, dass die britische Regierung noch einlenkt, andererseits hofft er, dass so die Aufmerksamkeit für seinen Fall in den Medien und der Öffentlichkeit länger währen wird.

Doch der Hunger beginnt, seinen Tribut zu fordern. MacSwineys Haut ist überempfindlich und beginnt an einigen Stellen, sich zu öffnen. Er hat Schmerzen in den Gelenken, die anschwellen, während sein Organismus, um Nährstoffe zu generieren, Muskelmasse abbaut. Ein Priester wird gerufen, um mit MacSwiney zu beten und den geschwächten Körper zu salben.

Doch der Ire erweist sich als weitaus zäher, als die Ärzte geglaubt haben. Vier Wochen nach seiner Verhaftung ist er immer noch am Leben, und jeder Tag bringt neue Schlagzeilen in der irischen, englischen und nordamerikanischen Presse. Von Dublin aus beginnt Michael Collins, IRA-Kämpfer über die irische See zu schleusen und Vorbereitungen für eine Befreiungsaktion zu treffen. Zu diesem Zeitpunkt berichten Augenzeugen, dass Terence MacSwineys Körper bereits völlig bewegungsunfähig sei. Er spreche nur noch das Allernötigste, um Kraft zu sparen, und er kämpfe um jeden Tag. Bei König Georg V. gehen Petitionen ein, deren Verfasser ihn auffordern, von seinem Recht auf Begnadigung Gebrauch zu machen. Doch die britische Regierung will von solchen Schritten nichts wissen. Es ist nicht der erste Hungerstreik eines irischen Freiheitskämpfers, und mit einem Einlenken würde Großbritannien zeigen, dass es erpressbar ist. Denn MacSwiney hat deutlich gemacht, dass er den Hungerstreik nur aus einem einzigen Grund beenden würde: seiner sofortigen Entlassung aus dem Gefängnis. Dennoch sorgt sich die Regierung, allerdings weniger um das Wohl eines Mannes, der sein Leben dem Kampf gegen das Empire verschrieben hat, als vielmehr um die Situation in Irland. Die Autoritäten befürchten, dass angesichts von MacSwineys Tod der Süden Irlands zur offenen Rebellion übergehen und der Mayor von Cork zum Märtyrer dieser Bewegung werden könnte. Anfang September hatte sich bereits ein Zug von viertausend Dubliner Arbeitern formiert, um einer Messe für den Lord Mayor von Cork beizuwohnen. Umgekehrt ist aber auch zu befürchten, dass bei einer Freilassung die englandtreuen Ordnungskräfte in Irland den Glauben verlieren, ihre Arbeit für Krone und Empire einstellen und gar ihrerseits zu gewaltsamen Protesten mobilisieren könnten. Mitte September schließlich befindet sich Terence MacSwiney in einem so schlechten Zustand, dass es nicht einmal mehr möglich wäre, ihn durch Zwangsernährung am Leben zu erhalten, wie man es bereits bei früheren Hungerstreiks getan hatte.

Am 11. Oktober 1920 wird nach qualvollen Jahren der Entfremdung und nach monatelangen Verhandlungen zwischen den Anwälten die Scheidung von Walter Gropius und Alma Mahler endlich offiziell. Um dem Gericht eine eindeutige Entscheidungsgrundlage und ein schnelles Verfahren zu ermöglichen, wird ein Ehebruch konstruiert. In diametralem Gegensatz zu den tatsächlichen Zuständen macht ein eigens dafür angeheuerter Privatdetektiv die Aussage, Walter Gropius mit einer Geliebten in flagranti in einem Hotelzimmer erwischt zu haben. Das Gericht lässt sich täuschen, und damit ist die Kriegsehe der beiden, die vor allem auf dem Papier existiert hatte, zu Ende.

Bei Walter Gropius hinterlässt die Scheidung, die auch den Verlust des Sorgerechts für die gemeinsame Tochter Manon bedeutet, Spuren. Obwohl er inzwischen eine Fernbeziehung mit einer verheirateten jungen Künstlerin eingegangen ist, fühlt er sich einsam und leidet unter heftigen Stimmungsschwankungen. In Briefen bezeichnet er sich wiederholt als »Sternschnuppe«: »Ich habe wieder so eine große Schleife durch den Weltraum gemacht und mich einige Äonen weiter hinaufgeschraubt. So hazardiere ich mein Leben ab, das immer auf einer Karte steht und also zwischen Dynamit vergeht. Ich bin schon 10mal explodiert inzwischen, aber immer sind die Seelenfetzen noch lebendig, ja sie wachsen eigentlich an Kraft. Inzwischen schied ich mich von meiner Frau in voller Liebe. (…) Nun bin ich mehr denn je Nomadenstern am Firmament und stehe uferlos im anderen Geschlecht.«

Gleichzeitig verlangt das Bauhaus Gropius' ganze Aufmerksamkeit. Er reist quer durch die Republik, um Spenden für den Aufbau des Campus zu sammeln. Schon die Gründungsphase der neuen Kunstschule ist von starken internen Spannungen geprägt. Der als Lehrer ans Bauhaus berufene Schweizer Maler Johannes Itten etwa sammelt einen Kreis ergebener Schüler um sich. Er geriert sich als charismatischen Führer und lässt die Lehren Zarathustras in die Kunstarbeit einfließen. Seinen Schülern verordnet er eine streng geregelte Lebensweise, die eine Knoblauchdiät, Meditation und Eurythmie umfasst. Sie sollen sich die Schädel rasieren und eine von ihm entworfene Mönchskutte tragen. Mit seinen Jüngern im Rücken versucht er auf Kosten anderer Lehrer zur prägenden Figur des Bauhauses zu werden. Es kommt zu Konflikten. Gropius muss vermitteln: »Die geistvoll-jüdische Gruppe Singer-Adler ist zu üppig geworden und hat leider auch Itten ernstlich beeinflußt. Mit diesem Hebel wollen sie das ganze Bauhaus in die Hand bekommen. Da lehnten sich die Arier begreiflicher Weise auf.« »Juden« gegen »Arier« – und das am fortschrittlichen Bauhaus! Für diesmal gelingt es Gropius, einen Ausgleich herzustellen.

Anfang Oktober 1920, nachdem Terence MacSwiney sechs Wochen Hungerstreik überlebt hat, sind seine Unterstützer bereit, an ein Wunder zu glauben. Die Gegner haben den Verdacht, dass ihm heimlich Essen zugesteckt wird. Aber seine Bettpfanne ist, wie die Ärzte registrieren, stets leer. Zwar ist sein körperlicher Zustand fatal, aber er ist noch am Leben, kann sich noch ein wenig bewegen, und sein Geist ist hellwach. So erlebt er bewusst mit, wie sein Körper sich aus dem Diesseits verabschiedet. Auf dem Rücken haben sich jetzt Ödeme gebildet. Das Herz schlägt schwächer. MacSwiney klagt über Stechen und Kribbeln in den Armen; darüber hinaus stellen die Ärzte eine Tuberkulose fest.

Am 17. Oktober 1920, nach sechsundsechzig Tagen ohne Nahrung, erreicht Terence MacSwiney die Nachricht, dass einer der Männer, die mit ihm verhaftet worden und die ebenfalls in den Hungerstreik getreten waren, gestorben ist. In Irland häufen sich gewalttätige Konfrontationen zwischen den Unabhängigkeitskämpfern und der Polizei, bei denen eine wachsende Zahl von Todesopfern auf beiden Seiten zu beklagen ist.

Terence MacSwiney fällt jetzt immer wieder in ein Delirium, das die Gefängnisärzte nutzen, um ihm Kraftbrühe einzuflößen. Am Abend des 24. Oktober 1920, am 73. Tag des Hungerstreiks, wird seinem Bruder Seán und seinem Priester erlaubt, die Nacht im Gefängnis zu verbringen. Als sie früh am nächsten Morgen an MacSwineys Bett treten, liegt er bewegungs- und bewusstlos mit geöffneten Augen da. Der Priester flüstert Gebete in sein Ohr. Die Ärzte versuchen, den Sterbenden mit einer Strichnin-Injektion zu reanimieren. Doch sein ausgezehrter Körper zeigt keine Reaktionen mehr, und nach einigen Minuten kommt der schwache Atem zum vollständigen Stillstand. Der letzte Satz, den MacSwiney zu Protokoll geben kann, ist: »Sie müssen bezeugen, dass ich als Soldat der Republik gestorben bin. Gott schütze Irland!«

Der Tod des Lord Mayor von Cork löst ein weltweites Echo aus. In mehreren Städten Nordamerikas, in Paris und in Belfast werden ihm zu Ehren Paraden abgehalten. Am 1. November 1920 wird er im Beisein einer großen Zahl von Anhängern auf dem Saint Finbarr's Cemetery in Cork beigesetzt. Kameraden in Cork, die gleichzeitig mit ihm begonnen hatten, die Nahrung zu verweigern, setzen den Hungerstreik fort.

Auch Nguyen Ai Quoc ist schockiert über den Tod des Mayor von Cork und gleichzeitig voller Bewunderung über die Unverrückbarkeit seiner Überzeugungen. Nguyens Weg als Unabhängigkeitskämpfer ist aber zu diesem Zeitpunkt noch ein anderer. Nach dem Misserfolg in Versailles verlässt er sich zusehends auf die Gewissheiten der marxistisch-leninistischen Ideologie und erklärt – inzwischen Mit-

glied der sozialistischen Partei – den Kolonialismus als eine
Form der kapitalistischen Ausbeutung. Sein Aktionsradius
in Paris ist beschränkt, denn der französische Geheimdienst ist ihm unentwegt auf der Spur. Man hat ihm seinen
Pass weggenommen, so dass er das Land nicht verlassen
kann. Und in die Kreise des vietnamesischen Widerstands
sind eine Reihe von Spitzeln eingeschleust worden. Ein Teil
jeder Auflage revolutionärer Drucksachen, die Nguyen und
seine Kameraden erscheinen lassen, wird verlässlich vom
Geheimdienst aufgekauft. Derartig überwacht, isoliert und
fern der Heimat, für die er sich engagiert, setzt Nguyen
seine ganze Hoffnung in den Ausbruch jener Weltrevolution, von der man im revolutionären Russland und auch in
der französischen Linken spricht. Wenn die Unterdrückten
aller Länder der Erde aufstehen, so glaubt er, wird auch
Vietnam seine Freiheit erkämpfen.

Anfang Dezember 1920 kommt Soghomon Tehlirian, nachdem er einige Zeit in Paris gelebt hat und auch Zwischen-
station in Genf gemacht hat, in Berlin an. Er nimmt – so
erklärt er später vor Gericht – Quartier bei einem Landsmann, der in der Augsburger Straße 51 wohnt, und gibt später bei der polizeilichen Meldung an, sich für ein Studium
der Mechanik in die Hauptstadt des Deutschen Reichs begeben zu haben.

Im Februar 1921, er kommt gerade vom Zoologischen
Garten her, hört er plötzlich Stimmen, die Türkisch reden.
Der Name »Pascha« fällt. Als sich Tehlirian umdreht, erkennt er den ehemaligen Innenminister des Osmanischen
Reichs, den Mann, der für die Massaker an den Armeniern
verantwortlich gemacht wird. Er folgt der Gruppe ein Stück
weit bis zu einem Kino. Als Tehlirian das Kino betritt, wird
ihm schlecht, und er sieht die Bilder des Massakers vor

seinem inneren Auge auftauchen. Er muss das Kino verlassen. Immerhin bleiben diesmal die Krämpfe aus, die ihn bei früheren Anfällen geschüttelt haben; er kann sich auf den Füßen halten. Seit er vor einigen Wochen mitten auf der Straße das Bewusstsein verloren hat, ist er bei Professor Cassirer in Behandlung.

In den ersten Tagen des März 1921 sucht Tehlirian die Erinnerung erneut und mit ungekannter Dringlichkeit heim. Er fühlt sich schlechter als je zuvor, »und die Bilder des Massakers kamen mir wieder vor die Augen. Ich sah die Leiche meiner Mutter. Diese Leiche ist aufgestanden und zu mir herangetreten und hat gesagt: Du hast gesehen, daß Talaat hier ist, und du bist ganz indifferent? Du bist nicht mehr mein Sohn!« In diesem Moment, so gibt es Tehlirian bei seinem späteren Prozess an, will er sich dafür entschieden haben, Talaat Pascha, den er für die Auslöschung seiner Familie verantwortlich macht, zu töten. Er zieht in ein Zimmer in der Hardenbergstraße 37, unmittelbar gegenüber dem Wohnort von Talaat Pascha. Doch jetzt, wo er sein Opfer direkt vor Augen hat, kommen ihm Zweifel: »Ich bin bedenklich geworden; ich habe mir gesagt: Wie kannst Du einen Menschen töten? (...) Ich habe mir gesagt: ich bin nicht imstande, einen Menschen zu töten.« So lässt er den Gedanken an einen Mord fallen und wendet sich wieder seinen alltäglichen Verrichtungen zu: Sprachunterricht bei Fräulein Beilenson, hin und wieder ein Theater- oder Kinobesuch, Zeitungslektüren.

Nach ihrer Ankunft in Prag hatte Louise Weiss Unterkunft bei einem jüdischen Antiquar gefunden. Das neue Regime stellte ihr einen Offizier zur Seite, der ihr als Beschützer und Führer dienen sollte. Er war ein Mann der Belle Époque, die galanten Handküsse inbegriffen, und entschlossen, der Pariserin vor allem die Naturschönheiten seiner Heimat nahezubringen. Doch nach einigen Wochen mit Wäldern und Jagdschlössern hat Louise Weiss genug von solcher Bevormundung. Sie will endlich das tun, wofür sie nach Prag gekommen ist: über die Tschechoslowakei im Aufbruch berichten.

Als Unterstützerin der einstigen tschechischen Exilregierung und Geliebte von Milan Štefánik, der nach seinem Tod niemandem mehr im Weg steht, öffnen sich der Korrespondentin aus Paris die Türen der neuen Regierung. Der Staatspräsident Masaryk empfängt sie in seiner Residenz, dem Schloss in Koloděje, dessen Wände frisch gekalkt und vom habsburgischen Dekor befreit wurden. Für Louise Weiss sieht der einstige Palast nun wie ein »demokratisches Kloster« aus. Masaryk sitzt darin als Verkörperung der Nüchternheit der neuen Werte, noch ganz der Professor, der im Jahr 1915 ins Pariser Exil geflohen war. Doch die Führung des neuen Staates ist alles andere als eine akademische Aufgabe, und Masaryk hatte sich im Exil von deren Umfang keine Vorstellung gemacht. »Er kannte seine Tschechoslowakei nur theoretisch.« Es gilt daher nun, so rasch wie möglich einen Überblick über Daten, Zahlen und Fakten zu bekommen. Ein Heer neuer Beamter ist einzustellen, ein Staatshaushalt zu berechnen, das Ganze in sehr unterschiedlichen Staatsteilen: in Böhmen, Mähren, der slawischen Slowakei und der Karpatenukraine, die einst zu Ungarn gehörte. Insbesondere in letzterem Landesteil leben bitterarme Bauern sowie Juden und »Zigeuner«, die sich nur schwer in die neue Republik integrieren lassen. Zur Zeit des Waffenstillstands, so berichtet der Präsident der Journalistin, habe in Ruthenien eine Hungersnot geherrscht. Er habe Züge mit Lebensmitteln in den Osten geschickt, darunter auch amerikanisches Kakaopulver. Die Bauern der Gegend, unwissend wie sie waren, hätten das braune Pulver genutzt, um ihre Holzhütten frisch anzustreichen. Und überall sei er auf die Widerstände der alten Bürokratie getroffen, die noch aus dem Mittelalter zu stammen scheint. Aufbruch hatte sich Louise Weiss anders vorgestellt.

Die Artikel, die die Journalistin aus Prag schickt, sind in Paris in aller Munde. Philouze will unbedingt, dass sie zu *L'Europe nouvelle* zurückkehrt. Er ist bereit, die vergangenen Konflikte zu vergessen. Louise Weiss ist ebenfalls zum Einlenken bereit, aber nur unter bestimmten Bedingungen: Philouze soll ihr endlich das Gehalt zahlen, das ihr anfangs versprochen wurde, sie will eine Stimme im Verwaltungsrat, sie will den Titel »Chefredakteurin« führen, die Abonnements kontrollieren und Einblick in die Buchhaltung bekommen. Außerdem müsse ihr Vater Vorsitzender des Verwaltungsrats werden. Philouze, der zunächst blass geworden ist, belebt sich bei dieser letzten Forderung wieder. Paul Louis Weiss ist ein wohlhabender Mann. Er würde der angeschlagenen Zeitung mit privaten Mitteln aus der Patsche helfen können. *L'Europe nouvelle* hat seit dem Ende der Versailler Verhandlungen deutlich an Leserschaft verloren.

So zieht Louise Weiss wieder in ihr blaues Büro ein, fest entschlossen, sich von niemandem mehr die Butter vom Brot nehmen zu lassen. In der Redaktion kehrt sie mit eisernem Besen, sortiert die chaotischen Aktenordner, die überall herumliegen, verschafft sich einen Überblick über die desolaten Finanzen, bringt Ordnung in die Buchhaltung und diszipliniert die Redaktionsmannschaft, die sich daran gewöhnt hat, sich so selten wie möglich in ihren Büros aufzuhalten. Bald ist ihr klar, dass Geld aus der Redaktionskasse in dunklen Kanälen versickert. Philouze versucht, im Hintergrund weiter die Fäden in der Hand zu halten. Doch diesmal ist Louise Weiss wild entschlossen, sich nicht von seinen kleinen Intrigen aus dem Sattel stoßen zu lassen. Als der Kleinkrieg in der Redaktion erneut eskaliert, reißt ihr der Geduldsfaden. Sie weiß ganz genau, dass die Zukunft der Zeitung von den Geldgebern, nicht zuletzt von ihrem Vater, abhängt und dass sie einiges gegen den einstigen Gründer, der sie so lange gegängelt hat, in der Hand hat. Diesmal sitzt sie am längeren Hebel, und sie setzt Philouze in einer filmreifen Szene vor die Tür.

Später reist Louise erneut nach Prag und von dort nach Budapest. Danach besucht sie Wien und Bukarest. Doch der Effekt ist überall der gleiche: Was sich Louise Weiss von Paris aus als den Aufbruch junger, freier Nationen in eine bessere Zukunft vorgestellt hat, nimmt sich bei näherem Hinsehen als Farce aus – oder gar als Tragödie. Nicht glanzvolle neue Staaten entstehen, sondern krisengebeutelte, fragile Gebilde. Der Enthusiasmus, den sie in den Artikeln der Waffenstillstandszeit verbreitet hat, weicht in ihrer Berichterstattung ab dem Herbst 1919 einem bitteren, manchmal fast zynischen Realismus.

Soghmon Tehlirian ist innerlich zerrissen zwischen der gebieterischen Stimme seiner Mutter, die er immer wieder in seinen Tagträumen hört, und der Stimme seines Gewissens. Am 15. März 1921 geht er lesend in seinem Zimmer auf und ab, als er sieht, dass der ehemalige Innenminister des Osmanischen Reichs aus dem Haus gegenüber tritt. Im selben Moment erscheint ihm erneut alles vor seinem inneren Auge: die Kolonne, die Schüsse, die Schwester, das Beil, schließlich das Bild der Mutter und ihre mahnenden, fast drohenden Worte. Schon 1919 in Tiflis hatte sich Tehlirian einen Revolver gekauft, angeblich um sich gegen erneute türkische Angriffe zu wehren. In Berlin holt er die Waffe hervor, die er in seinem Koffer zwischen den Kleidungsstücken versteckt. Mit dem Revolver in der Tasche stürzt er auf die Straße, wo er Talaat Pascha in Richtung Zoologischer Garten entschwinden sieht. Er läuft auf der anderen Straßenseite, bis er sich, kurz hinter der Knesebeckstraße, auf gleicher Höhe mit seinem Opfer befindet. Dann kreuzt er die Fahrbahn der Hardenbergstraße und tritt von hinten an Talaat Pascha heran. Die Mündung der Pistole hält er direkt an den Hinterkopf seines Opfers und drückt ab.

Mit dem sich lösenden Schuss springt die Schädeldecke auf, der getroffene Mann stürzt vornüber zu Boden, Blut fließt über sein Gesicht. Während Menschen zusammenströmen, wirft Tehlirian die Pistole weg und versucht wie in Trance wegzulaufen. Doch er kommt nicht weit. An der Fasanenstraße wird er von einem Zeugen gestellt. Bald ist er von einer Menge umzingelt, die ihn festhält. Einer schlägt ihm mit einem Schlüssel auf den Schädel; ein anderer durchsucht seine Taschen nach weiteren Waffen. Man versucht, ihn zur Rede zu stellen. Er sagt nur: »Ich Armenier, der Türke, für Deutschland kein Schade!« Später, als man ihn zur Polizeiwache am Zoologischen Garten bringt, steckt er sich eine Zigarette an. Zu diesem Zeitpunkt hat er seine Fassung wiedergefunden. Er hält sich vor Augen, was er gerade getan hat, und er fühlt »eine Zufriedenheit des Herzens«. Sein Traum war Rache gewesen; er hat ihn sich erfüllt.

Arnold Schönberg ist im Juni 1921 in die Sommerfrische in das österreichische Örtchen Mattsee gereist. Auch wenn er gelegentlich auf Spaziergängen die Gegend erkundet, geht es dem Komponisten vor allem darum, ebenjene Ruhe zum Arbeiten zu finden, die ihm in der österreichischen Hauptstadt fehlt. Schönberg genießt seine Sommerfrische, wie seine Gäste berichten.

Was er zu diesem Zeitpunkt noch nicht zu wissen scheint, ist die Tatsache, dass Mattsee zu jenen österreichischen Ferienorten gehört, die damit werben, dass sie keine jüdischen Gäste aufnehmen. Der Ferienort Mattsee hat in der Saison 1920 zum ersten Mal Aufenthaltsbeschränkungen erlassen. Es ist festgelegt worden, dass in der Gemeinde fortan ausschließlich »Deutsch-Arier« als Feriengäste Aufnahme finden sollen. Die Salzburger Chronik vom Juli 1921 verweist auf die Erfolge dieser Anordnung, die dafür gesorgt habe, dass Mattsee »judenrein« gehalten werden könne, »obwohl es (...) infolge der bekannten Judenzudringlichkeit Mühe kostete, die Juden ferne zu halten«. Vielleicht hat Schönberg auch von den Beschränkungen gehört, aber geglaubt, sie würden ihn nicht betreffen, denn er ist schon vor langer Zeit zum Christentum übergetreten. Ohnehin hat das Quartier für ihn seine Schwägerin gebucht, deren Vater zeitweilig Bürgermeister von Salzburg war.

Die Sommerfrische der Schönbergs mit ihren Gästen ist ein Affront für einige der Honoratioren von Mattsee. Freilich fehlen ihnen die rechtlichen Mittel, um die unliebsamen Gäste aus Wien des Ortes zu verweisen. So setzen sie auf öffentlichen Druck und plakatieren den Ort mit einem Aushang. Darin wird über eine Sitzung des Gemeindeausschusses berichtet, in der die Frage der jüdischen Gäste Thema war: »Die gefertigte Gemeindevertretung richtet daher an die gesamte Bevölkerung von Mattsee das dringende Ersuchen, dem Beschluß (...) willig Folge zu leisten, damit unserem schönen Orte Mattsee die Folgen einer etwaigen Verjudung, den Mietern und Vermietern Schikanen jeder Art durch die deutsch-arische Bevölkerung erspart bleiben.«

Als Arnold Schönberg den Aushang sieht, ist er erschüttert. Er beschließt, den Ort sofort zu verlassen. Darin bekräftigt ihn eine schriftlich zugestellte Aufforderung der

Gemeinde, nachzuweisen, dass er kein Jude sei. Schönberg möchte sofort abreisen, doch er will es tun, ohne viel Aufmerksamkeit zu erregen. Die Öffentlichkeit soll von diesem Zwischenfall nicht erfahren. Dass der Komponist diese Entscheidung nicht sogleich in die Tat umsetzt, ist einer Intervention des Vaters seiner Schwägerin zuzuschreiben, welche die Wogen zumindest für kurze Zeit glättet. Fast sieht es so aus, als würden die Schönbergs den Aufenthalt bis zum geplanten Ende fortsetzen. Doch dann erscheint in einer Wiener Tageszeitung ein Artikel zu dem Zwischenfall, in dem bereits über Schönbergs Abreise berichtet wird. Die *Neue Freie Presse* stellt sich jedoch auf Schönbergs Seite und fragt, wie es möglich sei, dass ein kleiner Ferienort die österreichischen Gesetze unterlaufe. Nun beginnt auch die rechte Presse, sich auf die Sache zu stürzen. Der Salzburger *Volksruf* druckt einen Artikel unter der Überschrift »Die Judenkolonie von Mattsee«. Darin wird den jüdischen Gästen des Badeorts kaum verhohlen mit Gewalt gedroht. Andere Veröffentlichungen in ähnlichem Ton folgen, und am 5. Juli erhält Schönberg eine Postkarte, die an »den berühmten Komponisten A. Schönberg, z. Zt. leider in Mattsee« adressiert ist.

Unter diesen Umständen kann Arnold Schönberg mit den Seinen nicht mehr in Mattsee bleiben, das er sich als Ort des Rückzugs und der Ruhe ausgesucht hatte. Da sich die Familie auf einen mehrmonatigen Aufenthalt eingestellt hat, sind viele Koffer zu packen. Am 14. Juli erreichen die Schönbergs sowie die sie begleitenden Schüler den Ort Traunkirchen, wo der Komponist bis zum Herbst bleibt und versucht, über den Schock seiner Vertreibung aus Mattsee hinwegzukommen.

Auch Matthias Erzberger geht im Sommer 1921 auf eine Reise. Er will – mit Frau und Tochter Gabriele – noch einmal durchatmen, bevor er nach längerer Abstinenz in die Politik zurückkehrt. Nach dem Prozess gegen Helfferich und dem zeitweisen Rückzug aus der politischen Verantwortung hatte er erbittert für seine Rehabilitierung gekämpft. In einer Reihe weiterer gerichtlicher Verfahren waren viele der Vorwürfe gegen ihn entkräftet worden. Jetzt traut er sich zu, wieder eine tragende Rolle in der deutschen Politik zu spielen. Vorher jedoch will er noch ein paar ruhige Wochen mit der Familie verbringen.

Im Schwarzwald, im Örtchen Bad Griesbach, mieten die Erzbergers eine Unterkunft in einem katholischen Kurheim, von wo aus sie in langen Spaziergängen die Gegend erkunden. Am 26. August 1921 kommt Carl Diez zu Besuch, ein Parteifreund aus Konstanz. Die Familie Erzberger sitzt gerade beim Frühstück, als der Gast eintrifft. Es ist der Tag vor der Abreise, und Frau Erzberger beginnt, die Koffer zu packen, während sich die beiden Männer entschließen, trotz des schlechten Wetters zu einem Spaziergang aufzubrechen. Auf der Landstraße zum Kniebis fallen Diez zwei gutgekleidete junge Männer auf, die ihnen folgen, zu ihnen aufschließen und sie dann ohne Gruß überholen.

Die beiden Politiker ahnen nicht, dass es sich bei den beiden Männern um zwei Mitglieder des rechten Untergrundnetzwerks »Organisation Consul« handelt, das sich die »Bekämpfung alles anti- und internationalen, des Judentums, der Sozialdemokratie und der linksradikalen Parteien« sowie die »Bekämpfung der antinationalen Weimarer Verfassung« zur Aufgabe gemacht hat. Nach dem Kapp-Putsch waren die Freikorps, denen Heinrich Tillessen und Heinrich Schulz bis dahin angehört hatten, aufgelöst worden. Wie viele alte Kämpfer waren die beiden in den rechten Untergrund abgetaucht. Seitdem waren sie in München bei einer Scheinfirma, einer angeblichen »Holzverwertungsgesellschaft«, angestellt. Sie waren davon überzeugt, dass Erzberger nicht nur der Inbegriff des »ekelhaften Vaterlandsverräters« und des »Erfüllungspolitikers«, sondern darüber hinaus von der »jüdisch geleiteten Freimaurerei« »vor Judas Wagen gespannt« worden sei. Von ihrem Vorgesetzten, Kapitänsleutnant a. D., hatten sie eines Tages einen Brief überreicht bekommen. Aus der Erinnerung rekonstruierte Tillessen später dessen Wortlaut: »Gemäß der in der Leitung stattgefundenen Auslosung wurden Sie (...) dazu bestimmt, den Reichsfinanzminister a. D. Erzberger zu beseitigen. Die Art der Ausführung bleibt Ihnen überlassen. Vollzugsmeldung ist nicht zu erstatten. (...) Brüder, Ihr könnt der Unterstützung des Ordens im Fall einer Entdeckung gewiss sein.«

Als Erzberger und Diez sich auf den Rückweg begeben, machen die beiden Männer ebenfalls kehrt, gehen erneut an ihnen vorbei, drehen sich um und stehen dann den beiden Politikern Angesicht zu Angesicht gegenüber. Einer der Männer zieht einen Revolver aus der Jacke, richtet ihn auf Erzbergers Stirn und drückt sofort ab. Ein zweiter Schuss trifft Erzberger in die Brust. Der schwere Mann krümmt sich und fällt zu Boden. Diez attackiert den Schützen mit seinem Regenschirm, so dass dieser die Waffe nun auf ihn richtet. Getroffen fällt auch Diez zu Boden und hört liegend noch weitere Schüsse, die gedämpft klingen, als wäre die Mündung der Waffe auf Kleiderstoff aufgesetzt. Danach ist nichts mehr zu vernehmen. Diez ist am Oberarm getroffen, ein Knochen ist zertrümmert, und die Kugel steckt nah der Wirbelsäule in seiner Lunge. Als es Diez gelingt, seinen Kopf zu heben, kann er Erzberger nicht mehr sehen. Mühsam richtet er sich auf und sieht, dass eine breite Blutspur etwa dreißig Meter über die Straßenböschung hinab zu einer Tanne führt. Dort liegt Erzberger mit blutüberströmtem Gesicht. Er atmet nicht mehr.

Diez schleppt sich über die Landstraße ins Dorf zurück. Unterwegs trifft er eine Frau, der er das Vorgefallene berichtet und die er um Hilfe bittet. Doch sie reagiert abweisend: »Wie konnten Sie nur mit Erzberger zusammen spazieren.« Mit letzter Kraft erreicht Diez den Ort Bad Griesbach und informiert einen Freund der Familie Erzberger, damit dieser der Ehefrau des Verstorbenen schonend die tragische Neuigkeit überbringen kann. Erst danach sucht Diez einen Arzt auf.

Erzbergers Beisetzung findet in seinem Heimatort Biberach statt, aber gleichzeitig werden Veranstaltungen im ganzen Land abgehalten, bei denen Tausende ihre Anteilnahme zeigen und gegen den politischen Terror protestieren. Trotz aller Kritik erkennen viele Menschen an, dass Erzberger versucht hatte, als Realist, als ehrlicher Makler und verlässlicher Partner deutsche Interessen in der Welt zu vertreten. Lauter jedoch als die Trauer der Anhänger ist die Wut von Erzbergers Feinden, die selbst angesichts seines gewaltsamen Todes in der Öffentlichkeit kein Hehl aus ihrer Genugtuung machen. In der *Oletzkoer Zeitung* steht: »Erzberger, der Deutschland den Versailler Schandfrieden vermittelt hat, hat den Lohn erhalten, der ihm als Vaterlandsverräter zukam.«

Die Monate nach der Gründung von Harry S. Trumans Herrenausstattergeschäft bringen ordentliche Gewinne ein. Als man ihm ein Angebot zur Übernahme des florierenden Geschäfts macht, lehnt er dankend ab. Doch im Januar 1920 erlahmt der kurze Aufschwung, der die amerikanische Wirtschaft nach dem Waffenstillstand angekurbelt hatte. Jetzt machen sich die Folgen des massiven Rückstroms von arbeitsfähigen Männern, die auf den europäischen Schlachtfeldern eingesetzt waren und für die es viel zu wenig Jobs gibt, ebenso bemerkbar wie das abrupte Ende der Nachfrage nach Gütern der Kriegsproduktion. Während achtzehn turbulenter Monate werden die Vereinigten Staaten von einer heftigen Wirtschaftskrise gebeutelt. Das Bruttosozialprodukt schrumpft bedrohlich. Während viele europäische Länder mit hohen Inflationsraten zu kämpfen haben, leiden die USA unter einer schrittweisen Geldaufwertung, die mit einem Preisverfall von über dreißig Prozent einhergeht. Für einen Einzelhändler wie Truman heißt das, dass er seine Waren billiger verkaufen muss, als er sie eingekauft hat. Die alten Freunde aus Kriegszeiten kommen weiterhin zum Reden in sein Geschäft, aber niemand leistet sich mehr ein seidenes Hemd oder eine Krawatte. Wenn sie es tun, ist es für Truman ein Verlustgeschäft.

Harry S. Truman versucht, die Kunden durch persönliche Kontakte und Werbung bei der Stange zu halten. Mit großem Engagement bringt er sich auch in die Gründung der Veteranenorganisation American Legion ein. Im November 1921 hilft er, eine gewaltige Zeremonie zu organisieren, bei der in Kansas ein Kriegsdenkmal eingeweiht wird. Sogar Ferdinand Foch, der sich auf einer Tournee quer durch Nordamerika befindet, ist anwesend. Hunderttausende Menschen strömen in Kansas zusammen, um den Marsch der Veteranen zu sehen. Harry S. Truman kommt die Ehre zu, den angereisten alliierten Befehlshabern die Fahnen der American Legion zu präsentieren.

Die schlimmsten Monate der Wirtschaftskrise sind schon vorüber. Dennoch sehen sich Truman & Johnson im September 1922 gezwungen, das Geschäft aufzugeben. Truman ist jetzt ein Kriegsheld mit 12 000 Dollar Schulden. Aber er weigert sich, Insolvenz anzumelden. Stattdessen strengt er sich an, Monat für Monat die exorbitanten Kredite bei unterschiedlichen Gläubigern zu bedienen. Über zehn Jahre wird es dauern, bis Truman schuldenfrei ist. Der Traum vom privaten Glück mit Familie, Heim und Reisen im eigenen Ford ist vorerst geplatzt.

Ihre Besuche in Prag und Budapest sind ernüchternd für die idealistische Louise Weiss gewesen. So sehr hatte sie an die Zukunft der nationalen Revolutionen geglaubt, an Freiheit und Selbstbestimmung für die Länder der einstigen Habsburgermonarchie, und musste dann die Realitäten des mühsamen Aufbruchs erkennen. Doch an keinem anderen Ort ist die Ernüchterung so bitter wie in Moskau, das sie im Jahr 1921 besucht. In der »gequälten Stadt«, die vom Misstrauen regiert wird, verliert sie endgültig ihren einst so mächtigen Glauben an die Kraft der Revolution. Von der tschechischen Gesandtschaft in Moskau aus versucht sich die Pariser Journalistin ein Bild von der Lage in der Stadt zu machen. Trotz aller Warnungen ist sie davon überzeugt, dass der Geheimdienst, die Tscheka, an ihr kein Interesse haben würde.

An einem Abend begibt sie sich zu einer gewissen Vera B., die sie im Zug von Riga nach Moskau kennengelernt hat. Vera lebt in einem kargen Zimmer, das durch einen Vorhang in zwei Bereiche unterteilt ist. Hinter dem Vorhang ist das Greinen eines Kindes zu hören. »Der Ärmste«, erklärt Vera, »er kann sich nicht an die Moskauer Ernährung gewöhnen. Schauen Sie!« Vera hält ein Gefäß mit einer lauwarmen Flüssigkeit nach oben, das nach Kohl riecht.

Sie nehmen beim Teekessel Platz, und Vera sagt, dass sie Freunde erwartet. Es ist schon spät, doch Vera ist sicher, dass sie kommen werden; denn sie wissen, dass Vera

Lebensmittel aus Lettland mitgebracht hat. Bald beginnt sich das Zimmer mit Menschen zu füllen. »Es sind Kameraden«, erklärt Vera, gute Kommunisten, darunter auch einzelne, die Louise Weiss aus Paris kennt.

Von einem Moment auf den anderen jedoch schlägt die Stimmung um. Die Konversation dreht sich nicht mehr um allgemeine Fragen, sondern um Louises Aufenthalt in Moskau. Die hat plötzlich das Gefühl, vor einem Tribunal zu sitzen, und sie versteht, dass weder ihre Anwesenheit noch die der anderen zufällig ist. Spannung liegt in der Luft, und Louise spürt, zum ersten Mal seit sie in Moskau ist, dass ihre Freiheit in Gefahr sein könnte.

»Kameradin!«, spricht eine Frau sie an, die sie schon aus Paris kennt. »Ich bin nicht Ihre Kameradin, Madame!«, gibt Louise Weiss scharf zurück. »Bitte sprechen Sie mit mir im gleichen Ton wie in Paris.« Dann wendet sie sich an einen gewissen Moghilewski, den sie aus der russischen Vertretung in Riga kennt: »Bitte sagen Sie diesen Menschen die Wahrheit. Sie haben in Riga meinen Pass gesehen. Wir haben über meine Arbeit diskutiert. Sie wissen, wer ich bin.« Moghilewski fordert sie auf, sich selbst vorzustellen. »Gut, wenn Sie es mir raten. Meine Damen, meine Herren, Sie haben eine Bürgerliche vor sich, die zudem noch eine bedeutende bürgerliche Zeitung vertritt, den *Petit Parisien.* Sie alle kennen diese Zeitung, denn Sie alle können Französisch.« »Dann sind Sie also unsere Feindin!«, sagt eine Frau scharf. »Immerhin respektiere ich Ihre Ideologie und das Unglück Russlands zu sehr, um zu lügen.« Louise Weiss erhebt sich, nimmt demonstrativ einen knallroten Lippenstift aus ihrer Handtasche und beginnt, sich die Lippen nachzuziehen. »Um zu lügen, Madame«, Louise Weiss wendet sich wieder an die ihr bekannte Frau, »wie Sie.« Obwohl sie gerade aus Paris zurückkomme, verbreite sie hier in Moskau den Eindruck, dass Frankreich und andere Länder Europas kurz vor einer Revolution stünden. Warum sage sie denn nicht die Wahrheit, dass in Frankreich die Bourgeoisie als Siegerin aus dem Weltkrieg hervorgegangen sei und es keine Anzeichen dafür gebe, dass diese den Sieg aus den Händen geben werde. Es sei gefährlich, hier in Moskau ein anderes Bild zu verbreiten und damit die Hoffnung zu schüren, dass sich bald die halbe Welt Russland anschließen werde.

Gerade noch unter Verdacht, eine Spionin zu sein, legt Louise Weiss den Finger in eine Wunde der kommunistischen Aktivisten. Stühle werden gerückt, bedeutungsvolle Blicke ausgetauscht, dann bricht eine Diskussion unter den Anwesenden aus über die Frage, ob und wie von Russland aus eine Weltrevolution bewerkstelligt werden könne. Denn die russische Revolution, so will es Lenins Theorie, erreicht nur dann ihr Ziel, wenn auf dem gesamten Globus das Proletariat an die Macht gelangt. Louise Weiss' Vorwärtsverteidigung ist dreist, aber effizient. Von der Angeklagten wird sie zur Anklägerin. Es gelingt ihr, die Aufmerksamkeit von sich abzulenken. Schließlich bietet ein »Kamerad« an, sie nach Hause zu fahren. Auf dem Rückweg durchlebt sie noch eine Schrecksekunde, denn der Fahrer hält eine Zeitlang vor einem Gebäude, das Louise Weiss nur zu gut kennt: dem Sitz der Tscheka. »Das ist das Ende des Spaziergangs«, sagt er mit sadistischem Grinsen. Der Fahrer weidet sich an ihrer Angst, bevor er wieder auf das Gaspedal tritt.

Nach der Rückkehr nach Paris trifft sich Louise Weiss mit einem Mitarbeiter bei Latinville, einer angesagten Pâtisserie im Quartier Saint-Augustin. Während sie vor ihrer heißen Schokolade sitzt, kommen ihr Erinnerungen von der langen Reise durch den Osten Europas in den Sinn. Sie scheinen ihr unerträglich – Louise Weiss wird von Tränen überwältigt. Die anderen Gäste sind überzeugt, dass die junge Frau an gebrochenem Herzen leidet, und damit liegen sie nicht einmal falsch: »Ich hatte unvergessliche Männer im Kampf mit schrecklicher Not gesehen, ein wunderbares Volk, das ich für seinen Mut und seine Größe liebte, eine Doktrin deren Ideale eine unheilbare Nostalgie erzeugten …« Louise Weiss weint um ihre Träume von Revolution, von einem neuen Europa, einer neuen Welt von Friede und Freiheit, von denen die Wirklichkeit so wenig übriggelassen hat. Da ist es ein schwacher Trost, dass Élie Joseph Bois die Artikel, die die Journalistin nach Paris geschickt hat, täglich auf der ersten Seite des *Petit Parisien* erscheinen lässt.

Am 8. Februar 1922 erreichen Gandhi, der sich zu dieser Zeit in Bardoli aufhält, Nachrichten, die ihm körperliche und seelische Schmerzen bereiten: In der Provinzstadt Chauri Chaura hat die Nicht-Kooperationsbewegung von Anfang an viele Anhänger gehabt. Sie hat nun zu einem Protestmarsch gegen Verhaftungen von Aktivisten aufgerufen. Vor dem städtischen Gefängnis versammelt sich eine Menge und fordert die Entlassung der politischen Gefangenen, dann marschieren sie durch die Innenstadt, wobei sie skandierend gegen die Regierung protestieren. Die örtlichen Ordnungskräfte verlieren die Nerven und beginnen, in die Menge zu schießen. Doch die Demonstranten lassen sich von der kleinen Truppe nicht einschüchtern, gehen ihrerseits zum Angriff über und treiben die Polizisten in ihre Wache. Das Gebäude wird in Brand gesetzt, und dreiundzwanzig Männer sterben in den Flammen. Wieder ist Gandhi verzweifelt, dass seine Strategie der Nicht-Kooperation so katastrophale Folgen zeitigt. Wieder zweifelt er, ob das indische Volk für eine so anspruchsvolle Form des Widerstands überhaupt schon reif ist. Er selber demonstriert seine Ablehnung mit einem sechstägigen Fasten. Der Indische Nationalkongress beschließt wenig später, die Nicht-Kooperationsbewegung auszusetzen. Die Kolonialregierung verhängt den Ausnahmezustand über Chauri Chaura, und einen Monat danach wird Gandhi festgenommen und – wegen aufrührerischer Schriften – zu sechs Jahren Gefängnis verurteilt. Die Erfüllung seines Traums, zum Anführer des friedlichen Widerstands gegen das britische Kolonialregime zu werden, rückt in weite Ferne.

Am 1. Mai 1922 wird auf dem Historischen Friedhof Weimar das Denkmal enthüllt, das Walter Gropius für die Opfer des Kapp-Putsches entworfen hat. Es soll an die zehn Arbeiter erinnern, die im Kampf gegen die Freikorps in Weimar ihr Leben gelassen haben. Der Begriff der »Märzgefallenen« erinnert dabei an ein Ereignis der Revolution von 1848, als Aufständische von königlichen Truppen niedergeschossen wurden. Viele Betrachter assoziieren mit der Form des Denkmals einen Blitz. Doch Gropius hat die Zickzacklinie anders erklärt. Nicht von oben herab, sondern vom Boden zum Himmel weist für ihn die gezackte monumentale Skulptur. Sie soll das Streben des Menschen zu Höherem symbolisieren. Allen Versuchen der Linken, hierin ein Symbol der Dynamik des Sozialismus zu sehen, widerspricht Gropius. Er möchte, dass es ein Denkmal für die Menschen, nicht für die Ideologien ist. Im Winter 1918 hatte er noch für die Revolution in Politik, Gesellschaft, Architektur und Kunst gebrannt. Nach bitteren persönlichen, beruflichen und politischen Erfahrungen ist ihm immerhin die Hoffnung auf das menschliche Streben zum Guten geblieben – und die Suche nach neuen Formen für eine neue Gesellschaft.

Im Sommer 1922 reist George Grosz in die Sowjetunion. Er begleitet den dänischen Schriftsteller Martin Andersen-Nexø, der den Auftrag hat, ein begeistertes Buch über das sowjetische Russland zu schreiben. Grosz, der im Ruf steht, ein revolutionärer Geist zu sein, soll Illustrationen für das Buch anfertigen. So wird die Kunst in das beginnende Ringen zwischen der westlichen Welt und der Sowjetunion einbezogen – von beiden Seiten: Zuvor ist in den USA der Film *The New Moon* in die Kinos gekommen. Er erzählt die auf Gerüchten über Russland basierende Geschichte der Prinzessin Maria Pawlowna, die in den Wirren der Revolution um ihre Freiheit und die Tausender russischer Frauen kämpft, die sich als »Besitz des Staates« registrieren lassen müssen und zu willfährigen Gespielinnen der Nomenklatura werden sollen.

Die beiden zum Lob der Revolution ausersehenen Künstler treffen sich in Dänemark und reisen von dort in den äußersten Norden Norwegens: nach Vardø. Der Schriftsteller Nexø hat mit der neuen russischen Regierung ausgemacht, dass ein Motorschiff kommen, die beiden Künstler abholen und ins nordrussische Murmansk bringen soll. Doch die beiden warten mehrere Wochen am Rande Europas, ohne dass sich auch nur die Positionslichter eines russischen Schiffes zeigen. Irgendwann wird ihnen die Zeit zu lang, und sie entschließen sich, auf eigene Faust nach Russland überzusetzen. Sie bezahlen einen Fischer, der in Richtung Osten aufbricht und nicht nur bereit ist, sie als Passagiere zu befördern, sondern auch einen Umweg in Kauf zu nehmen, um sie abzusetzen. Ausgestattet mit Schokolade, Knäckebrot und Schnaps, brechen sie auf.

Das Fischerboot erreicht den Kola-Fjord mitten in der Nacht. Es macht im Fischerhafen von Murmansk fest, wo sich zunächst keine Menschenseele für die Ankunft der beiden Künstler interessiert. Als der Morgen dämmert, wird den beiden klar, dass sie an einem unwirklichen Ort gelandet sind. Der Bau einer neuen Hafenanlage ist begonnen, aber nach halber Fertigstellung abgebrochen worden. »Boote waren halb versunken oder lagen kieloben im Wasser, eine halbfertige Mole war zu erkennen, steinharte Zementsäcke und verbogene, verrostete Eisenteile ragten überall hervor. Eine Glockenboje lag umgekippt, ebenso der Kran, den sie hätte ins Wasser setzen sollen. Weiter hinten sahen wir ein ganzes Unterseeboot kieloben, wie ein großer Fisch, voller Muscheln, mit Tang bewachsen und mit abgeblätterter Farbe. Halbversunkene Holzschiffe, flach mit Steinen beladen im jauchigen Wasser steckengeblieben; aufgetürmte leere Petroleumfässer; ganze Reihen Eisenbahnwagen, die meisten ohne Räder, dafür aber bewohnt. Es war wie ein großer Müllhaufen.«

Dies ist die unwirkliche Kulisse für ein ebenso unwirkliches Spektakel, das sich zu vollziehen beginnt, sobald die Sonne aufgeht. Plötzlich versammeln sich viele Menschen rund um das Fischerboot, mit dem die beiden Künstler angereist sind und in dem sie eine unbequeme Nacht verbracht haben. Vor allem aber treten jetzt zwei Männer in neuen Lederjacken und hohen Stiefeln auf, die Militärmützen mit Hammer und Sichel tragen. Die beiden werden von einem wild dreinblickenden Matrosen begleitet, der einen Revolver auf die beiden Ankömmlinge richtet.

Die beiden Kommissare sprechen mit den Fischern und ziehen sich dann zurück, während sie den Matrosen zur Bewachung der beiden verdächtigen Subjekte aus dem Ausland zurücklassen. Die Einreisepapiere haben die Kommissare mitgenommen. Dann passiert lange Zeit nichts, denn in »Rußland muß man immer sehr lange warten«. Später kommt eine Dolmetscherin, die ihnen jedoch wenig Hoffnung macht. Die Überprüfung könne Tage dauern. Tatsächlich kommt nach einigen Stunden die Meldung, dass der Ortssowjet sie erwartet.

»Ich gebe zu«, schreibt Grosz in seinen Memoiren, »es war damals schwer, Positives in Rußland zu entdecken. 1922 war alles wie eben kurz nach einem langen Kriege. Das ganze Land war, wo wir auch hinkamen, in einem für westeuropäische Begriffe schrecklichen Verfall.« Mit der Eisenbahn fahren sie durch Wälder von Fichten, Tannen und Föhren.

In Leningrad wird Grosz besser empfangen. Er soll sich einer internationalen Künstlergruppe anschließen, die im Begriff ist, eine Zeitschrift zu gründen, mit deren Hilfe die Überlegenheit der sowjetischen Kunst in ganz Europa bekanntgemacht werden soll. Bei einem Restaurantbesuch sieht Grosz den Luxus, in dem die Funktionäre des Regimes leben und der sich fundamental von den Lebensbedingungen der einfachen Leute unterscheidet, denen er während der Anreise begegnet ist.

In Leningrad lernt Grosz auch Wladimir Tatlin kennen, einen der führenden Köpfe der konstruktivistischen sowjetischen Kunst. Er zeigt ihm das fünf Meter hohe Modell einer Turmkonstruktion: das *Monument der Dritten Internationale*. Es soll einst ein das Bauwerk werden, höher als der Eiffelturm und höher als das Woolworth-Gebäude in New York, damals das größte Hochhaus der Welt. Als Monument der Revolution soll es sich drehen und bewegen können, um die Energie der Veränderung auszudrücken. Allein Trotzki, der beliebteste unter den Führern der Revolution, ist nicht von dem monumentalen Projekt zu überzeugen. Als er sich das Modell ansieht, äußert er statt Enthusiasmus bohrende Fragen: »Warum sich denn das Ding drehen sollte und warum immer im Kreise um sich selbst und auf der Stelle?« Wie solle eine solche Konstruktion die immer weiterstrebende Revolution symbolisieren? So verschwinden das gigantische Projekt und Tatlin mitsamt seinen gewaltigen Visionen für die Sowjetkunst in der Versenkung.

Wenn es noch ein Erlebnis gebraucht hätte, um Grosz' Bild von der jungen Sowjetunion zu trüben, dann wäre dies der Empfang im Kreml gewesen, zu dem er als ausländischer Gast eingeladen ist. Lenin ist persönlich gekommen und grüßt alle Anwesenden in formloser Art und Weise. Seine Ansprache hält er auf Deutsch, doch Grosz bemerkt das Flüstern in Lenins Umgebung. Er kann sich darauf keinen Reim machen, bis ihm ein Journalist erläutert, dass der große Revolutionsführer in jüngerer Zeit schwächlich und etwas vergesslich geworden sei. Daher hätten sich Männer aus seinem Umkreis daran gewöhnt, ihm Stichworte für seine Reden zuzuflüstern, wenn er drohte den Faden zu verlieren.

»Meine Reise in die Sowjetunion war kein Erfolg gewesen«, fasst Grosz seine russischen Erlebnisse zusammen. Damit meinte er nicht nur die Tatsache, dass das geplante Buch, das gemeinsam mit Nexø entstehen sollte, nie geschrieben wurde. Für ihn sind vielmehr seine Erfahrungen mit der Sowjetunion ein Misserfolg, und letztlich die Sowjetunion an und für sich. Als der amerikanische Journalist Lincoln Steffens im Jahr 1921 Russland bereiste, hatte er begeistert berichtet: »I have seen the future, and it works.« Auch Grosz hat die Zukunft gesehen, doch sie bestand aus einem Schiffsfriedhof samt bedrohlichen Kommissaren, einem Restaurant für reiche Apparatschiks, einem sinnlosen megalomanischen Bauprojekt und einem kranken Diktator. Für ihn funktionierte die sowjetische Zukunft nicht; nicht die sowjetische Zukunft und, recht betrachtet, auch nicht die Zukunft im Allgemeinen. Aber was soll man von einem Dadaisten auch anderes erwarten? Hatte er jemals wirklich an die Revolution geglaubt?

Im Oktober 1922 erscheint Virginia Woolfs Roman *Jacob's Room* im eigenen Verlag, der Hogarth Press. Nervös erwartet die Schriftstellerin die ersten Reaktionen des Publikums: »Und was sind meine Prognosen für den Verkaufserfolg des Jacob? Ich glaube, wir werden 500 verkaufen: danach wird es langsam weitergehen & bis Juni die 800 erreicht haben. Man wird es mancherorts überschwenglich für seine ›Schönheit‹ loben; und die, die menschliche Charaktere wollen, werden es heruntermachen. (...) Ich kann es nicht ertragen, wenn die Leute sehen, wie ich in aller Öffentlichkeit gedemütigt werde. (...) Aber es ist mein voller Ernst, wenn ich sage, daß mich nichts von meinem Entschluß, weiterzumachen, abbringen wird, oder etwas an meinem Vergnügen ändert, egal was also passiert, wenn die Oberfläche auch aufgewühlt ist, so ist doch das Zentrum geschützt.« Die Verkäufe hat sie unterschätzt, das Echo in den Zeitungen allerdings ist eindeutiger, als sie gedacht hat. Es hagelt Verrisse, wenngleich das Urteil der literarischen Freunde durchweg positiv ist. Die Insider der literarischen Avantgarde bestärken sie darin, dass ihr mit *Jacob's Room* ein Aufbruch gelungen ist. Entsprechend reißt sich die Londoner Gesellschaft um Virginia Woolf.

So sehr wie der literarische Erfolg wird bald auch eine Begegnung ihr Leben verändern. »Blühend, bärtig, sittichfarben, mit der ganzen aristokratischen Gewandtheit und Ungezwungenheit, aber ohne künstlerischen Esprit«, beschreibt sie die Schriftstellerin Vita Sackville-West nach ihrem ersten Treffen bei einem Dinner, nach dem sie »zu benommen« ist, »um etwas zu verstehen«. Angesichts der Stärke dieser Frau – »ein Grenadier; hart; gutaussehend, männlich; mit Neigung zum Doppelkinn« – fühlt sich Virginia »jungfräulich, schüchtern & schulmädchenhaft«. Diese Begegnung ist ein weiterer Aufbruch, noch ein Schritt in neue Sphären für die Künstlerin und Erneuerin des Romans, ein Schritt in eine Leidenschaft, die sich in jeder Hinsicht von dem unterscheidet, was Virginia für Leonard Woolf empfindet. Die Beziehung der beiden Frauen wird durch extreme Höhen und Tiefen gehen, wird viele Jahre andauern, und indem sie sich darauf einlässt, verlässt Virginia Woolf endgültig die »Räume« des gesellschaftlich Anerkannten, die bis dahin noch ihr Leben umschlossen haben.

Nguyen Ai Quoc erreicht die Sowjetunion im Juni 1923. Es ist nicht einfach gewesen, den wachsamen Augen der französischen Geheimpolizei zu entkommen. Nur dank der internationalen Vernetzung der Linken ist es ihm gelungen, sich aus Paris davonzustehlen, einen Zug durch Deutschland zu nehmen und dann ein Schiff über die Ostsee. Den Freunden und Kameraden in Paris hat er Abschiedsbriefe hinterlassen, aus denen deutlich wird, dass er nicht vorhat zurückzukehren. An die Kinder eines Freundes, seine »Nichte« und seinen »Neffen«, die ihm ans Herz gewachsen sind, schreibt er: »Ihr werdet Onkel Nguyen lange nicht mehr sehen, Ihr könnt nicht mehr auf meinen Schoß oder auf meinen Rücken klettern wie Ihr es immer getan habt, und es wird eine lange Zeit vergehen, bevor ich meine Alice und meinen Paul wiedersehe. Wenn wir uns wiedersehen, werde ich wahrscheinlich alt sein und Ihr so groß wie Eure Mama und Euer Pappa. (...) Wenn Ihr groß geworden seid, werdet Ihr für Euer Land kämpfen wie Eure Eltern, wie Onkel Nguyen und wie andere Onkel.«
Die Ankunft im Russland der Revolution hat sich der Freiheitskämpfer anders vorgestellt. Er wird von den Bol-

schewiki bei der Einreise festgehalten. Die Überprüfung seiner Person dauert mehrere Wochen. Erst als man ihm vertraut, kann er nach Moskau weiterreisen. Eigentlich hat er geglaubt, nur wenige Monate in der Hauptstadt der russischen Revolution zu verbringen. Doch es wird mehr als ein Jahr daraus. Ein Jahr, in dem er lernt, in den harten, oft tödlichen Auseinandersetzungen in der kommunistischen Partei zu bestehen, und in dem seine ideologische Position sich weiter festigt. Nach und nach steigt er in den inneren Kreis der Partei auf und lernt auch Lenin näher kennen. Nguyen wird nicht müde, seine Parteigenossen daran zu erinnern, dass das vietnamesische Volk doppelt unterjocht ist: erstens als ein Volk von Arbeitern, denen es ergeht wie den Arbeitern auf der ganzen Welt, aber zweitens auch wegen seiner Rasse, die von den Weißen als minderwertig angesehen wird. Der Unabhängigkeitskampf der Vietnamesen – und aller anderen Kolonialvölker – ist für ihn Teil einer kommunistischen Weltrevolution, die auf die Revolution der Völker folgen muss. 1924 gelingt es Nguyen endlich, die Partei zu überzeugen, dass er auf Mission nach China geschickt werden soll. Ausgestattet mit einer Fahrkarte für die Transsibirische Eisenbahn und mit etwas Geld macht er sich nach Kanton auf.

Arnold Schönberg erhält im April 1923 vom Maler Wassily Kandinsky, der aus Moskau nach Weimar übergesiedelt ist, eine Einladung, sich auf die freiwerdende Stelle als Direktor der Musikhochschule in Weimar zu bewerben. Doch ihm ist – wohl von Alma Mahler und von seinem Schüler Erwin Ratz – zugetragen worden, dass es im Umfeld der Reformschule antisemitische Ressentiments gibt und dass sogar Kandinsky selbst sich despektierlich über die Juden geäußert haben soll. Seit dem Mattsee-Erlebnis hat sich

Schönberg nie schriftlich zu seinen Erfahrungen mit dem Antisemitismus geäußert, doch jetzt explodiert er und setzt zum Gegenangriff an. So schreibt er am 20. April 1923 an Kandinsky: »Was ich im letzten Jahr zu lernen gezwungen wurde, habe ich nun endlich kapiert und werde es nicht wieder vergessen. Daß ich nämlich kein Deutscher, kein Europäer, ja vielleicht kaum ein Mensch bin (wenigsten ziehen die Europäer die schlechtesten ihrer Rasse mir vor), sondern, daß ich Jude bin. (…) ich habe gehört, daß auch ein Kandinsky in den Handlungen der Juden nur Schlechtes und in ihren schlechten Handlungen nur das Jüdische sieht, und da gebe ich die Hoffnung auf Verständigung auf. Es war ein Traum. Wir sind zweierlei Menschen. Definitiv!«

Kandinsky antwortet prompt, zeigt sich »erschüttert« und versucht zu beschwichtigen. Sein Brief bestätigt allerdings, dass Schönberg ihn nicht zu Unrecht des Antisemitismus beschuldigt. Denn in seinen Zeilen kommt Kandinsky auf das »Judenproblem« zu sprechen und bezeichnet die Juden als eine vom Teufel »besessene Nation«. »Das ist eine Krankheit, die auch kuriert werden kann. Während dieser Krankheit kommen 2 schreckliche Eigenschaften zum Vorschein: die negative (zerstörende) Kraft und die Lüge, die auch zerstörend wirkt.« Darüber, so Kandinsky, hätte er sich gern mit Schönberg unterhalten wollen. Dieser hätte gleich schreiben sollen, als er von »Äußerungen« aus Weimar erfuhr. Davon abgesehen treffe nichts von dem, was man über das Judentum im Allgemeinen denken und sagen könne, auf die Ausnahmegestalt des Wiener Komponisten, seines Freundes Arnold Schönberg, zu.

Schönberg antwortet ein zweites Mal und klagt den Künstlerkollegen noch schärfer an: »Wie kann ein Kandinsky (…) es unterlassen eine Weltanschauung zu bekämpfen, deren Ziel Bartholomäusnächte sind!« Wie könne Kandinsky es wagen, mit dem schlechtesten aller Argumente aufzuwarten, nämlich dem, dass er Schönberg zwar als Juden ablehne, ihn aber als herausragenden Künstler von seinen Vorurteilen gegenüber Juden ausnehme. »Wozu aber soll der Antisemitismus führen, wenn nicht zu Gewalttaten? Ist es so schwer, sich das vorzustellen? Ihnen genügt es vielleicht, die Juden zu entrechten. Dann werden Einstein, Mahler, ich und viele andere allerdings abgeschafft sein.« Schönberg wird nicht nach Weimar gehen. Sein Erleben von Krieg und Kriegsende, das ihn zu neuer Religiosität geführt hatte, mündet nun in Erfahrungen von Ausgrenzung als angeblicher Angehöriger einer Religionsgemeinschaft, von der er sich in Wirklichkeit längst abgewandt hat.

Im selben Jahr 1923, als er das Angebot aus der neuen Reichshauptstadt ablehnt, veröffentlicht Schönberg seine epochale »Methode der Komposition mit zwölf nur aufeinander (...) bezogenen Tönen«. Er begründet damit seine Variante der Zwölftonmusik, die sich bereits in der *Jakobsleiter* andeutet und die er in ausgeprägterer Form in den *Fünf Klavierstücken* zur Anwendung bringt. Es ist der Versuch, die atonale Musik von dem Vorwurf zu befreien, sie sei beliebig. Die Zwölftonreihen und ihre systematischen Veränderungen in Laufe des Stücks verankern Schönbergs das Ohr herausfordernde Musik in einem kompositorischen Konzept, das jeden Takt und jede Note analysierbar und erklärbar macht. Schönberg war davon überzeugt, etwas Revolutionäres geschaffen und die Komposition auf neue Grundlagen gestellt zu haben. Schon im Juli 1921 hatte er seinem Schüler Josef Rufer über die Zwölftonkomposition geschrieben: »Heute habe ich etwas entdeckt, das die Überlegenheit der deutschen Musik für die nächsten hundert Jahre versichern wird.«

In der Nacht vom 31. Mai 1923 ist Rudolf Höß mit Kameraden in Parchim im nordostdeutschen Mecklenburg unterwegs. Die Männer der »Arbeitsgemeinschaft Roßbach« sind angetrunken und in Rage. Vor wenigen Tagen ist einer der Ihren, Albert Leo Schlageter, von der französischen Besatzungsarmee im Rheinland zum Tode verurteilt und hingerichtet worden. Ihm sind Sabotageakte, vor allem Sprengstoffanschläge, gegen das Besatzungsregime zur Last gelegt worden. Die Freikorpsmänner glauben, dass sie den Mann ausfindig gemacht haben, der Schlageter an die Franzosen verraten hat: Es handelt sich um einen Kameraden aus der »Arbeitsgemeinschaft« namens Walter Kadow, der sich nicht besonders beliebt gemacht hat und den die Männer für einen Spitzel halten. Für die neu gegründete Republik und ihre Ordnungskräfte haben die alten Kämpfer nur Verachtung übrig. Sie sind sicher, dass die neue Regierung, die ja mit den Franzosen zusammenarbeitet, keinerlei Interesse an der Aufklärung der Hintergründe des Schlageter-Falls hat. So schreiten sie zur »Selbstjustiz, nach alten deutschen Vorbildern«.

Kadow sitzt derweil mit einigen Kumpanen in einem Parchimer Gasthof und zecht. Höß und einige seiner Mitstreiter sehen dies als günstige Gelegenheit an, dem verlogenen Genossen eine Abreibung zu verpassen. Als sie beim Gasthof ankommen, liegt Kadow schon sturzbetrunken auf einem Sofa. Höß ist mit einem Revolver bewaffnet, andere mit Schlagringen und Gummiknüppeln. Sie packen den Betrunkenen und werfen ihn in ihren Wagen. Über die Landstraße geht es in den Wald, wo Kadow aus dem Wagen gestoßen wird. Er versucht zu fliehen, doch Höß bringt ihn durch einen Warnschuss zum Stehen. Jetzt beginnen die Männer, auf Kadow einzuprügeln. Höß bricht sogar einen jungen Baum ab und schlägt damit auf den Kopf des Opfers.

Was tun mit dem blutigen, halbtoten Mann? Soll man ihn waschen und in ein Krankenhaus bringen? Höß hat eine andere Idee und ordnet an, dass Kadow im Wald vergraben werden soll. In seine Pelerine gehüllt, wird das Opfer auf den Gepäckträger des Wagens gelegt, und es geht tiefer in den Wald hinein. An einer geeigneten Stelle angekommen, wird der Körper auf den Boden gelegt. Einer der Männer schneidet ihm mit einem Messer die Halsschlagader durch. Als Kadow sich immer noch regt, tötet Rudolf Höß ihn mit einem Kopfschuss. Die Täter decken die Leiche notdürftig ab und reinigen den Wagen. Am nächsten Morgen kehren sie zum Tatort zurück, um die Leiche im Waldboden zu vergraben und die Spuren ihres nächtlichen Treibens unsichtbar zu machen. Noch in seinen nach 1945 in der Haft verfassten Memoiren steht Höß zu seiner Tat und erklärt sein Motiv: »Ich war damals – und bin auch heute noch – fest davon überzeugt, daß dieser Verräter den Tod verdient hatte. Da aller Wahrscheinlichkeit nach kein deutsches Gericht ihn verurteilt haben würde, richteten wir ihn, nach einem ungeschriebenen Gesetz, das wir uns, aus der Not der Zeit geboren, selbst gegeben hatten.«

Epilog

Der Schweif des Kometen

»Der Tod ist kein Ereignis des Lebens.
Den Tod erlebt man nicht.«

Ludwig Wittgenstein,
Tractatus logico-philosophicus, 1918

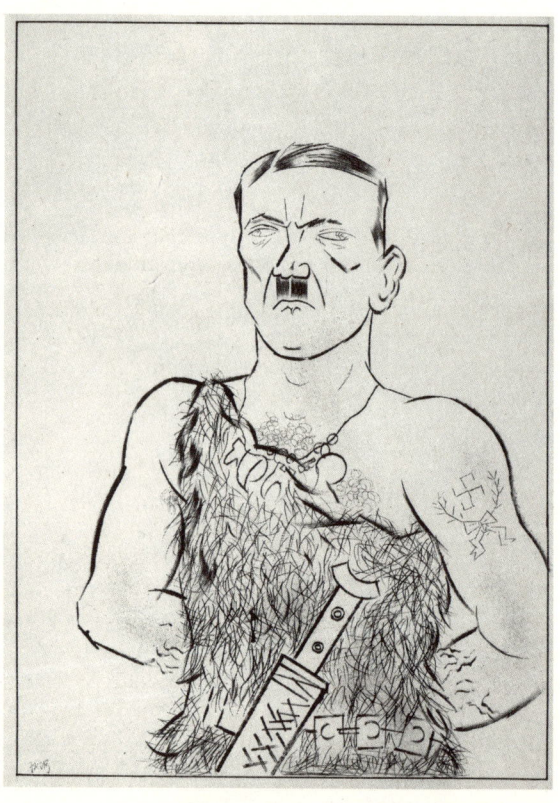

George Grosz, Hitler, der Retter, 1923

Im Herbst 1919 entkommt Marina Yurlowa endlich dem russischen Bürgerkrieg, den die Sowjetunion erst im Jahr 1922 für sich entscheiden kann. Vom Deck eines Schiffes aus sieht sie die Dächer von Wladiwostok, der östlichen Endstation der Transsibirischen Eisenbahn, am Horizont verschwinden. Ihr Ziel ist Japan, wo sie wenig später ankommt. In Japan ist es auch, wo sich Marina Yurlowa aus einem Soldaten endgültig wieder in eine junge Frau verwandelt, die in den klassischen Frauenberufen arbeitet: Sie findet zunächst eine Anstellung als Kindermädchen, arbeitet später als Sekretärin und entdeckt schließlich durch privaten Unterricht ihre Berufung: Als Tänzerin findet sie erste Anerkennung in privaten Soireen, als Tänzerin ergattert sie ein Künstlervisum für die Vereinigten Staaten, und als Tänzerin kommt sie schließlich in San Francisco und New York zu einiger Berühmtheit. Sie stirbt im Jahr 1984.

Terence MacSwiney ist nur eines von über tausend Opfern, das der irische Unabhängigkeitskampf fordert. Denn während die Partei Sinn Féin im irischen Gegenparlament die Fundamente eines neuen Staates legt, kämpft die Irish Republican Army in einem Guerillakrieg gegen die Vertreter der britischen Obrigkeit. Es ist ein alltäglicher Krieg ohne klare Linien und Fronten, ein Krieg, der die Zivilbevölkerung einbezieht. Überfälle, Einbrüche und Attentate sowie gegenseitige Vergeltungsschläge schaukeln sich immer weiter auf. Im November 1920, wenige Wochen nach MacSwineys Tod, wird beim Dubliner »Blutsonntag« eine neue Stufe der Eskalation erreicht. Doch weder gelingt es den Freiheitskämpfern, die Briten und ihre Anhänger entscheidend zu treffen, noch kann das Empire der revolutionären Gewalt Einhalt gebieten. Im Juli 1921 bricht sich die Einsicht Bahn, dass der Krieg noch Jahre weitergehen könnte, ohne eine Seite zum Erfolg zu führen. Es wird ein Waffenstillstand geschlossen, in dem die Unabhängigkeit Südirlands vorbereitet wird. Terence MacSwiney wird zum Nationalhelden. Im Jahr 1964 wird seine Bronzebüste vor der Town Hall von Cork aufgestellt.

Dem armenischen Attentäter Soghomon Tehlirian wird im Juni 1921 der Prozess vor einem Berliner Geschworenengericht gemacht. Der Prozess löst eine breite Diskussion über die Politik des mit dem Deutschen Reich im Ersten Weltkrieg verbündeten Osmanischen Reichs gegenüber den Armeniern aus. In der Berichterstattung überwiegt jedoch die Sympathie mit den Opfern des Massakers und mit Tehlirian. Der Prozess endet mit einem Freispruch, der vor allem auf einem Gutachten des Neurologen und Psychiaters Richard Cassirer beruhte. Er hält die Darstellung des Angeklagten für zutreffend, dass die Tat nicht geplant, sondern im Affekt und unter den Spätfolgen eines Traumas begangen worden sei.

Erst später stellt sich heraus, dass Soghomon Tehlirian Mitverschwörer der sogenannten Operation Nemesis war. Diese Geheimorganisation verfolgte das Ziel, durch ein Sonderkommando die Hauptverantwortlichen für das Massaker an den Armeniern zu töten. Die Erschießung Talaat

Paschas war nicht Tehlirians erster Mord, er hatte bereits in Konstantinopel im Namen der armenischen Rache getötet. Anders als vor Gericht behauptet, ist er kein Zeuge des Massakers gewesen, dem seine Familie zum Opfer fiel. In den folgenden Monaten und Jahren werden andere an der Operation Nemesis Beteiligte weitere Attentate in Rom, Berlin, Tiflis und Konstantinopel verüben.

Den Mördern von Matthias Erzberger, Schulz und Tillessen, gelingt es nach dem Mord im August 1921, ins Ausland zu fliehen. Dort bleiben sie, bis ihnen das 1933 entstandene neue Regime ermöglicht, nach Deutschland zurückzukehren und aufzusteigen. Erst nach 1945 wird ihnen der Prozess gemacht. In der Bundesrepublik Deutschland wird Erzberger zunehmend als Architekt der parlamentarischen Demokratie in Deutschland anerkannt und sogar als »Märtyrer der deutschen Demokratie« gewürdigt. 2017 erhält zu seinen Ehren ein Gebäude des Deutschen Bundestags in Berlin den Namen »Matthias-Erzberger-Haus«.

Thomas E. Lawrence entschließt sich nach dem Scheitern seines Kampfes für ein unabhängiges Arabien, nicht mehr in die Geschicke der Welt einzugreifen. Ab 1923, zwei Jahre nachdem die Briten seinen Freund Faisal zum König des Irak machten, dient er als einfacher Soldat unter falschem Namen in der britischen Luftwaffe. Am 13. Mai 1935 stirbt er an den Folgen eines Motorradunfalls.

Ferdinand Foch verscheidet am 20. März 1929 nach längerer Krankheit. Im Rahmen eines Staatsaktes werden seine sterblichen Überreste im Invalidendom, nahe beim Sarg Napoleons I., beigesetzt. Diese ehrenvolle Behandlung kann jedoch nicht darüber hinwegtäuschen, dass Fochs Stern nach seinem Triumph vom November 1918 rasch gesunken ist. Nach seinem Ausscheiden aus dem Militär spielte er noch eine Rolle als Berater verschiedener Regierungen. Doch die Meinungen des Hardliners entfernten sich immer weiter von der offiziellen Linie Frankreichs, das Schritt für Schritt auf eine Annäherung an den einstigen Feind Deutschland hinarbeitete. In der Endphase des Krieges hatte der Marschall eine Heldenrolle spielen können, doch die Schlacht um den Frieden hatte er verloren.

Im selben Jahr, 1929, stirbt in Washington, D. C., einsam in einem Krankenhaus, auch Henry Johnson. Der Invalide, dem erst seit 1927 eine regelmäßige Invalidenrente ausgezahlt worden ist, hat nach dem Krieg im Zivilleben nicht mehr Fuß gefasst. Alkohol, Armut, Einsamkeit und Tuberkulose richteten ihn zugrunde. Erst im Jahr 2015 verleiht Präsident Barack Obama dem Kriegshelden posthum die *Medal of Honor*.

Harry S. Truman zahlt bis zum Beginn der 1930er Jahre die Schulden ab, die ihm das Scheitern seines Herrenausstattergeschäfts eingebracht hatte. Doch bald nach dem Scheitern beginnt seine politische Karriere, die wiederum auf Kontakte aus der Armeezeit aufbaut. Zunächst dient er als County Judge, um sich dann Schritt für Schritt die politische Karriereleiter hochzuarbeiten. 1945 wird Harry S. Truman 33. Präsident der Vereinigten Staaten, er hat dieses Amt bis 1953 inne. Zu den präsidialen Entscheidungen des ehemaligen Artillerieoffiziers gehört der Atombombenabwurf über Hiroshima und Nagasaki. 1918 hatte er noch beteuert, er werde nie wieder in seinem Leben einen Schuss abfeuern.

Am 21. März 1933, dem sogenannten »Tag von Potsdam«, steht der ehemalige Kronprinz Wilhelm an der Seite Adolf Hitlers in der Potsdamer Garnisonskirche. Ende 1923 war Wilhelm von Preußen als Privatmann nach Deutschland zurückgekehrt. Wenige Wochen nach der nationalsozialistischen Machtergreifung hat es den Anschein, als wolle der Führer sein Versprechen wahrmachen, dass die Hohenzollern auf ihren Thron zurückkehren könnten. Doch der Traum währt nur kurz. Hitler hat in Wirklichkeit keine hohe Meinung von den ehemaligen deutschen Machthabern, die zu schwach waren, um gegen die Revolution auszuhalten. Ihm ist es nur recht, dass der abgesetzte Kaiser seine Tage im holländischen Exil beendet. Auch vom erstgeborenen Sohn Wilhelm, über dessen Regentschaft spekuliert wird, hält er nicht viel: Er interessiere sich ausschließlich für Frauen und Pferde. So hat die symbolträchtig scheinende Inszenierung in der Potsdamer Garnisonskirche keinerlei Folgen für die Hohenzollern, der einstige Kronprinz spielt in den höheren Machtsphären des »Dritten Reichs« keine Rolle. Sein Vater, der letzte deutsche Kaiser, kehrt nicht mehr in die Heimat zurück. Nach dem Namensrecht der deutschen Republik nur noch »Friedrich Wilhelm von Hohenzollern«, stirbt er 1941 in seinem Exil in den Niederlanden.

Rudolf Höß' Haft hat nur vier statt der ursprünglich angesetzten zehn Jahre gedauert; dann wird der frühere Freikorpskämpfer im Rahmen einer allgemeinen Amnestie entlassen. Wieder in Freiheit, schlägt er sich mit Arbeit in der Landwirtschaft durch und engagiert sich erneut in rechtsradikalen Vereinigungen. Erst durch Hitlers Machtergreifung im Jahr 1933 nimmt sein Leben eine Wendung. Höß wird Mitglied der SS, bald danach von deren »Totenkopfverbänden«. Er dient in verschiedenen Konzentrationslagern, bevor ihm 1940 das Kommando über das Vernichtungslager Auschwitz übertragen wird. Als Lagerkommandant ist Höß für die Durchführung der »Endlösung der Judenfrage« in Auschwitz verantwortlich. Unter seinem Befehl entstehen die Gaskammern, in denen mehr als eine Million Menschen ermordet werden, die meisten von ihnen Juden.

1946 wird Höß, der nach Kriegsende unter falschem Namen untergetaucht ist, festgenommen und zur Verurteilung nach Polen ausgeliefert. Im folgenden Jahr wird er nach einem Prozess in Warschau zum Tod verurteilt. Vierzehn Tage nach dem Urteil wird er vor seiner ehemaligen Residenz mit Blick auf das Lager Auschwitz mit dem Strang hingerichtet.

Heute wissen wir übrigens dank neuer Quellenfunde im Mannheimer Stadtarchiv »Marchivum«, dass Höß seine soldatischen Heldentaten im Ersten Weltkrieg frei erfunden hat.

Als in Deutschland die Nationalsozialisten die Macht übernehmen, befindet sich George Grosz in den Vereinigten Staaten. Er ist schon zuvor als Stipendiat eines Kunstvereins in New York gewesen und hat am 12. Januar 1933 die Entscheidung getroffen, seine Heimat endgültig zu verlassen. Wenige Wochen später wird Adolf Hitler zum Reichskanzler ernannt. Das neue Regime lässt das Berliner Atelier von Grosz stürmen, um ihn festzunehmen. Doch sie können seiner nicht mehr habhaft werden. Wenig später wird George Grosz ausgebürgert, seine in Deutschland verbliebenen Bilder gelten jetzt als »Entartete Kunst«. Der Künstler kann in Amerika an seine Erfolge in Europa anknüpfen. Erst 1959 entscheidet er sich, auf Drängen seiner Frau Eva, nach Deutschland zurückzukehren. Doch bereits wenige Wochen nach seiner Ankunft stürzt Grosz, der an

Depressionen und Alkoholismus litt, eine Treppe herunter und stirbt.

Arnold Schönberg, in den 1920er Jahren Professor für Komposition in Berlin, verlässt Deutschland im Jahr 1933. In Paris tritt er wieder zum jüdischen Glauben über, bevor er aus Frankreich in die USA flieht. Nach Stationen in New York und Boston gelingt es ihm, auf eine Professur in Kalifornien berufen zu werden. Er wird 1941 amerikanischer Staatsbürger und lebt unweit von den Mahler-Werfels in Beverly Hills. Im Jahr 1951 stirbt er an einem Herzanfall.

Als Moina Michael 1938 im Alter von neunundsechzig Jahren in den Ruhestand geht, kann sie auf ein eindrucksvolles Lebenswerk zurückschauen. Nicht nur hat sie, zu einer Zeit, als Frauen an Universitäten noch selten waren, eine Laufbahn von der Dorfschullehrerin zur Collegeprofessorin absolviert. Ihre Idee, künstliche Mohnblüten zugunsten der Veteranen des Ersten Weltkriegs zu verkaufen, hat sich zu einem Erfolgsmodell in der gesamten englischsprachigen Welt und darüber hinaus entwickelt. In den USA, in Großbritannien und in zweiundfünfzig weiteren Ländern auf der ganzen Welt werden jährlich am 11. November Mohnblüten verkauft und am Revers getragen. Bis 1940 werden weltweit jedes Jahr sieben Millionen Dollar durch den Verkauf der roten Blüten eingenommen und an bedürftige Veteranen verteilt. Was mag die einst rüstige, im Alter kränkliche Dame gedacht haben, als sie in ihren letzten Jahren erleben musste, dass auf den Schlachtfeldern des Zweiten Weltkriegs erneut Millionen junger Männer ihr Leben und ihre Gesundheit verloren? Das Ende des neuerlichen massenhaften Mordens hat Moina Michael nicht mehr erlebt. Sie stirbt am 10. Mai 1944.

Im Jahr 1941 verfällt Viriginia Woolf nach dem Abschluss ihres Romans *Zwischen den Akten* erneut in eine schwere Depression. Leonard bringt sie zu einer Ärztin nach Brighton. Doch Virginia Woolf hat nicht mehr die Kraft, eine weitere Episode düsteren Wahnsinns zu überstehen. Am 28. März nimmt sie sich im Fluss Ouse das Leben. Die gute Schwimmerin packt einen schweren Stein in ihre Manteltasche. In ihrem Abschiedsbrief an Leonard schreibt sie: »Alles, außer der Gewissheit Deiner Güte, hat mich verlassen. Ich kann Dein Leben nicht länger ruinieren. Ich glaube nicht, dass zwei Menschen glücklicher hätten sein können, als wir gewesen sind.«

Käthe Kollwitz erlebt 1933 die Machtübernahme der Nationalsozialisten, die ihre Kunst als »entartet« einstufen. 1940 stirbt ihr geliebter Mann Karl. Die überzeugte Pazifistin durchleidet einen zweiten Weltkrieg, aber keinen zweiten Frieden. Ausgebombt zieht sie nach Moritzburg bei Dresden, wo sie am 22. April 1945, wenige Tage vor der deutschen Kapitulation, stirbt.

Nguyen Ai Quoc verbringt nach seiner Abreise aus Moskau mehrere Jahre in China, wo er an einer progressiven Lehranstalt junge Vietnamesen in den Grundlagen sozialistischer Politik unterrichtet. Auch dies dient, wie seine Aktivitäten in Paris und Moskau, der Vorbereitung seines Lebensziels: der vietnamesischen Unabhängigkeit. Die Chance dazu kommt allerdings erst im Zweiten Weltkrieg, in dem es Aufständischen gelingt, Vichy-Frankreich und das mit ihm verbündete Japan militärisch zu besiegen. In der Augustrevolution erkämpft Vietnam seine Unabhängigkeit als demokratische Republik. Nguyen, der inzwischen den Namen Hô Chí Minh angenommen hat, wird am 2. September 1945 sowohl ihr erster Premierminister als auch ihr Präsident. Im Vietnamkrieg wird er sein Land gegen die mächtigen USA führen.

Mohandas Gandhi muss zwei weitere Jahre auf die Verwirklichung seines Lebensziels warten: Die indische Unabhängigkeit wird im Jahr 1947 verkündet. Sie geht jedoch mit der Teilung des Landes einher, die Gandhi zu verhindern gesucht hat. So entstehen ein vornehmlich hinduistisches Indien und ein überwiegend muslimisches Pakistan. Wenige Monate nach der Staatsgründung, für die er sein Leben lang gearbeitet hat, am 30. Januar 1948, trifft den achtundsiebzigjährigen Politiker die Kugel des Attentäters Nathuram Godse. Der Hindu-Nationalist macht Gandhi für die Teilung Indiens verantwortlich und ist davon überzeugt, dass der Mahatma die Interessen der Hindus verraten hat.

Walter Gropius muss, wie Schönberg und Grosz, vor den Nationalsozialisten fliehen, die das Bauhaus als »Kirche des Marxismus« attackieren. Über England gelangt er in die USA, wo er eine Professur für Architektur an der Harvard University wahrnimmt. Erst ab den 1950er Jahren verfolgt Walter Gropius wieder Projekte in Deutschland. Ein neunstöckiger Wohnblock mit konkaver Fassade im Berliner Hansaviertel ist sein Beitrag zur Internationalen Bauausstellung 1957. Gropius stirbt 1969 in Boston.

Gropius' ehemalige Gattin Alma Mahler ist zu diesem Zeitpunkt bereits seit fünf Jahren tot. In ihrer letzten Lebensphase, als ihre einstige Schönheit dem Alter wie dem Alkohol zum Opfer gefallen ist, hat die mehrfache Witwe in New York gelebt. Das heimatliche Wien hatten Franz Werfel und sie kurz vor dem Anschluss Österreichs an Nazi-

Deutschland im Jahr 1938 verlassen. Die Liebe zu Werfel hatte Alma dazu bewogen, mit ihm den Weg ins Exil zu gehen. Von der ersten Station aus gelingt die Flucht zu Fuß über die Pyrenäen nach Barcelona und dann weiter über Lissabon nach Los Angeles, wo sich bereits eine Kolonie von Flüchtlingen gebildet hat. Alma Mahler hält Werfel bis zu seinem Tod die Treue. 1951 siedelt die Witwe nach New York über, wo sie ihre letzten Lebensjahre verbringt.

Nach dem Zweiten Weltkrieg lebt Richard Stumpf im thüringischen Heiligenstadt in der Sowjetischen Besatzungszone. Er hat nach dem Krieg zunächst wieder Arbeit gefunden, geheiratet und ist Vater von vier Söhnen geworden. Er setzt das Schreiben, das er im Krieg mit seinem Tagebuch erprobt hatte, auch in der Nachkriegszeit fort, indem er Schriften zur Marine und zu politischen Themen veröffentlicht. Nach der Freikorpszeit nähert sich Stumpf wieder der gemäßigten Linken an und bezieht Stellung gegen die aufsteigenden Nationalsozialisten. Entsprechend hat er es nach 1933 schwer, eine angemessene Arbeit zu finden. Die gedruckte Fassung seines Tagebuchs aus dem Ersten Weltkrieg, das in der Weimarer Republik prominent veröffentlicht wurde, wird von den Nationalsozialisten verbrannt. Als im Jahr 1953 die Arbeiter gegen das DDR-Regime auf die Straße gehen, ist Richard Stumpf dabei. So landet er im Gefängnis und steht fortan unter dem Verdacht, ein Gegner des Regimes zu sein. Er stirbt im Jahr 1958 als Bürger der DDR.

Alvin C. York stirbt 1964 im Veteran's Hospital in Nashville. Die von ihm gegründete Schule ist inzwischen eine öffentliche Einrichtung des Staates Tennessee. Bis heute heißt der Tennessee State Highway 127, dessen Bau der Veteran einst angeregt hatte, Alvin C. York Highway. Den

Widerstand gegen die Verfilmung seiner Heldentat hat er schließlich aufgegeben. Im Film *Sergeant York* (1941) wird die Hauptrolle von Gary Cooper gespielt, der dafür einen Oscar erhält.

Louise Weiss wird, nach einem Leben als Journalistin und als Kämpferin für ein geeintes Europa und für Frauenrechte im Jahr 1979 als Abgeordnete für die französischen Gaullisten ins europäische Parlament gewählt. Zu dieser Zeit ist die Europäerin der ersten Stunde bereits sechsundachtzig Jahre alt. Sie bleibt bis zu ihrem Tod am 26. Mai 1983 Alterspräsidentin des Europaparlaments, dessen Gebäude in Straßburg seit 1999 ihren Namen trägt.

Nachgedanken

»Erinnerungen kann man Gott sei Dank nicht photographieren.
(...) Nein, um ehrlich zu sein: auch wenn ich alles Material
hier vor mir hätte – Notizen aus dem ersten Weltkriege, Briefe,
Pässe, Familienphotographien, Liebesbriefe, eben alles, was
sich im Lauf eines bewegten Lebens an einem festsetzt wie
Muscheln an einem Schiffskiel –, selbst dann würde ich es nicht
so gebraucht haben, wie man es hier erwartet. (...) Ja, ich liebe
das Halbdunkel. Und bitte, verwechselt das Halbdunkel nicht
mit dem Verschwommenen oder dem Verwaschenen.«

George Grosz,
Ein kleines Ja und ein großes Nein, 1946

Das sechste Kapitel dieses Buches endet mit Rudolf Höß' Rückblick auf den von ihm begangenen Fememord im Jahr 1923. Doch war dies bereits das Ende des Aufbruchs, das Ende der Kometenjahre, die mit dem hellen Aufleuchten von 1918 beginnen? Bilden sie überhaupt eine abgrenzbare Epoche? Ist 1923 eine echte Zäsur? Dafür spricht immerhin, dass in jüngerer Zeit einige Historiker wie etwa Robert Gerwarth, dessen Buch in das anhängende Literaturverzeichnis aufgenommen ist, die Jahre zwischen 1917 und 1923 zu einer eigenen Epoche zusammengefasst haben. Sie lassen diese mit der russischen Revolution beginnen und im Jahr 1923 enden, das nach den Krisen und Umbrüchen der Nachkriegszeit in vielen Ländern der Welt eine gewisse Stabilität brachte.

Auf einen wie Rudolf Höß will das Bild des Seiltänzers, das am Anfang dieses Buches steht, auf den ersten Blick nicht so recht passen. Doch auch wenn er kein leichtfüßiger Artist ist, der von Inspiration beschwingt über den Abgrund schwebt, gibt es durchaus Parallelen: Höß ist berauscht von den frühen Varianten einer totalitären Ideologie und von der Erfahrung tödlicher Gewalt, die er zum ersten Mal als Soldat gemacht hat. In seiner Tat deutet sich die Entwicklung von einem trügerischen Frieden hin zu Diktatur und Krieg an. Der Zweite Weltkrieg kostete, im Vergleich zum Ersten, nicht nur mehr als dreimal so viele Leben, er war auch der Kontext für das systematische und massenhafte Töten von Zivilisten in einem Ausmaß und einer Form, die es im Ersten Weltkrieg nicht gegeben hatte.

Doch es wäre falsch, wenn man die Kometenjahre ausschließlich vom Fluchtpunkt 1939 her denken würde. Auch die positiven Visionen, die das Jahr 1918 produziert hat, wirkten in der näheren und ferneren Zukunft fort. Selbst wenn die Weimarer Republik, für die der pragmatische Matthias Erzberger kämpfte, in Deutschland von den totalitären Bewegungen zerrieben und hinweggefegt wurde, blieb ihr Erbe bis in die bundesrepublikanische Nachkriegszeit bedeutsam – und sei es als Negativfolie, von der es sich abzugrenzen galt. Selbst wenn der Völkerbund die Zuspitzung von internationalen Konflikten hin zu einem neuen Weltkrieg nicht verhindern konnte, prägt er doch die Weltpolitik bis heute, denn die Vereinten Nationen haben in verschiedener Hinsicht seine Nachfolge angetreten. Die Emanzipation, auf die die schwarzen Amerikaner nach ihrem Einsatz im Weltkrieg vergeblich hofften, errang in der zweiten Hälfte des 20. Jahrhunderts entscheidende Erfolge. Die Hoffnungen auf Freiheit und Unabhängigkeit derjenigen Völker, die 1919 noch nicht zum Zuge kamen, etwa der Iren, Inder oder Vietnamesen, verwirklichten sich schließlich. Auch die Lebensstile der Nachkriegszeit waren prägend, besonders die Vorstellungen einer freieren Liebe und Sexualität, wie sie Alma Mahler lebte, und die Vision einer neuen, den Männern ebenbürtigen und gleichberechtigten Frau, die sich Louise Weiss zu eigen machte.

Das wäre zumindest eine halbwegs tröstliche Botschaft von 1918 an die verstörende Gegenwart, in der wir hundert Jahre später leben. Seit 1989 hat die Welt wieder und wieder hoffnungsvolle Aufbrüche und fundamentale Krisen erlebt, sowohl helle als auch verheerende Zukunftsentwürfe sind am Himmel erschienen. Doch mag auch so mancher Neuanfang der Gegenwart im Absturz enden und mag es scheinen, als würden weltweit gefährliche und destruktive Kräfte – autoritäre Regime, populistische Bewegungen, Terrorismus, neue Kriege, ein zunehmend entfesselter Kapitalismus – die Oberhand gewinnen, ist dies – das lehrt der ganz besonders helle Moment von 1918 – doch weder gesetzt noch unvermeidlich. Denn letztlich ist in der

Geschichte und im Leben alles und immer wieder im Aufbruch, jeder Zustand ist vorübergehend, und die Kometen jagen – wie in Klees Bild – in einer Kreisbewegung ihren eigenen Schweif.

Zu den Herausforderungen der »Kometenjahre« gehörte die Beantwortung der Frage, wie weit ein Historiker sich auf Subjektivität einlassen darf – die der Zeitzeugen und seine eigene, die sich unweigerlich in jede Betrachtung der Vergangenheit mischt. Ich habe mich bewusst dafür entschieden, die persönlichen Äußerungen der Protagonisten in den Mittelpunkt zu rücken und ihnen teilweise sogar Vorrang vor den verbrieften Tatsachen zu geben – ganz im Sinne des eingangs zitierten Satzes von George Grosz: »Erinnerungen kann man Gott sei Dank nicht photographieren.« Dies habe ich selbst bei Figuren wie Marina Yurlowa oder George Grosz getan, bei denen es offensichtlich ist, dass ihre Erinnerungen literarisch überformt und nachträglich dramatisiert sind, bei Texten wie dem über Hô Chí Minh, dessen Autorschaft unklar ist, oder bei Personen wie dem Kronprinzen Wilhelm, dem Attentäter Soghomon Tehlirian oder Rudolf Höß, die aus Gründen der Selbstrechtfertigung Tatsachen einseitig dargestellt oder sogar bewusst verfälscht haben. Ob der Preis für erzählerische Dichte, nämlich dass ambivalente Figuren im vergleichsweise milden Licht der Selbstbeschreibung zu positiv erscheinen, zu hoch ist, mag der Leser entscheiden – ebenso wie die Frage, ob er dem Autor die kleinen Freiräume zugesteht, die dieser seiner Vorstellungskraft bei der Widergabe der in den Quellen gefundenen Szenen gelassen hat. Auf keinen Fall sollte man dieses Buch als objektive Darstellung historischer Tatsachen missverstehen, sondern es vielmehr als Kollage von Zeugnissen dafür lesen, wie eine vielfältige Gruppe von Akteuren die Jahre um 1918 erlebt, erinnert, präsentiert, gedeutet und aus ihrer ganz persönlichen Warte beschrieben hat.

Aus ebenjenem Grund ist es mir wichtig, die diesem Buch zugrunde liegende Literatur aufzulisten, so dass der Leser einerseits zu den benutzten Quellen zurückgehen und diese andererseits mit wissenschaftlichen Studien abgleichen kann, welche das historisch gesicherte Wissen vermitteln. Durch das Verzeichnis möchte ich auch meine Schuld gegenüber jenen reich belegten Studien deutlich machen – etwa Reginald Isaacs Buch über Walter Gropius, Francis Costellos Biographie von Terence MacSwiney oder Nuria Nono-Schönbergs Sammlung von »Begegnungen« ihres Vaters –, die mir die historischen Personen und deren umfangreiches Quellenmaterial erschlossen haben.

Dank

Den entscheidenden Anfangsimpuls für die Entstehung dieses Buches hat der Filmproduzent Gunnar Dedio gegeben. Er hat mich nicht nur eingeladen, zu einem von ihm initiierten Großprojekt zur Geschichte der Zwischenkriegszeit ein Buch beizutragen, sondern er ist auch dafür verantwortlich, dass ich in der jahrelangen gemeinsamen Arbeit an Drehbüchern eine andere, szenisch orientierte Art zu schreiben entdeckt habe. Der Austausch mit dem Team, das parallel zur Entstehung dieses Buches an dem achtteiligen Fernsehfilm »Krieg der Träume« arbeitete, der verwandte Themen und Leitmotive behandelt, war überaus inspirierend. Mein Dank dafür geht an den Regisseur und Autor Jan Peter, an den Autor Frédéric Goupil sowie an die Produzentin Regina Bouchehri.

Bei den ersten Schritten auf dem unvertrauten Terrain eines anderen Schreibens, einer anderen Annäherung an die Geschichte hat mich Tobias Schönpflug inspiriert und unterstützt. Céline Dauvergne öffnete mir die Augen für die Wechselwirkungen von Geschichte und bildender Kunst. Meine Agentin Barbara Wenner hat die Entstehung dieses Buches von Anfang bis Ende mit der ihr eigenen Sensibilität begleitet.

Für das Vertrauen in meine Arbeit und für die ausgezeichnete Betreuung des Buches von den ersten Skizzen bis zum vorliegenden Exemplar möchte ich mich beim Verlag S. Fischer bedanken – stellvertretend für das gesamte Team nenne ich nur die Programmleiterin Nina Sillem und die Lektorin Tanja

Hommen. Glücklich der Autor, der bei seinem Verlag auf so fruchtbaren geistigen Austausch und ein echtes Lektorat zählen kann!

Das Arbeiten im Kreise ungewöhnlicher Köpfe am Wissenschaftskolleg zu Berlin hat dieses Buch beflügelt. Den Fellows der Jahrgänge 2015–2017 danke ich, ebenso wie meinen Kolleginnen und Kollegen für ihre Inspiration und Unterstützung vor allem in der Schlussphase des Schreibprozesses. Unschätzbare Dienste hat mir die Bibliothek des Hauses geleistet, die selbst abseitige Publikationen in kürzester Zeit herbeigebracht und meine Recherchen unterstützt hat.

Ein großer Teil des Manuskripts konnte dank eines Stipendiums des *Centre canadien d'études allemandes et européennes* der *Université de Montréal* abgefasst werden, und das Buch verdankt dem inspirierenden Austausch mit den dortigen Wissenschaftlern viel. Mein herzlicher Dank geht an den Direktor des Zentrums, Laurence McFalls, sowie an die dort tätigen Wissenschaftler Till van Rahden und Barbara Thériault.

Historikerkollegen haben Teile des Manuskripts gelesen und mir mit Anregungen und konstruktiver Kritik geholfen. Dafür danke ich Stephan Malinowski, Barbara Kowalzig und Torsten Riotte. Ihre Kommentare waren mir überaus wertvoll und haben das Buch verbessert – ebenso wie die kritische Durchsicht des Manuskripts von Nicola Willenberg und Karin Hielscher. Die verbleibenden Schwächen gehen einzig und allein auf das Konto des Autors. Besondere Erwähnung verdient mein Vater Wolfgang Schönpflug, der dieses Buch und den Aufbruch, für den es steht, mit unverzichtbaren Ratschlägen unterstützt hat.

Quellen und Literatur

Beaupré, Nicolas, Das Trauma des großen Krieges 1918 bis 1932/33,
(= Deutsch-Französische Geschichte, Bd. VIII), Darmstadt 2009.

Becker, Jean-Jacques/Serge Berstein, Victoire et frustrations 1914–1929
(= Nouvelle Histoire de la France contemporaine 12), Paris 1990.

Best, Nicolas, The Greatest Day in History. How, on the Eleventh Hour
of the Eleventh Day of the Eleventh Month, the First World War
Finally Came to an End, London 2008.

Blom, Philip, Die zerrissenen Jahre. 1918–1939, München 2014.

Boittin, Jennifer Anne, Colonial Metropolis. The Urban Grounds of
Feminism and Anti-Imperialism in Interwar Paris, Lincoln 2010.

Burbank, Jane, Intelligentsia and Revolution. Russian Views of Bol-
shevism 1917–1922, New York/Oxford 1989.

Churchill, Winston, The World Crisis, Bd. 4: The Aftermath 1918–1922,
London 1929.

Cooper, John Milton, Breaking the Heart of the World. Woodrow Wilson
and the Fight for the League of Nations, Cambridge/New York 2001.

Englund, Peter, Schönheit und Schrecken. Eine Geschichte des Ersten
Weltkriegs, erzählt in neunzehn Schicksalen, Reinbek 2011.

Fitzpatrick, Sheila/Yuri Slezkine (Hg.), In the Shadow of Revolution.
Life Stories of Russian Women from 1917 to the Second World War,
Princeton 2000.

Gerwarth, Robert, Die Besiegten. Das blutige Erbe des Ersten Weltkriegs, München 2017.

Hagedorn, Ann, Savage Peace. Hope and Fear in America 1919,
New York u. a. 2007.

Hughes, Gordon/Philipp Blom (Hg.), Nothing but the Clouds Unchan-
ged. Artists in World War I, Los Angeles 2014.

Jannik, Allan/Stephen Toulmin, Wittgenstein's Vienna, Chicago 1996.

Janz, Oliver, Das symbolische Kapital der Trauer. Nation, Religion
und Familie im italienischen Gefallenenkult des Ersten Weltkriegs,
Tübingen 2009.

Jones, Mark, Founding Weimar. Violence and the German Revolution
of 1918–1919, Cambridge 2016.

Julien, Elise, Paris, Berlin. La mémoire de la guerre 1914–1933, Rennes 2009.

Kershaw, Ian, To Hell and Back. Europe 1914–1949 (= Penguin History of Europe 8), London 2015.

Kyvig, David E., Daily Life in the United States 1920–1939. Decades of Promise and Pain, Westport 2002.

Leonhard, Jörn, Die Büchse der Pandora. Die Geschichte des Ersten Weltkriegs, München 2014.

Lowry, Bullitt, Armistice 1918, Ohio 1996.

Machtan, Lothar, Die Abdankung. Wie Deutschlands gekrönte Häupter aus der Geschichte fielen, Berlin 2008.

MacMillan, Margaret, Paris 1919. Six Months that Changed the World, New York 2002.

Malinowski, Stephan, Vom König zum Führer. Deutscher Adel und Nationalsozialismus, Frankfurt am Main 2010.

Manela, Erez, The Wilsonian Moment. Self-Determination and the International Origins of Anticolonial Nationalism, New York 2007.

Müller, Tim B., Nach dem Ersten Weltkrieg. Lebensversuche moderner Demokratien, Bonn 2014.

Pedersen, Susan, The Guardians. The League of Nations and the Crisis of Empire, Oxford 2015.

Peukert, Detlef, Die Weimarer Republik. Krisenjahre der Klassischen Moderne, Frankfurt am Main 1987.

Pieper, Ernst, Nacht über Europa. Kulturgeschichte des Ersten Weltkriegs, Berlin 2013.

Radkau, Joachim, Das Zeitalter der Nervosität. Deutschland zwischen Bismarck und Hitler, München 1998.

Raphael, Lutz, Imperiale Gewalt und mobilisierte Nation. Europa 1914–1945, München 2011.

Reichardt, Sven, Faschistische Kampfbünde. Gewalt und Gemeinschaft im italienischen Squadrismus und in der deutschen SA, Wien 2009.

Schlögel, Karl, Petersburg. Das Laboratorium der Moderne 1909–1921, Frankfurt am Main 2009.

Tooze, Adam, Sintflut. Die Neuordnung der Welt 1916–1931, Berlin 2015.

Weipert, Axel, Die Zweite Revolution. Rätebewegung in Berlin 1919/1920, Berlin 2015.

Wirsching, Andreas, Vom Weltkrieg zum Bürgerkrieg? Politischer Extremismus in Deutschland und Frankreich in Berlin und Paris im Vergleich, München 1999.

Matthias Erzberger

Domeier, Norman, Der Sensationsprozess Erzberger–Helfferich: Die Verquickung politischer und wirtschaftlicher Interessen in der Weimarer Republik, in: Christopher Dowe (Hg.), Matthias Erzberger. Ein Demokrat in Zeiten des Hasses, Karlsruhe 2013, S. 158–183.

Dowe, Christopher, Matthias Erzberger. Ein Leben für die Demokratie, Stuttgart 2011.

Erzberger, Matthias, Erlebnisse im Weltkrieg, Berlin 1920.

Erzberger-Prozess, Der, Stenographischer Bericht über die Verhandlungen im Beleidigungsprozess des Reichsfinanzministers Erzberger gegen den Staatsminister a. D. Dr. Karl Helfferich, Berlin 1920.

Haehling von Lanzenauer, Reiner, Der Mord an Matthias Erzberger, Karlsruhe 2008.

Helfferich, Karl, Fort mit Erzberger!, Berlin 1919.

Jasper, Gotthard, Aus den Akten der Prozesse gegen die Erzberger-Mörder, in: *Vierteljahrshefte für Zeitgeschichte* 10 (1962), S. 430–453.

Krausnick, Michail/Randecker, Günther, Mord Erzberger. Matthias Erzberger: Konkursverwalter des Kaiserreichs und Wegbereiter der Demokratie, Norderstedt 2005.

Marhefka, Edmund (Hg.), Der Waffenstillstand 1918–1919. Das Dokumentenmaterial der Waffenstillstandsverhandlungen von Compiègne, Spa, Trier und Brüssel, Berlin 1928.

Sabrow, Martin, Organisation Consul (O. C.) 1920–22, in: Historisches Lexikon Bayerns: *https://www.historisches-lexikon-bayerns.de/Lexikon/Organisation_ Consul_%28O.C.%29,_1920-1922* (Zugriff 18.5.2017).

Ferdinand Foch

Foch, Ferdinand, Mémoires pour servir à la mémoire de la guerre, 2 Bde., Paris 1931.

Greenhalgh, Elizabeth, Foch in Command. The Forging of a First World War General, Cambridge 2011.

Mordacq, Henri, L'Armistice du 11 novembre 1918. Récit d'un témoin, Paris 1937.

Mordacq, Henri, Le ministère Clemenceau: journal d'un témoin, Bd. 2, Paris 1931.

Notin, Jean-Christophe, Foch. Le mythe et ses réalités, Paris 2008.

Weygand, Maxime, Le onze novembre, Paris 1958.

Mohandas Karamchand Gandhi

Fischer, Louis, The Life of Mahatma Gandhi, Bd. I, Stuttgart 1953.

Gandhi, Mohandas Karamchand, Eine Autobiographie oder Die Geschichte meiner Experimente mit der Wahrheit, Gladenbach 1977.

Parvate, T. V., Bal Gangadhar Tilak, Ahmedabad 1958.

Rothermund, Dietmar, Gandhi. Der gewaltlose Revolutionär, München 2003.

Vidwans, M. D., Letters of Lokamanya Tilak, Poona 1966.

Walter Gropius und Alma Mahler-Werfel

Isaacs, Reginald R., Walter Gropius. Der Mensch und sein Werk, Berlin 1983.

Gropius, Walter, Idee und Aufbau des Staatlichen Bauhauses Weimar, München 1923.

Hilmes, Oliver, Witwe im Wahn. Das Leben der Alma Mahler-Werfel, München 2004.

Mahler, Alma, Mein Leben, Frankfurt am Main 1963.

George Grosz

Blumenfeld, Erwin, Einbildungsroman, Frankfurt am Main 1998.

Flavell, Mary Kay, George Grosz. A Biography, New Haven / London 1988.

Grosz, Georges, Ein kleines Ja und ein großes Nein, Hamburg 1955.

Hecht, Ben, Revolution im Wasserglas. Geschichten aus Deutschland 1919, Berlin 2006.

Hess, Hans, George Grosz, Dresden 1982.

Jentsch, Ralph, Georges Grosz, Köln 2013.

Lewis, Beth Irwin, George Grosz. Art and Politics in the Weimar Republic, Princeton 1971.

The Harlem Hellfighters: Arthur Little, Henry Johnson, James Reese Europe

Badger, Reid, A Life in Ragtime. A Biography of James Reese Europe, New York / Oxford 1995.

Barbeau, Arthur E. / Florette Henri, The Unknown Soldiers. Black American Troops in World War I, Philadelphia 1974.

Gero, Anthony F., Black Soldiers of New York State. A Proud Legacy, Albany / New York 2009.

Grant, Colin, Negro with a Hat. The Rise and Fall of Marcus Garvey, Oxford 2010.

Little, Arthur, From Harlem to the Rhine. The Story of New Yorks Colored Volunteers, New York 1936.

Sissle, Noble, The Memoirs of Lieutenant Jim Europe, Schreibmaschinenmanuskript, ca. 1942: *http://memory.loc.gov/cgi-bin/ampage?collId=ody_musmisc&fileName=ody/ody0717/ody0717page.db&recNum=0&itemLink=r?ammem/aaodyssey:@field(NUMBER+@band(musmisc+ody0717))&linkText=0* (Zugriff 18. 5. 2017).

Slotkin, Richard, Lost Battalions. The Great War and the Crisis of American Nationality, New York 2005.

Williams, Chad L., Torchbearers of Democracy. African American Soldiers in the World War I Era, Chapel Hill, NC 2010.

Rudolf Höß

Höß, Rudolf, Kommandant in Auschwitz. Autobiographische Aufzeichnungen, hg. von Martin Broszat, München 2013.

Koop, Volker, Rudolf Höß. Der Kommandant von Auschwitz. Eine Biographie, Köln / Weimar / Wien 2014.

Kreutz, Wilhelm / Karen Strobel, Der Kommandant und die Bibelforscherin: Rudolf Höß und Sophie Stippel. Zwei Wege nach Auschwitz hg. von Ulrich Nieß, Mannheim 2018.

Paul Klee

Klee, Paul, Das bildnerische Denken. Schriften zur Form und Gestaltungslehre, hg. von Jürg Spiller, Stuttgart 1964.

Klee, Paul, Tagebücher 1898–1918, hg. von Felix Klee, Köln 1957.

Schlumpf, Hans-Ulrich, Das Gestirn über der Stadt. Ein Motiv im Werk von Paul Klee, Dissertation Zürich 1969.

Trepesch, Christoph / Shabab Sangestan (Hg.), Paul Klee. Mythos Fliegen. Katalog zur gleichnamigen Ausstellung (23. 11. 2013–23. 2. 2014) im H2 Zentrum für Gegenwartskunst, Berlin 2013.

Käthe Kollwitz

Kollwitz, Käthe, Die Tagebücher, hg. von Jutta Bohnke-Kollwitz, Berlin 2007.

Winterberg, Jury und Sonya, Kollwitz – die Biographie, Gütersloh 2015.

Kronprinz Wilhelm von Preußen

Cecilie, Kronprinzessin, Erinnerungen an den Deutschen Kronprinzen, Biberach 1952.

Jonas, Klaus W., Der Kronprinz Wilhelm, Frankfurt am Main 1962.

Rosner, Karl (Hg.), Erinnerungen des Kronprinzen Wilhelm. Aus den Aufzeichnungen, Dokumenten, Tagebüchern und Gesprächen, Stuttgart / Berlin 1922.

Wilhelm, Kronprinz, Meine Erinnerungen aus Deutschlands Heldenkampf, Berlin 1923.

Thomas E. Lawrence »of Arabia«

Brown, Malcolm (Hg.), Lawrence of Arabia, The Selected Letters, London 2005.

Anderson, Scott, Lawrence in Arabia. War, Deceit, Imperial Folly and the Making of the Modern Middle East, New York 2013.

Lawrence, Thomas E., The Complete 1922 Seven Pillars of Wisdom. The »Oxford Text«, Fordingbridge 2004.

Thomas, Lowell, With Lawrence in Arabia, New York / London 1924.

Wilson, Jeremy, Lawrence of Arabia. The Authorized Biography of
    T. E. Lawrence, New York 1990.

Terence MacSwiney

Augusteijn, Joost, From Public Defiance to Guerilla Warfare. The
    Experience of Ordinary Volunteers in the Irish War of Independence
    1916–1921, Dublin 1996.
Breen, Dan, My Fight for Irish freedom, Dublin 1921.
Costello, Francis J., Enduring the Most. The Life and Death of Terence
    MacSwiney, Dingle 1995.
MacSwiney Brugha, Máire, History's Daughter. A Memoir from the Only
    Child of Terence MacSwiney, Dublin 2006.
MacSwiney, Terence, Principles of Freedom, Dublin 1921.

Moina Michael

Michael, Moina, The Miracle Flower. The Story of the Flanders Fields
    Memorial Poppy, Philadelphia 1941.

Nguyen Tat Thanh / Nguyen Ai Quoc / Hô Chí Minh

Duiker, William J., Hô Chí Minh. A Life, New York 2000.
Großheim, Martin, Hô Chí Minh. Der geheimnisvolle Revolutionär,
    München 2011.
Lacouture, Jean, Hô Chí Minh, Paris 1967.
Quinn-Judge, Sophie, Hô Chí Minh. The Missing Years 1919–1941,
    Orlando 2003.
Tran Dân Tiên, Glimpses of the Life of Hô Chí Minh. President of the
    Democratic Republic of Vietnam, Hanoi 1958.
Trang-Gaspard, Thu, Hô Chí Minh à Paris (1917–1923), Paris 1992.

Arnold Schönberg

Gervink, Manuel, Arnold Schönberg in seiner Zeit, Laaber 2000.
Nono-Schönberg, Nuria (Hg.), Arnold Schönberg 1874–1951. Lebens-
    geschichte in Begegnungen, Klagenfurt 1998.
Ringer, Alexander L., Arnold Schoenberg. The Composer as Jew,
    Oxford 1990.
Schönberg, Arnold, Briefe, hg. von Erwin Stein, Mainz 1958.
Schönberg, Arnold, Die Jakobsleiter: Oratorium, Wien 1917.
Staatliche Tretjatow Galerie / Goethe Institut Inter Nationes (Hg.),
    Arnold Schönberg und Wassily Kandinsky. Malerei und Musik im
    Dialog. Zum 50. Todestag von Arnold Schönberg, Moskau 2001.
Tenner, Haide (Hg.), »Ich möchte solange leben, als ich Ihnen dank-
    bar sein kann.« Alma Mahler–Arnold Schönberg. Der Briefwechsel,
    Salzburg 2012.
Theurich, Jutta (Hg.), Der Briefwechsel zwischen Arnold Schönberg
    und Ferruccio Busconi 1903–1919, Diss. HU Berlin 1979.

Waitzbauer, Harald, Arnold Schönberg ist in Mattsee unerwünscht,
in: Robert Kriechbaumer (Hg.), Der Geschmack der Vergänglichkeit.
Jüdische Sommerfrische in Salzburg, Wien u. a. 2002, S. 153–173.

Richard Stumpf

Horn, Daniel (Hg.), The Private War of Seaman Stumpf. The Unique
Diaries of a Young German in the Great War, London 1967.
Horn, Daniel, The Diarist Revisited. The Papers of Seaman Stumpf, in:
The Journal of the Rutgers University Libraries 40,1 (1978), S. 32–48.
Stumpf, Richard, Warum die Flotte zerbrach. Kriegstagebuch eines
christlichen Arbeiters, Berlin 1927.

Soghomon Tehlirian

Der Prozeß Talaat Pascha, Stenographischer Prozeßbericht mit einem
Vorwort von Armin T. Wegner, Berlin 1921.
Hosfeld, Ralf, Operation Nemesis. Die Türkei, Deutschland und der
Völkermord an den Armeniern, Köln 2005.

Harry S. Truman

Ferrel, Robert H. (Hg.), Dear Bess. The Letters from Harry to Bess
Truman 1910–1959, New York 1983.
McCullough, David, Truman, New York 1992.
Miller, Merle, Plain Speaking. An Oral Biography of Harry S. Truman,
New York 1974.
Truman, Margaret, Harry S. Truman, London 1973.

Louise Weiss

Bertin, Célia, Louise Weiss, Paris 1999.
Weiss, Louise, La République tchéco-slovaque, préface de M. Edvard
Benès, Paris 1919.
Weiss, Louise, Mémoires d'une Européenne, Bd. 1: Une petite fille du
siècle, Bd. 2: Combats d'une européenne, Paris 1968 und 1976.
Weiss, Louise, Milan Stepanik, Paris 1920.

Virginia Woolf

DeSalvo, Louise/Mitchell A. Leaska (Hg.), »Geliebtes Wesen«. Briefe
von Vita Sackville-West an Virginia Woolf, übers. von Sibyll und Dirk
Vanderbeke, Frankfurt am Main 1985.
Lee, Hermione, Virginia Woolf. Ein Leben, Frankfurt am Main 2006.
Nicolson, Nigel (Hg.), The Question of Things Happening. The Letters
of Virginia Woolf, Bd. 2: 1912–1922, London 1976.
Phillips, Kathy J., Virginia Woolf against Empire, Tennessee 1994.
Spater, George/Ian Parsons, Porträt einer ungewöhnlichen Ehe.
Virginia und Leonard Woolf, Frankfurt am Main 2002.

Woolf, Leonard, Mein Leben mit Virginia. Erinnerungen, übers.
    von Friederike Groth, Frankfurt am Main 2003.
Woolf, Virginia, Jacob's Room, Richmond 1922.
Woolf, Virginia, Night and Day, Richmond 1919.
Woolf, Virginia, Tagebücher, Bd. 1: 1915–1919, Bd. 2: 1920–1924,
    hg. von Klaus Reichert, übers. von Maria Bosse-Sporleder,
    Frankfurt am Main 1990/1994.
Woolf, Virginia, The Voyage Out, London 1915.

Alvin C. York

Lee, David D., Sergeant York. An American Hero, Lexington / Kentucky
    1985.
Skeyhill, Tom (Hg.), Sergeant York. His Own Life Story and War Diary,
    New York 1928.

Marina Yurlowa

Yurlowa, Marina, Cossack Girl, Hamburg u. a. 1935.
Yurlowa, Marina, Russia, Farewell, London 1936.

Weitere benutzte Quellen

Mondrian, Piet u. a., Manifest I, in: *De Stijl* 2,1 (Nov. 1918), S. 4–5.
Spengler, Oswald, Der Untergang des Abendlandes. Umrisse einer
    Morphologie der Weltgeschichte (1918), München 1969.
Troeltsch, Ernst, Kritische Gesamtausgabe, Bd. 14: Spectator-Briefe und
    Berliner Briefe (1918–1922), hg. von Gangolf Hübinger, Berlin 2015.
Salomon, Ernst von, Die Geächteten, Berlin 1930.

Abbildungsnachweis